Zitzlsperger · Kinder spielen Märchen

Helga Zitzlsperger

Kinder spielen Märchen

Schöpferisches Ausgestalten und Nacherleben

Beltz Verlag · Weinheim und Basel 1980

CIP-Kurztitelaufnahme der Deutschen Bibliothek

Zitzlsperger, Helga:
Kinder spielen Märchen : schöpfer. Ausgestalten u. Nacherleben /
Helga Zitzlsperger. - Weinheim, Basel : Beltz, 1980.
(Beltz-Praxis)
ISBN 3-407-62035-7

Gesamtherstellung: Beltz Offsetdruck, 6944 Hemsbach über Weinheim
Seriengestaltung des Umschlags: G. Stiller, Taunusstein
Printed in Germany

ISBN 3 407 62035 7

Vorwort

In der heutigen Erziehung wird das Märchen zwar als interessante Lektüre den Kindern gerne vorgelesen oder vorgeführt, doch spielt es im Erziehungsprozeß eine mehr als untergeordnete Rolle. Oft wird es auch als grausam und vom Inhaltlichen her als für den Erziehungsprozeß irrelevant oder gar schädlich abgelehnt.
Die Auseinandersetzung mit märchenpsychologischen Gesichtspunkten gibt aber doch Anlaß zum Nachdenken.
In diesem Buch sollen verschiedenartige Spielprojekte und kreative Gestaltungsmöglichkeiten gezeigt werden, die durch das Wissen um märchenpsychologische Hintergründe mit all ihrer symbolischen Bildkraft bereichert werden; auch durch das Wissen um (oft symbolisch verschlüsselte) entwicklungspsychologische Aussagen. Dies betrifft unter anderem das Verständnis für die Wichtigkeit gewisser Figuren, Figurenkonstellationen und Geschehnisse im Märchen, die eben deutbar sind. Den Kindern hier Spielraum und Zeit zu lassen, Reaktionen zu verstehen und ernst zu nehmen und Gelegenheit zum gemütvollen Ausspielen der Inhalte – je nach Bedürfnis der Kinder – zu bieten, ist ein besonderes Anliegen. Eine erste Hilfe hierfür gibt das einführende Kapitel, das sich mit dem Märchen und seinem Verhältnis zur Entwicklung des Kindes befaßt.
Das „Erlebnis Märchen" ermöglicht rationales und affektives Lernen. Konkrete Vorschläge werden dargelegt:
Als Anleitung zum freien und gelenkten Rollenspiel;
zur Erweiterung der angewandten Sprache, des mimisch-gestischen Ausdrucks und des Symbolverständnisses;
zur Sach- und Umweltbegegnung einschließlich der besinnlichen Auseinandersetzung mit Inhalten und Bildern, die Handlung, Dramatik und Information bieten können;
zur sozialen Erfahrung;
zur Kreativität, in die der werkende Umgang, bildnerisches Gestalten, musikalische Aktion und gestaltete Phantasie eingeschlossen sind;
und zur Steigerung des Körperbewußtseins und der Sicherheit im groß- und feinmotorischen Bereich, so daß dadurch Erfolgserlebnisse gewonnen werden und das Selbstbewußtsein gesteigert wird.
Nicht bloße Rollenspiele, sondern umfassende Spielprojekte und schöpferische Aktionen, die sich überschneiden und hinter deren Planung und Durchführung auch das verstehende Wissen um wichtige märchenpsychologische Aspekte steht, sollen also den Kindern zur inneren Verselbständigung helfen.

Inhaltsverzeichnis

Teil I Das Märchen und sein Verhältnis zur Entwicklung des Kindes

Teil II Vorschläge zur praktischen Arbeit mit Märchen

Teil I
Das Märchen und sein Verhältnis zur Entwicklung des Kindes

1 Einführung

Der häufige Umgang mit Kindern läßt Erzieher immer wieder über die große Fülle von Ausdrucksmöglichkeiten staunen, mit denen sich Kinder und Heranwachsende äußern, mitteilen, „freisprechen".
Der Erzieher kommt dem Kinde des Vorschul- und Grundschulalters besonders nahe, wenn er nicht nur kognitive Bereiche und eng abgegrenzte Fächerungen mit Lerncharakter und Lernzielen bearbeitet, sondern die Kinder auch frei gestalten, erzählen und spielen läßt. Nicht umsonst wird im Kindergarten das sog. „Freispiel" von vornherein in den Tageslauf mit eingeplant. – Ein voll ausgespieltes Thema greift in viele Bereiche über (Rollenspiel, Sprechen, Umwelterfahrung, Malen, Bewegung, Musik, Rhythmik, mathematische Erfahrungen, Sozialerfahrung usw.) und spricht das Kind in ganzheitlicher Weise an.
Hier nehmen nun die Märchen einen besonderen Stellenwert ein; auch, wenn sie in den Augen vieler Menschen als veraltet oder als lediglich zur Unterhaltung geeignet angesehen werden.
Auf der Erde gibt es auch heute noch weit entlegene Volksgruppen, die gegenüber unserem europäischen Entwicklungsstand um Jahrtausende zurückliegen und sich zum Teil kulturell noch auf der Steinzeitstufe befinden. Und dennoch: Überall finden wir gewisse Formen von Religionen, Märchen und Mythen, Sagen und Legenden, die übereinstimmende Motive zeigen – auch, wenn die verschiedenen Kulturen nie miteinander in Berührung kamen (s. Adolf Bastian: „Identität der Menschennatur...". Die Motive sind für ihn „Elementargedanken" oder „Völkergedanken"[1], er geht von einer „psychischen Einheit des Menschengeschlechts" aus[2]).
Das Erzählen von Märchen und Mythen ist ein Grundbedürfnis, das unsere Vorfahren erfüllte – aus dem undefinierten Empfinden heraus, daß diese Märchen, Mythen, Sagen oder Legenden etwas mitzuteilen hätten, Kraft spendeten und Wege weisen könnten – als die ursprünglich mündlich weitergegebene Literatur jener Gesellschaften, die über keine Schrift verfügten bzw. noch heute keine schriftliche Überlieferung kennen.
Legenden wurden besonders von der Kirche aufgezeichnet und betreut. Das Wunder als Mitte der Legende zeugt vom Kontakt heiliger und auserwählter

1 s. Hedwig von Beit, 1965, S. 6
2 s. 1, S. 239

Personen mit Gott und der jenseitigen Welt und will einen Glaubenssatz (insbesondere die Auferstehung) bekräftigen. Während Märchen, Mythen und Sagen das Gefühl vermitteln, sie seien „von selber“ gewachsen, spürt man in der (später entstandenen) Legende das bewußte Formen. Ehrfurcht, Glanz und Ergriffenheit krönen das Ende. Die Sage weist auf dämonische Feinde und Kräfte hin, die vom menschlichen Bewußtsein bereits in eine „andere“ Welt als ihrer reellen eingeordnet werden. Dabei „... ist die Funktion der Sagen insofern als ideologisch zu bezeichnen, als durch sie die Aufnehmenden mittels der Erregung von Angst vor dem Zugriff numinoser Mächte in den engen Schranken herrschaftlicher Verhältnisse festgehalten werden“[3]. Das Märchen siedelt hingegen im mythischen Bereich an, in dessen Raum sich der Märchenheld, frei von „sozialer Zugehörigkeit“, äußerlich und innerlich befreien kann und über seinen früheren Stand (arm, verachtet, tölpelhaft...) emporsteigt. Der Versuch einer Darstellung, das Märchen – (als ein Produkt feudalistischen Herrschaftssystems) – erziehe zu unkritischer Anpassung an soziale Gegebenheiten (Unterordnung, Armut, Gehorsam), muß in Verkennung der Entstehung von Mythen und Märchen abwegig erscheinen.

Bei Mythen schließlich handelt es sich um Erzählungen, von deren Wahrheit der frühe Mensch überzeugt war. In ihnen spiegeln sich seine Vorstellungen von den dämonischen Hintergründen des Lebens. Eine Trennung von Bild und Sache gibt es nicht, „... wo wir ein Verhältnis der bloßen ‚Repräsentation‘ sehen, da besteht für den Mythos ... vielmehr ein Verhältnis *realer Identität*. Das ‚Bild‘ stellt die ‚Sache‘ nicht dar – es *ist* die Sache...“[4]. Diese Denkweise finden wir übrigens auch beim kleinen Kind noch lebhaft vor. Es besteht wohl zu Recht die Annahme, daß das Kind in seiner geistig-seelischen Entwicklung in abgekürztem Verfahren die gesamte kulturelle Entwicklung der Völker durchlaufe (s. auch H. Zulliger: „Der totemistische Wesenszug“ aus: „Heilende Kräfte im kindlichen Spiel“).

Das Märchen ist mit dem Mythos verwandt, aber nicht identisch. Es hat eigene Formen- und Gestaltungsmerkmale (s. Literatur, u.a. Max Lüthi: „Es war einmal“ ... „Märchen“ und: „Das europäische Volksmärchen“).

Mythische und märchenhafte Gestalten und Geschehnisse sind geheimnisvoll und rätselhaft. Sie tun Wunderbares, Unbegreifliches und ganz Natürliches – es gibt keine klare Trennung zwischen der magischen und reellen Welt (s. M. Lüthi: „Eindimensionalität“)[5].

Der Held kann sich aus der Profanwelt lösen – oft von geheimnisumwitterten Helfern in Tiergestalt begleitet – und mit den Wesen des magischen Reiches in Verbindung treten; er kann in jenes Reich „eintreten“ und u.U. jene Geheimnisse lüften, die die magische Welt so rätselhaft machen, z.B. durch den Tod des Dämons; das Auffinden seines Herzens, das er außerhalb des Körpers aufbewahrt; durch Finden eines Namens (z.B. Rumpelstilzchen), durch das Gewinnen magischer Dinge (Lebenswasser, Äpfel vom Baum des Lebens...) usw. Dabei werden –

3 Christa Bürger, 1971, S. 26
4 H. von Beit, 1965, S. 7
5 Ch. Bürger, 1971, S. 41

besonders in frühen Märchen – selten Gefühle betont und benannt; ebenso finden wir kaum Beschreibungen und keine psychologischen Analysen. Die Sprache des frühen Volksmärchens ist formelhaft und knapp, Ausschmückungen folgen erst später. Die Figuren handeln einfach entsprechend der Situation (= handeln lassen an Stelle adjektivischer Beschreibung). Gefühle werden auch in Gaben verdinglicht: Durch einen Ring, ein Pferd, Blutstropfen u.ä. Detaillierte Beschreibungen von Figuren (Hexen beispielsweise) und Gefühlsausbrüchen (Angst, Zorn, Trauer) weisen darauf hin, daß das ursprüngliche Märchen ausgeschmückt wurde oder überhaupt erst später entstand. Die klaren Aussagen und Handlungsfolgen und das Fehlen epischer Breite geben dem europäischen Märchen die typische Klarheit und Bestimmtheit.
Wir werden in fremde Gebiete geführt, weit weg; in ein mythisches Raumerlebnis – über Flüsse und Kreuzwege, ans Meeresufer, durch Höhlen und Brunnen, hinein ins magische Reich. Raum und Zeit („lang, lang ist's her...“) sind nicht faßbar und wesentlich. Auch das kleine Kind lebt noch in diesem Stadium, erlebt die Umwelt magisch. Es stellt zur unbelebten Welt gleiche Beziehungen her wie zur belebten Welt des Menschen. Solches Denken bleibt bis in die Pubertät erhalten, wenn auch vom Heranwachsenden selten noch preisgegeben. Andererseits kann sich ein Kind aber schon relativ früh bisweilen aus dem mythischen Denken mit der Bemerkung herauslösen: „Das gibt es aber doch nur im Märchen!“ In solchen Bemerkungen eines 4- bis 5-Jährigen zeigt sich eine erwachende höhere Bewußtseinsstufe. Noch ist es aber fähig, bruchlos zwischen der reellen und magischen Welt hin- und herzugleiten (s. hierzu z.B. Ausführungen von B. Bettelheim: „Kinder brauchen Märchen“: Die Notwendigkeit des Zauberhaften für das Kind, und Jean Piaget: „La représentation du monde chez l'enfant“). Lebhaft erlebt es Märchen mit. Erzählungen von Kindern dieses Alters (zwischen etwa 4 und 8 Jahren) weisen im übrigen oft Motive und Züge des echten Märchens auf.

2 Vom Stil des Märchens

In der Einführung wurde bereits kurz die formelhafte Sprache des echten Volksmärchens als Wesensmerkmal erwähnt. Dies soll noch näher erläutert werden. Durch eine eigene Sprache wird die konkrete Welt in gewisser Weise „umgeschaffen“, ihre Elemente mit einem Zauber versehen und so in eine Märchenwelt eigener Prägung gestellt. Darin erscheinen die Figuren und Vorgänge in scharfer, eindeutig erfaßter Kontur. Unter Verzicht auf differenzierte Beschreibungen werden die Dinge in knappen Benennungen als Einheit erfaßt und von Station zu Station geführt. So wird beispielsweise „ein Mensch“ nicht durch genauere Beschreibung, durch Attribute auf typische Merkmale hin fixiert, sondern erscheint als Ganzheit. Das gelingt dem echten europäischen Märchen durch den Verzicht auf liebevolle, plastische oder ausladende Beschreibungen. Es bewahrt sich gerade dadurch die typische Konturschärfe der Gesamtdarstellung. Dadurch, daß alles mit einfachen Aussagen, in straffer Abfolge, als geschlossene Einheit aufgefaßt wird, kommt keine Individualisierung zustande. So können die Märchen allgemeine Vorgänge und Zustände ansprechen, und dadurch z.B. tiefenpsychologisch gedeutet werden. Scharfe Linien erkennen wir (im Gegensatz zur Sage) auch in den so gerne in Märchen genannten Häusern, Hütten, Zimmern, Schlössern, Türmen, Kästchen, Stäben, Schwertern, Ringen, Äpfeln usw., in denen und mit denen sich wesentliche Stationen des Helden auf seiner Reise abspielen. Ebenso werden viele Dinge und Lebewesen metallisiert. Steinern, eisern und kupfern; golden, silbern und gläsern sind die Häuser, Schlüssel, Haare, Gewänder, Blumen, Spinnräder, Nüsse usw., die eine wichtige Rolle spielen. Goldregen und Schätze sind der Lohn; Pech, steinerne und hölzerne Körper die Strafe; Blut oder unabwischbares Gold an Fingern, Haaren usw. zeigen Verfehlungen oder besonderen Rang an. Wichtige Figuren werden mit klaren, exponierten Farben benannt: Mit edlem Gold oder Silber, reiner, gläserner Farblosigkeit, aufmerksamkeitserregendem Rot, gemütsbetontem Blau, kontrastierendem Schwarz oder Weiß und indifferentem Grau (Graues Männlein, Altes, Unergründliches). Klar geführt ist auch die Handlung: Hier sei M. Lüthi in Auszügen zitiert:

„Sie (die Handlung) greift entschlossen ins Weite, führt ihre wenigen Hauptgestalten über weite Strecken in ferne Reiche, die aber ebenso hell beleuchtet und scharf konturiert vor uns stehen wie alles andere… Unter den Gaben, die hilfreiche Jenseitswesen den Märchenhelden verleihen, sind Bewegungsmittel besonders häufig; wunderbare Pferde, Wagen, Schuhe, Mäntel tragen den Helden in die Ferne, ein Ring versetzt ihn, wohin er sich wünscht. Alle möglichen Gründe werden erfunden, um Held und Unheld in die Fremde wandern zu lassen. Der Märchenheld ist wesenhaft ein Wandernder. Rein und klar entwickelt sich die Linie der Märchenhandlung vor unserem Auge. Sie wird getragen von einzelnen Figuren; und im echten Märchen hat jede einzelne Figur ihre Handlungsbedeutung. Der Held zieht, auch wenn er Prinz oder König ist, fast immer allein aus; ein einziger Diener mag ihn begleiten, der dann aber auch seine eigene Funktion hat und als Einzelfigur ebenso scharf sichtbar ist wie der Held. Das Nebeneinander und Nacheinander, statt des Ineinander, gestattet eine vollkommene Übersicht. Was in der Wirklichkeit ein nicht durchschaubares Ganzes bildet oder in langsamem, verborgenem Werden sich entfaltet, vollzieht sich im Märchen in scharf getrennten Stationen. … Alles Seelische ist nach außen verlegt, ist Handlung geworden oder Gegenstand, und dadurch scharf und eindrücklich sichtbar. Nichts bleibt unbestimmt und hintergründig“[6].

Besondere Wunschdinge oder Helfer gestatten es, bestimmte Handlungssituationen zu bewältigen; sie helfen dem Helden, sein Ziel zu erreichen. Sie werden dann wirksam, wenn es nötig ist, danach verschwinden sie und werden später nicht weiterverwendet. Starre Formeln sind ebenso märchentypisch und kommen auch dem kindlichen Gemüt durch Konturschärfe und Wiederholung entgegen. Der

6 M. Lüthi, 1978, 6. Aufl., S. 29/30

Dreierrhythmus beherrscht häufig die Szene (3 Brüder, 3 Rätsel, 3 Hindernisse oder Gefahren, dreifache Wiederholung von Szenen – oft wortgetreu!, dreifache Wiederholung von Sprüchen, 3 Tierbegegnungen usw.). In diese rhythmische Formelhaftigkeit ist das Märchengeschehen eingebettet: Rätsel müssen gelöst, Geheimnisse gelüftet, Verstecke gefunden oder schwere Aufgaben erfüllt werden. Das Gesetz der Wiederholung steigert die Spannung und gibt dem Märchen Fülle. Erst in der jüngeren Literatur treten an diese Stelle die Detailbeschreibung und ausmalende Schilderung. Späte Märchen, umgeformte Märchen und Kunstmärchen enthalten bereits Detailbeschreibungen, besonders adjektivischer Art. Von diesen lassen sich die Kinder ebenso faszinieren.

Die magische Drei zeigt eine Entwicklung an. Sie entspricht letztlich den jedem Menschen innewohnenden 3 Fähigkeiten des Denkens, Fühlens und Wollens und sie tritt in den 3 Märchentugenden Mut, Geduld und Weisheit zutage. Außerdem entspricht sie der Dreiheit im Es, Ich und Über-Ich den Aspekten der Psychoanalyse, die wie die drei entsprechenden Lebenselemente Wasser, Erde und Luft in steter Auseinandersetzung stehen und auf die in den folgenden Märchenanalysen eingegangen wird. Als mysthische und heilige Zahl (schon vor der christlichen Dreieinigkeit vorkommend) verkörpert sie zudem im Unbewußten die Sexualität (Möglichkeit einer Deutung), sowohl körperlich als auch ödipal (z. B. Eltern-Kind-Gruppierung). Letztendlich steht sie für die Suche nach unserer persönlichen und sozialen, auch biologischen Identität. In den dreifachen Wiederholungen vollzieht sich die Reifung auf eine höhere Ebene.

Ein weiteres märchentypisches Kriterium ist die Zweiheit. Dazu gehören die Schwarz-Weiß-Gegensätze: Zwei Kontrahenten, gut und böse, alt und jung, stark und schwach, Held und Unheld, klug und dumm... (eine geometrische Form der Volksdichtung). Dieser Kontrast fordert heraus, läßt eine alternative moralische Lösung suchen und ist in seiner Struktur dem menschlichen Alltagskampf recht nahe. Die Ambivalenz tragender Märchenfiguren (Figuren, die mit zwei vordergründig widersprüchlichen Eigenschaften ausgestattet sind) gehört ebenfalls in diese Kategorie und ist eine Identitätshilfe. Ermutigend ist, daß gerade der „Dummling", Jüngste, Schwächste und Verkannte (von zwei oder drei konkurrierenden Figuren) siegt: Durch Geduld, Mut, Tapferkeit, Klugheit oder List. Das schwache tapfere Schneiderlein, der winzige Daumesdick, der verlachte Jüngste in den „drei Federn" usw.: Sie werden die Starken, Erfolgreichen.

Neben der Zwei- und Dreizahl steht die Einzahl (einzelner Held, Helfer, Gegner; typisches Merkmal der „Einsamkeit" und Isolierung der Figuren im echten Märchen), die Sieben- und die Zwölferzahl (z. B. 7 oder 12 Kinder, Zwerge, Feen...). Dabei stellen die Sieben, Zwölf und Hundert im Märchen als reine Stilformel einfach die Mehrzahl dar.

Die Wiederholungen von Sätzen, Sprüchen, Schilderungen oder einzelner Worte wirken neben ihrer Formelhaftigkeit auch gliedernd. Dazu gehören auch die typischen Anfänge wie: „Es war einmal...", „Es lebten einmal...", „In den Zeiten, da das Wünschen noch geholfen hat..." und ähnliche Formulierungen ebenso wie die Schlußsätze: „Und sie lebten glücklich...", „Sie hatten genug bis an ihr seliges

Ende...", „Alle waren nun recht vergnügt...". Ironisch heißt es auch: „Wer's glaubt, zahlt einen Taler." „Die waren nun glücklich, wir aber sind hier sitzengeblieben." Mit solchen unverbindlichen Formeln wird auf die Irrealität des Märchens hingewiesen. Extreme Kontraste und die Zeitlosigkeit (Es war einmal... Vor vielen Jahren... Es ist schon lange her...) gehören ebenso zum abstrakten Stil, dessen letzter Gipfel – Spitze eines Extrems – das Wunder ist. Handlungs- oder Kontrastbeziehungen kennzeichnen zwischenmenschliche Begegnungen und treiben zu Isolierungen: Durch Vertreiben, Tod, Aussetzung. Sichtbare Isolation, die doch in ein Ganzes gefügt sein will, erzeugt eine universale Beziehungsfähigkeit: Einerseits sind die Figuren isoliert, andererseits spielen sie harmonisch zusammen. Beides bedingt sich gegenseitig. Wenn Figuren keine Wurzeln haben, mit denen sie an anderen Gestalten festklammern oder durch Bindungen an das eigene Innere festhängen, ist es möglich, daß diese Figuren beliebige Verbindungen eingehen, die sie auch wieder lösen. Diese isolierten Elemente würden aber haltlos auseinanderfallen, wenn sie nicht allseitige universale Beziehungen eingehen könnten. Diese geben der Isolation also Sinn und Halt.
Der Held staunt nicht über Wunder, es fehlt ihm an Neugier und Sehnsucht, er wird nicht vor Angst im Kontakt mit den Jenseitswesen geschüttelt. Die Diesseits- und Jenseitsfiguren begegnen sich, verbinden sich und lösen sich wieder und damit hört auch die Beziehung wieder auf, da sie ohne dauerhafte Interessen und Gefühlsbindungen sind. Sie kommen nur zum Zwecke gemeinsamen Handelns stationsweise zusammen – alles wirkt abstrakt.

3 Mythen

Mythen und Märchen werden oft in *einem* Atemzug genannt. Es dürfte zum allgemeinen Verständnis beitragen, diese beiden Literaturgattungen näher zu erläutern und bei aller Verwandtschaft zwischen ihnen in großen Zügen zu unterscheiden.
Mythos (griech.) bedeutet „Sage". Darunter versteht man eine altüberlieferte Erzählung, die urzeitliche Ereignisse wie die Weltschöpfungs-, Götter- und Heldensagen in einer bildhaft-anschaulichen Weise lebendig werden lassen. Die gesamten Mythen eines Volkes werden im ‚Mythos' zusammengeschlossen. Im Mythos, der in der Frühgeschichte, auch noch in alten Hochkulturen, besonders aber bei Naturvölkern vorkommt, versucht der Mensch, sich selbst, die Gemeinschaft und die Vorgänge außerhalb, „in der Welt draußen", zu deuten. Entsprechend dem geistigen und seelischen Entwicklungsstand (z.B. im animistischen und magischen Denken des Frühmenschen, bei dem sich erst langsam ein klares Bewußtsein aus einem indifferenten Hintergrund herauslöst, auf eine höhere Stufe entwickelt und das Ich und eigene Bewußtsein von der Umwelt abgrenzt) erfolgen diese Deutungen bildhaft und verdichten sich zu Symbolen. Zu „Symbolen" seien einige anschauliche

Zeilen von I. Tetzlaff zitiert: „So überraschend ist das Alter und die Herkunft der Symbole, daß man, lägen nicht gründliche Forschungen darüber vor, fast nicht glauben möchte, daß sie zum Teil aus fernsten Ländern und über Jahrtausende hinweg überkommen sind. Es scheint, daß die Menschheit ganz allgemein einen gewissen Vorrat an Bildern, Gleichnissen, Phantasiegebilden und Zeichen besitzt, mit denen sie sich, wo auch immer, seit Urzeiten ausdrückt und mitteilt, ein Vorrat, der immer nur Abwandlungen und Umdeutungen, jedoch keine grundsätzlichen Veränderungen erfuhr und der in Europa erst in den letzten Jahrhunderten durch die zunehmende Zivilisation immer mehr verschüttet wurde. Zeitgenössische Gelehrte wie der Franzose Lévi-Strauß glauben beweisen zu können, daß gewissen Zeichen, die ebenso elementar wie verbreitet und „sprechend" sind, z.B. das dachförmige, sogenannte „tectiforme", das sich schon in prähistorischen, zehn- bis zwanzigtausend Jahre alten Höhlen findet, überall in der Welt den gleichen Sinn besitzen, nur unbedeutend durch besondere Umstände wie Klima, geographische Lage und rassische Kultur verändert..."[7].

Diese ursprünglichen Erfahrungen und zu Symbolen verdichteten Deutungen des absoluten Grundes, der alles in der Welt: Mensch, Ding, Natur und Geschichte umfaßt, können vom Menschen nicht umfassend formuliert werden. So erfolgt die Verdichtung – über lange Zeiträume hinweg – zum Bild oder Zeichen, also zu einer sinnlich-wahrnehmbaren Gestalt. Absolutes, Ursprüngliches, wird also nicht begrifflich abstrakt, sondern in symbolischen Gebilden erlebbar, greif- und begreifbar gemacht. Diese seelischen Urbilder (Archetypen), in einem Doppelcharakter oft zweideutig und in sich gespannt (s. Ambivalenz), haben individuelle und kollektive Funktion. Sie sind dem Menschen verfügbar und werden z.B. im künstlerischen Gestalten (man denke an Friese, Säulen usw.) und im – dem Mythos verwandten – Märchen wach. Auch Kinder werden aus dem Unbewußten heraus von diesen bildhaften Verdichtungen, den Symbolen, gepackt, wenn ihnen nicht der Zugang dazu verschüttet worden ist (beispielsweise durch eine zu früh einsetzende Realitätserziehung). Diesen Vorgang müssen wir als gültig akzeptieren, wenn wir dem Märchen, das in Motiven, Figuren und Symbolen mit Mythen und auch Sagen verwandt ist, eine psychologische Funktion und Bedeutsamkeit für die kindliche Entwicklung beimessen wollen.

Jedes Volk, auch auf einfachster Kulturstufe, weiß von mythischen Helden zu berichten, denen nachzueifern gilt und die eine Rolle zur Persönlichkeitsbildung und Sozialisation eines jeden Stammesmitgliedes spielt (also auch Asiaten, Indianer, Eskimos, Negervölker...). Dabei muß festgestellt werden, daß in Erzählungen von Naturvölkern keine echten Märchen vorkommen; d.h., eine Spezialisierung wie im europäischen Erzählgut nach Märchen, Mythen, Sagen, Legenden und realistischen Schwänken hat noch nicht stattgefunden. Kennzeichen der Primitiven ist, daß alles noch eng und ungetrennt ineinander verwoben ist: Märchenhafte Handlungen, Gesang, Tanz, rhythmisch wiederholte Verse, erster Ausdruck in Symbolen und realistische Vorgänge in traurigen, dramatischen oder komischen Episoden bilden

7 I. Tetzlaff, 1976, S. 38/39

ein noch ungetrenntes Ganzes. Besonders beliebt bei Naturvölkern sind Tiergeschichten, die Märchen-, Fabel- und Mythenelemente in sich tragen. Tiere werden zu Schöpfern und Lenkern der Welt und zu Kulturbringern (sie bringen den Menschen z. B. das Feuer, zeigen ihnen den Ackerbau usw.). Was wir im Märchen bereits als Symbol empfinden, wird von Naturvölkern oft noch als Realität aufgefaßt. Die Ursprünge des Märchens liegen wahrscheinlich in solchen Mythen, in Zauberglaube und Riten, in Wachträumen und Extase. Eine der ursprünglichen Gemeinsamkeiten von Märchen und Mythen, welche sinn- und wertgebende Vorbilder bieten, liegen vermutlich u. a. in der Ableitung von Initiations- und Übergangsriten oder im symbolischen Ausdruck hierfür; also in einer ursprünglichen „religio" und seiner symbolischen Ausdrucksform. Die Völkerkunde kennt z. B. Bräuche der Primitiven wie Pubertätshütten, die Erfüllung von Kulturaufgaben bei der Werbung (Feld bestellen, Hütte bauen...) und Mutproben, um mannbar zu werden. Wir können sie als Elemente des abstrakten Märchenstils symbolisch im Märchen wiederfinden, z. B. in den schweren Rätseln oder Prüfungen, wenn der Held in einer Nacht säen, ernten, mahlen und Brot backen oder einen Wald pflanzen, abholzen und damit ein Haus bauen soll.
Mythen bilden weniger die Gesamtpersönlichkeit, als daß sie das „Über-Ich" formen – ein soziales und religiöses Moment, das gerade bei Naturvölkern einen lebens- und arterhaltenden Zweck beinhaltet. Der Mythos gibt den Natur- und Lebensvorgängen einen Sinn. Göttliches Geschehen von der „Urzeit" her offenbart sich im Mythos und macht die Vorgänge verstehbar. In kultischen und magischen Bräuchen und Handlungen (als Symbol des göttlichen Geschehens) werden diese Vorstellungen nachvollzogen und stellen so eine (Natur-)Religion dar. Je länger die Geschichte eines Volkes, je reflexiver die geistige Haltung der Menschen, um so mehr verschwindet die sinngebende und verbindende Kraft für das Volk und seine einzelnen Menschen. In der Zivilisation des 20. Jahrhunderts ist uns weitgehend das Verständnis dafür verloren gegangen. Dennoch bleibt sie durch ihre Bild- und Symbolkraft an jener Schwelle erhalten, wo das mit dem Verstand Begreifbare und Sagbare aufhört, zumal gerade Künstler (in Malerei, Bildhauerei, Musik, Theater) ihre Aussagen und Intuitionen auch symbolisch auszudrücken vermögen.
Mythen und Märchen helfen mit ihrer Bilder- und Symbolsprache, die Vorgänge „drüben", „jenseits", „außen", „innen" intuitiv zu erfassen und gar zu verstehen. Magische und mythische Momente in Geschichten üben also unbewußt auch auf den modernen Menschen eine besondere Anziehungskraft aus (sofern er nicht absolut nüchtern ist). Sie erzeugen in tiefster Seele irgendeine Resonanz. Alle Kinder lieben Märchen. Jugendliche verschlingen ebenso die Götter- und Heldensagen wie unheimliche Abenteuer- und Geistergeschichten. Erwachsene lassen sich von der Kunst wie auch von der Parapsychologie faszinieren und brauchen eine religiöse Bindung irgendwelcher Art.
In Mythen, deren Gestalten für „wahr" genommen werden (und bei den Primitiven noch werden), wirken numinose Mächte, Götter, Helden und magische Gestalten (bzw. Tiere). Sie schenken und fordern, schaffen Überragendes und wirken schicksalhaft. Sie gestalten weniger das persönliche als das gemeinschaftliche Leben

in seinen naturhaften, geschichtlichen, sozialen und kulturellen Zusammenhängen. Sie erzählen vom Einwirken auf diese Welt aus der „Jenseitswelt" heraus; von Göttern und Helden.

4 Sagen

Um der Definition Märchen noch weiteres Profil zu geben, sollen hier auch noch in Abgrenzungen Sage und später Legende kurz definiert werden.

Wesentliches Kennzeichen der Sage sind Ereignisse, die sich nicht mit üblichen Maßstäben erklären lassen, oder das Auftreten von Figuren, die nicht aus dem menschlichen Bereich stammen. Typisch ist auch, daß vom Erzähler ebenso wie vom Zuhörer der Glaube an die „Wirklichkeit" des Erzählten erwartet wird, belegt z.B. durch exakte Ortsangaben und Namen: Die Sage wird mit der Wirklichkeit verknüpft. Dadurch wirkt sie in ihrer ganzen faszinierenden, oft aufwühlenden Intensität. – Die Sage, von rein mythischen Vorstellungen bereits abgelöst, erzählt von erregenden, belustigenden, oft schauerlichen Begebenheiten, die wie Mythen ursprünglich für wahr gehalten wurden. Mit ihren Geistern und Trollen, weißen Frauen, Riesen und Zwergen entstehen sie stets im Volk. Sie wirken in ihrer Darstellung realistisch und aufrüttelnd, ohne daß ihre Hintergründigkeit, ob rätselhaft, heiter oder grausam, geistig bewältigt wird. Der Mensch in der Sage ist ein Preisgegebener, ein Bösewicht oder Gequälter – er ist ausgeliefert und einsam. Eindringlich wird das Unausweichliche in einem starren Handlungsablauf dargestellt. Das Verbleiben im heimatlichen Raum: Im Dorf, in der Stadt oder Landschaft; das gebannte Vergrübeln auf eigenartige, unheimliche oder grausame Erscheinungen und Geschehnisse verleihen der Sage etwas Dumpfes, Erdgebundenes, Fesselndes in mehrfachem Wortsinn. Sagenhelden sind in Gemeinschaften eingebettet, zu denen auch die von dort stammenden Toten und die dort hausenden Luft-, Wasser- und Schutzgeister, Riesen, Zwerge und Kobolde, Wundertätigen und Gespenster gehören. Pfarrer und Mönche, ebenfalls Glieder in dieser Gemeinschaft, die ihre helfenden Kräfte aus der Gnade Gottes beziehen, stehen schließlich den Ausgelieferten oft bei und bewirken die Erlösung.

Gerade das Unerklärliche, Undurchsichtige und Ortsgebundene der Sage vermittelt gegenüber dem klaren, bestimmt wirkenden Märchen etwas Schweres und Verwobenes, das zeitlich, räumlich und ethisch gebunden ist, emotional wirkt und beim Hörer und Leser starke Gefühlsregungen auslöst. Die profane und die numinose Welt sind scharf voneinander getrennt in der Sage – um so faszinierender wird dann der Einbruch des Numinosen, der jenseitigen Mächte auf den einzelnen Menschen erlebt.

Der Mensch der Sage versucht, sich mit solchen Einbrüchen aus dem unbegreiflichen Raum heraus auseinanderzusetzen. Er sucht Erklärungen oder Hilfen. Die

Kräfte, die von göttlichen oder teuflischen Mächten durchsetzt sind, wirken wie eine andere, machtvolle Wirklichkeit, die noch wichtiger ist als die menschlich-alltägliche: Das Leben nach dem Tode steht deutlich neben dem irdischen Dasein.
Ein besonderes Stilmittel der Sage dabei ist, das Schockierende und Düstere ungegliedert, oft in knappen, isolierten Sätzen wiederzugeben.
Sozialkritische Tendenzen zeichnen sich in der Erkenntnis der ungerechten Verhaltensweise des Herrn gegenüber seinem Abhängigen ab, wobei im Grunde an der Sonderstellung des Herrn nicht gerüttelt wird: Er wird für den Mißbrauch seiner Gewalt, besonders aber für Geiz oder Verschwendungssucht und die Übertretung von altüberlieferten Normen bestraft – seine Stellung als solche wird keineswegs in Frage gestellt. Auch dem Knecht gelingt kein Durchbruch aus einer notvollen Lage und Abhängigkeit – er kann nicht wie ein Märchenheld an Nöten und Prüfungen wachsen und frei werden: Der Knecht und Abhängige in der Sage leidet in Ergebenheit weiter.
Neben diesen sozialen (noch in der Diskussion befindlichen) Aspekten stehen erzieherische Tendenzen der Volkssage: Jenseitige Mächte bestrafen diejenigen, welche die sittlichen Normen ihrer Umwelt verletzen. Verwurzelt in der Heimat, in der Enge besonders eines bäuerlichen Daseins, das sich zwischen Arbeit und Dienen einerseits und religiösen Bindungen andererseits bewegt, werden besonders bestraft: Blasphemie, der nicht eingehaltene Feiertag, Tierquälerei, Diebstahl und heimliche Liebschaft, verbotener Tanz und mangelnde Ehrfurcht vor Toten (z. B., wenn sie nicht in Ruhe gelassen, sondern immer wieder beschworen werden). Selten überwindet dabei der Mensch in der Sage die Strafe so, daß er hinterher einsichtig wird und eine positive Wandlung erlebt. Meist endet er in Siechtum, Wahnsinn, Tod oder spurlosem Verschwinden: Der Einbruch des Numinosen in seine Welt bewirkt solche Veränderungen und beraubt ihn seines gesunden Menschseins.
Den Volkssagen, die im Wesentlichen durch magische, mythische und numinose Elemente geprägt sind (sog. „mythische" Sagen) stehen im übrigen die „historischen Sagen" gegenüber, die sogar weitgehend literarisch überliefert sind. Hier wird in den Erzählungen den historischen Vorgängen zwar auch eine Dimension des Mythischen gegeben. Aber nicht numinose Begegnungen, sondern historische Ereignisse und Persönlichkeiten stehen dabei im Mittelpunkt. Diese werden aber nicht objektiv widergegeben, sondern – oft anekdotisch verkürzt – in ungewöhnlichen Situationen oder im Rahmen einer exemplarischen Handlung gezeigt. Alltägliches wird aus einer mythischen Weltsicht heraus interpretiert und in das Bedeutsame gehoben.
„Nicht die objektiven Fakten sind der historischen Sage wichtig, sondern die Art und Weise ihrer Tradierung. Der Wahrheitsanspruch historischer Sagen ist daher anderer Art als der der Wissenschaft. Ihre Bedeutung liegt in ihrer Sichtweite, in der Mythisierung des Alltäglichen, wodurch sie diesem eine besondere Qualität verleiht"[8].
Nun aber zurück zu den erzieherischen Intentionen der Volkssage. Die Strafen sind meist schrecklich. „Die Schreckensbilder, die der Sagenerzähler den Zuhörern vermittelt, haben in allen Fällen die gleiche Funktion. Es sind Warnzeichen,

8 Leander Petzoldt, 1976, S. X.

aufgestellt für die Mitglieder der Gemeinschaft: Das Verletzen der verbindlichen Normen findet seine Strafe, wo nicht durch die irdische Gerechtigkeit, so doch durch numinose Mächte, die darüber wachen, daß der einzelne nicht die räumlichen und geistigen Grenzen des ‚gevildes' überschreitet"[9].
In Toten- und Gespenstersagen muß sodann eine Erlösung des Verdammten nach genau einzuhaltenden Regeln stattfinden. Die große Ferne vom Märchen zeigt sich hier: Während im Märchen in spontanem Geschehen die Erlösung erfolgt und sich dabei für den Helden und den Leidenden die Situation völlig verändert, wird in der Sage deutlich die alte festgefügte Ordnung und der vorherige Zustand wiederhergestellt. Deshalb wirken Sagen auch nicht befreiend wie Märchen.

5 Legenden

Die Legende schließlich steht der Sage nahe – näher als dem Märchen – und berichtet wie sie von übernatürlichem Geschehen. Während die Sage dabei relativ unbestimmt bleibt, wird das Geschehen in der Legende von einem festen religiösen System aus gedeutet und von vornherein mit einer bestimmten Absicht verfaßt: Religiöse Aussagen zu bekräftigen. Der Mensch in der Sage ist ein Preisgegebener, ein Bösewicht oder Gequälter, während in der Legende die Dinge einen Sinn erhalten, und sei es z. B., daß der Mensch 300 Jahre mit dem Zeitgefühl einer halben Stunde erlebt, um dann nach der Erkenntnis einer göttlichen Offenbarung (wie Abt Erpho vom Kloster Siegburg) in Staub zu zerfallen. So wird in der „eigentlichen Legende" das irdische Leben heiliger Personen erzählt (St. Antonius, St. Martin, St. Georg, die Heilige Hedwig, die Heilige Katharina usw.) oder es wird in „Mirakelerzählungen" dem Leser und Hörer dargestellt, wie sich Gott durch Wunder offenbart und wie in wunderbarer Weise auf die göttliche Allmacht und Gnade hingewiesen wird. Legenden festigen den Menschen, während die Volkssage verwirrt und manchmal Spaß, meist aber Angst und Grauen erzeugt. Sagen werfen Fragen auf, Legenden geben Antworten.
Das Wunder als charakteristisches Merkmal des Heiligen wird wie selbstverständlich als Tatsache in die Legende mit einbezogen, (wie im Märchen). Sinn und Botschaft werden darin erkennbar, zielen sie doch stets darauf hin, das von Gott bewirkte Heilige und damit Gott selbst zu offenbaren. So sind es denn in Sagen und Legenden gleichermaßen besonders Pfarrer und Mönche oder durch religiöse Beziehungen prädestinierte Menschen, die helfen, vermitteln und im Zusammenhang mit Wundern auftreten. Das Wunder(-same) in der Sage, dem keine Offenbarungsabsicht aus einem religiösen System heraus zugrunde liegt, wird dabei allerdings nicht vollkommen bewältigt; ja, an der Grenze zum Numinosen erschreckt sie im Gegensatz zur Legende sogar oft, weist zurück und in Schranken, und die Geschehnisse der jenseitigen Welt werden eher verborgen denn offenbart.

9 Christa Bürger, 1971, S. 29

6 Abgrenzung des Märchens gegen Mythos, Sage und Legende

„Alle drei Erzählgattungen (Märchen, Sagen, Legenden) zeugen auf ihre Weise von der in verschiedener Art vor sich gehenden Auseinandersetzung des Menschen in der Welt, zu der die ‚jenseitige', ‚mythische' Wirklichkeit gehört ebenso wie die diesseitige. Wenn sich auch der Mythus im engeren Sinne deutlich vom Märchen unterscheidet (der Mythus kann ausschließlich von Göttern und anderen Jenseitigen erzählen, der Mensch braucht in ihm nicht vorzukommen, der Held des eigentlichen Märchens aber ist der Mensch), so hat man doch in der letzten Zeit die Gemeinsamkeiten wieder stärker betont, man hat sich der Auffassung der Brüder Grimm, die das Märchen aus dem Mythus herleiten, von verschiedenen Seiten wieder genähert. ‚Das Märchen ist die verspielte Tochter des Mythus', sagt Friedrich von der Leyen. Karl Justus Obenauer definiert: ‚Ein Märchen in engerem Sinn liegt da vor, wo aus dem Schatzhaus halb mythischer, halb magischer Bilder unter den Gesetzen epischen Erzählens diese scheinbar so kunstlose Form entsteht.' Jan de Vries... vermutet die Stelle seiner Entstehung überall da, wo eine mythische Kultur in eine rationalere übergeht..."[10].
Das Märchen braucht im Gegensatz zu Sagen und Legenden nicht eine Bindung an die Wirklichkeit; individualisiert nicht wie Sagen, die Einzelschicksale herausstellen, und verbreitet keine dogmatischen Lehren. Was in der Wirklichkeit unübersichtlich und schwer wirkt, wird vom Märchen leicht und klar dargestellt. Hierzu tragen auch die symbolischen Verdichtungen bei und die Tatsache, daß mit den Märchenfiguren nicht individuelle Schicksale, sondern „Prototypen" und eine „innere Wirklichkeit" gezeigt werden. Die psychologische Märchenforschung möchte überindividuelle Vorgänge, die sich im Märchen spiegeln, aufdecken. Nach C. G. Jung und seiner Schule sind Märchen und Mythen der Weg, der zur Erkenntnis des kollektiven Unbewußten führt. Das Märchen kann die jenseitige Welt nicht erklären, aber es zeigt deren sinnvolles Wirken. Handlungen, Figuren und Dinge treten immer im richtigen Moment in den Ablauf ein und verschwinden wieder, wenn sie nicht gebraucht werden – wie in Mythen. Der Held handelt nur, er wundert sich nicht über seltsame Tatsachen wie sprechende oder magische Gegenstände, verliehene Wunderkraft und regenerierte Glieder, die eben erst abgeschlagen worden waren. Der Vater fragt Aschenputtel nicht, warum sie sich „nur" einen Haselzweig wünsche, der an seinen Hut stößt; die Königin im Bade nicht, daß ihr ein Frosch das Kind Dornröschen weissagt; und Schwesterchen nicht, daß Brüderchen ein Reh mit Menschenstimme wird.
Betrachtet man die inhaltlichen Unterschiede zwischen Mythen, Märchen und Sagen, so kann man eine gewisse Chronologie feststellen: Mythen, Helden- und Göttersagen hier, mythische Tiergeschichten dort waren zuerst da. Elemente hieraus leben in den Sagen, Legenden und Märchen fort. Dabei ist die Volkssage primitiver als das Märchen. Sie ist dichterische Frühform. Einzelne Elemente und

10 Lüthi, 1978, S. 104

Erlebnisse werden lebendig und in voller Intensität herausgearbeitet; sie bleiben aber auch daran hängen. Der Mensch in der Sage grübelt und deutelt. Die Sage versucht Erklärungen und gibt Teilantworten. So wird die Volkssage Dichtung und Wissenschaft in einem (z.B. in den ätiologischen Sagen, den Erklärungssagen, in denen einem Naturereignis, geographischen und historischen Phänomen nachgegangen wird, aber auch allgemein sozialen, religiösen, volkskundlichen Strukturen...), aber so einfach gegliedert und tastend, daß man sie als ein „komplexes, vordichterisch-vorwissenschaftliches Gebilde“[11] bezeichnen kann. Es ist „primitiv“ im Sinne von urtümlich, da noch unentfaltet. Märchen aber sind komplizierter und kunstvoller aufgebaut. Sie sind reine Dichtung, die einzelnen Gattungen haben sich auseinandergefaltet. Dies kann nur auf einer Stufe höherer Kultur entstanden sein – zu einer Zeit, als der Mensch zur Sublimation und Abstraktion fähig war; das bedeutet, daß das alte Märchen u. a. die Inhalte der primitiven Sage sublimiert in sich aufgenommen hat.

Psychologisch gesehen besteht ein großer Unterschied zwischen Mythos, Sage und Legende einerseits, dem Märchen andererseits: Das Märchen erzählt uns nicht wie die anderen Literaturgattungen vom Sieg über andere, sondern in symbolischen Bildern über sich selbst (meist ist der Gegenspieler des Helden eine Projektion des Bösen im eigenen Inneren: Etwas Dämonisches, Verschlingendes, ein Ungeheuer...) Im Mittelpunkt des Märchens steht der Mensch. Der Held wird, nach Bestehen aller Prüfungen, Herr über sich selbst: Als König(in) regiert er (sie) weise – d.h., der Held hat jene Reife erreicht, sich selbst – und nicht andere zu beherrschen, sich weise zu „regieren“ und dadurch glücklich zu werden. Märchen sind so aufgebaut, daß sich der Zuhörende in bestimmten Entwicklungsphasen, je nach Bedürfnis, Alter und Geschlecht, mit dem Helden identifizieren kann und durch Nachdenken zu eigenen Lösungen gelangt, die für ihn eine persönliche Aussagekraft besitzen. Es werden keine „Rezepte“ oder genauen Verhaltensmuster vorgeschrieben. (Dieser psychologische Aspekt ist einer der Möglichkeiten, Funktion und Bedeutung des Märchens zu deuten: D.h., neben literaturwissenschaftlicher, volkskundlicher, soziologischer, mythen- und religionskundlicher, kultur- und kunstgeschichtlicher Komponente wird auch die psychologische sinnvoll wirksam, bes. im Sinne von Identifikationshilfen und deren Wechsel.)

Ziel des Märchens ist es, den Helden zur „königlichen Hochzeit“ und zum inneren Glück zu führen. Die Gaben der Jenseitigen sind nur Mittel zur Bewältigung von Kämpfen, Proben und Auseinandersetzungen. In mythologischen Erzählungen und im Mythos dagegen sind der Gewinn von Schutzgeistern, von Kultur- und Naturgütern das Ziel; auch der unsterbliche Ruhm durch vorbildliches Leben in Tapferkeit, Klugheit, Tugendhaftigkeit und ähnliche Eigenschaften.

Den Sagen, Legenden und Märchen ist gemeinsam, daß sich die Vorkommnisse auf den Menschen beziehen: In der Sage auf den, der vom Außergewöhnlichen getroffen wird, in der Legende auf den Träger des Sakralen und im Märchen auf die Figur, die mittels Wunder ihr Ziel erreicht. Dem steht der Mythus entgegen, der vom Jenseitigen heraus berichtet, in dem der Mensch nicht Hauptfigur sein muß. Götter,

11 Lüthi, 1978, S. 90

Tiere und gottähnliche Wesen handeln hier aus einer anderen räumlichen und zeitlichen Dimension heraus.
Märchen regen in erster Linie die Phantasie an und erfreuen durch das gute Ende und damit die richtige Entscheidung; auch, wenn viele Entmutigungen, Niederlagen und Nöte dazwischenstehen. Gerade das zwischenzeitliche Scheitern des Helden zeigt ja Entwicklung, Entfaltung an und führt durch die Reifung zur Vollendung. Der irreale Charakter des Märchens (von Kritikern als Vorwurf gebraucht) ist deshalb bedeutsam, weil dadurch gezeigt wird, daß das Märchen nicht nützliche Informationen über die äußere Welt bietet, sondern innere Vorgänge im Menschen schildert. Gestalten aus Mythen und Legenden dagegen bieten nachahmenswerte Vorbilder, gesellschaftliche Ideale und vermitteln ein Wissen vom Ursprung und Zweck der Welt. Sie stellen repräsentative Schicksale und – im Transfer – innere Konflikte dar, die gelöst werden. Aber ihre Helden sind von geistiger, magischer oder göttlicher Kraft erfüllt, ohne die die Werke nicht gelingen könnten: So helfen bei den griechischen Helden wie Achilles und Odysseus, Herakles und Theseus; bei Heldengestalten der nordischen Sagen wie Beowulf und Siegfried und bei christlichen Legendenfiguren die Götter z.T. mit allen zu Gebote stehenden „Tricks" und Mitteln bzw. Wundertaten mit. Mythische Helden bei Naturvölkern und alten Kulturvölkern sind Abkömmlinge von Göttern und die christlichen Heiligen wirken durch ihr unendliches Vertrauen in die göttliche Macht und Güte, die sie erfüllt und unsterblich macht. Solche „Helden" bleiben größtenteils unerreichbar.
Märchen schildern ebenfalls Konflikte und Entwicklungsprobleme unter Anwendung der Personifizierung und symbolischer Kraft in Handlung und Gestalt. Aber es siedelt sich viel näher beim Menschen an, hat nicht jene unerreichbare Ferne der Ideale des Mythus. Es zwingt dem Hörer (Kind) keine Handlungen auf, sondern läßt Spielraum, sich positiv zu identifizieren. Das echte Märchen verzichtet auf moralisierende Drohungen und unabdingbare Forderungen (die Aufgaben gelingen im 3. Anlauf oder durch den 2. bzw. 3. Bruder resp. Schwester, die als erfolgreiche Inkarnation der glücklosen Unhelden betrachtet werden können). Das „Märchen vom Mann im Mond" ist deshalb z.B. kein Märchen: Der arbeitswütige Mann mit der Holzwelle auf dem Rücken fällt einem religiösen Gebot zum Opfer. Das echte Märchen geht immer gut für den Helden aus: Eine tröstliche, zukunftsweisende Perspektive für das Kind, die es optimistisch stimmt. Andernfalls würden die als Mutter deutbare Hexe, das Töten des übermächtigen Geistes oder Riesen als Vater, die Erniedrigung des Dummlings, die Schandtaten an Geschwistern aus Eifersucht und die Selbsterniedrigungen zum unerträglichen Alptraum. Mythen, Sagen und Legenden lassen uns dagegen oft vor der tragischen Größe der Helden schaudern, denn sie können nicht nur in einer Erhebung zum Übermenschen und ins ewige Leben, sondern auch in entsetzlicher Qual und Verdammung enden. So kennen wir unschuldig-schuldig Gewordene der griechischen Tragödien, z.B. die Nachfahren des Tantalos: Niobe, Agamemnon und Menelaos, Iphigenie und Orest. Ödipus und Paris geraten in schicksalhafte Konflikte und auch in unserem Sprachgebrauch bleiben Tragödien aus der Sage erhalten: In den Tantalos- und Sisyphos-Qualen, im

vermessenen Ritt auf dem Pegasus, in der unsterblichen Tat eines Prometheus, der den Menschen das Feuer schenkte, in der Büchse der Pandora ... Der schwedische Beowulf kämpft, von Göttern beschützt, mit dem Ungeheuer Grendel und dem grausigen Moorweib, und sein letzter Kampf mit dem Drachen – ein Motiv, das wir in der Sage von Siegfried z.B. wiederfinden –, erheben ihn zum unvergessenen Helden der nordischen Welt, in der viele Helden, von Göttern unterstützt, zu unsterblichem Ruhm gelangen oder tragisch enden.
Wollen wir Mythen und Märchen – als Kontrastpaar isoliert – trotz vieler Gemeinsamkeiten unterscheiden, so erkennen wir, psychologisch gesehen, eine Persönlichkeitsbildung, die bei den Mythen dadurch erfolgt, daß ideale Persönlichkeiten nach strengen Gesetzen und Schicksalszwang, nach Forderungen des Über-Ich handeln und zur Gewissensbildung, zum sozialen Handeln und religiösen Empfinden anleiten. Märchen zeigen eine Persönlichkeitsentwicklung und Ich-Integration, die auch die Impulse aus dem Es zur positiven Verarbeitung zuläßt. Diese lebendige Urwüchsigkeit, die zugelassenen Triebe, die nicht Schuldbewußtsein auslösen, sondern aktiv vom Helden sublimiert werden können, machen das Märchen zum kindgemäßen Erlebnis.

7 Märchen und kindliche Not

Wenden wir uns wieder allein dem Märchen zu. Obwohl sie äußerlich oft erschreckend wirken mögen – beladen mit Hexen und Zauberern, wilden Tieren und Stiefmüttern, mit Morden und grenzenlosen (Selbstauf-)-Opferungen, mit Leid und endlicher Befreiung des Helden, der sich einsam in der Ort- und Zeitlosigkeit sein Glück erkämpft – dennoch lieben unsere Kinder sie und wollen sie immer wieder hören. Der bereits erwähnte optimistische Wesenszug (der gute Ausgang) steht im Gegensatz zum Pessimismus der Mythen und Heldensagen, in denen Idealgestalten durch ihre Taten in Tragödien enden oder durch ihre Vollkommenheit eher entstatt ermutigen. Diese Wirkung aber auf unsere Kinder wollen wir vermeiden – für Auseinandersetzungen mit solchen Inhalten sind sie erst später reif.
Diese aufregenden Kunstwerke besitzen also eine zeitlose Gültigkeit, denn in ihnen werden mittels Symbolen, Bildern und Gestalten innere Erfahrungen des Menschen ausgedrückt. D.h., all diese alten Märchen und all das, was aus uns in Traumbildern und auch schon im kleinen Kind an Erfundenem herausphantasiert, ist, gespeist aus magisch-mythischen Wurzeln, immer von irgendeiner Bedeutung getragen. Die Sprache der Seele ist eine Sprache der Bilder und Handlungsabläufe, also nicht eine logisch-abstrakte wie die des Verstandes; und diese Bilder und Handlungen sind deutbare Symbole, die Aufschluß über innere Konflikte geben können.
Dieses Wissen um den Zusammenhang zwischen den deutbaren „Schöpfungen", spontan und phantasierend in Wort, Bild, Gestalt, Klang und Spiel dargeboten, und den inneren menschlichen Tiefen machen sich die Psychologen in ihrer tiefenpsy-

chologischen Arbeit besonders mit Kindern und Jugendlichen zunutze: Die Bildsprache der Seele drückt sich im Malen, in Phantasiegestalten, im spontanen Rollen- und Handpuppenspiel aus; im Erzählen von Träumen und selbsterfundenen Geschichten und eben auch im Nachspielen und Nachempfinden von Märchen. Gerade bei seelisch kranken Kindern treten dabei immer wieder ähnliche Motive (Symbole) auf, die Rückschlüsse auf Verhaltensstörungen geben können.

Verhaltensstörungen oder -auffälligkeiten (z. B. chronisches Bettnässen, Daumenlutschen, Nägelbeißen, Schorfkratzen; Diebereien, auffällige Kontaktscheu usw.) dürfen nicht einfach streng bekämpft werden. Sie sind Entlastungsversuche der Natur, um den Menschen vor Schlimmerem, letztendlich vor einem Versagen in der Lebensbewältigung zu bewahren. Sie sind ein Ventil für psychische Spannungen, die dann entstehen können, wenn das Kind seiner Umwelt durch Ängste, Überforderungen u. ä. nicht mehr gewachsen ist oder in den ersten Lebensjahren gelitten hat; – mag das durch eine frühe Mutter-Kind-Trennung, gefühlslose Unterdrückung oder Entmutigungen und Einengungen entstanden sein; durch verpflichtende, überbehütende Liebe, die das Kind am Selbständigwerden hindert; durch fehlende Bezugspersonen, Inkonsequenzen oder gefühlskalte Umwelt und andere Umstände mehr, die das Kind daran hindern, aus seiner egozentrischen Grundhaltung heraus einen tieferen Sinn im Leben zu finden; sich und dann auch andere besser zu verstehen. Schließlich ist es eine existentielle Frage, ob man es im Leben zu etwas Sinnvollem bringt und damit zu einer Selbstverwirklichung gelangt.

Das Kind kann sich schon im Kleinstkindalter unbewußt gegen Überforderungen wie die oben erwähnten durch Verhaltensstörungen oder Verhaltensauffälligkeiten wehren. Diese kommen einer Druckentlastung gleich. Sie können das Kind vor unkontrollierten Ausbrüchen gegen seine Umwelt bewahren; die aufgestaute Energie und Erregung wendet sich dabei häufig nach innen, gegen die eigene Person – erkennbar beispielsweise an Zucken, Kratzen, Lutschen, Hin- und Herschaukeln, allgemeiner Unruhe, Apathie, Stottern oder den oben erwähnten Symptomen, sofern sie chronische Züge zeigen. Dieses ‚Hilfsmittel' Verhaltensstörung ist also im Grunde nicht böse und bekämpfenswert. Vielmehr muß die Ursache der Not gefunden und beseitigt werden – dann verschwinden meist die Symptome der Verhaltensstörungen von selbst. So ist es zu verstehen, daß im Märchen oder in Kindererzählungen Verhaltensstörungen oft nicht in Symbolen für das Böse erscheinen, sondern als helfende Tierfiguren, die der bedrängten Person helfen und sie an Wutausbrüchen und Aggressionen gegen Übermächte hindern. Diese Tiere, als kluge und magische Helfer, sind wie Doppelgänger, wie ein zweites Ich, die ergänzende bzw. entgegengesetzte Charakterzüge des „Helden" bzw. Leidenden tragen und das „Es", die animalische Natur verkörpern. Die Tiere oder Mächte sind hilfsbereit oder zerstörerisch und verkörpern die Auseinandersetzung der Instinkte und Triebe mit unserem bewußten Ich. Es werden Vorgänge geschildert, die unserer dualistischen Natur entsprechen: Dem Kampf zwischen dem Es, Ich und Über-ich, die zu einer Vereinbarung gelangen müssen. In jedem Kind spielen sich diese Vorgänge ab und formen so seine seelische Entwicklung. Das Märchen zeigt mit Symbolfiguren diese Vorgänge sehr spannend und kindgemäß.

Da die Märchen im Irrealen geschehen, kann sich jedes Kind mit passenden Figuren und Handlungen identifizieren und Haß und Sehnsucht projizieren, ohne dabei schädigende Schuldgefühle gegenüber den symbolhaft gemeinten Figuren (bes. die Eltern) zu entwickeln. Dieser Punkt wird besonders bei ödipalen Konflikten wichtig, wenn sich im Zuge der Persönlichkeitsidentifikation die Ablösung aus der Elternabhängigkeit vollzieht und auch auf sexuellem Gebiet ein Reifungsprozeß abläuft – ebenso, wie dann wieder während der Pubertät.
Das Tröstliche an echten Märchen ist, daß der positive Ausgang Hoffnungen und Ausblicke bietet. Zu große Realitätsnähe, wie sie viele moderne, bewußt realitätsnahe Geschichten formulieren (z.B. Wohnung, Ort, Gegenwart, genaue Kindvorstellung mit seinen Eltern als Konfliktpartner...), fixieren die kindliche Phantasie und erzeugen Angst- und Schuldkomplexe, weil die Identifikationen und Projektionen von Gefühlen erschwert werden. Schließlich kann man eine böse Hexe oder Stiefmutter offen hassen, nicht aber die reale Mutter. Man kann den bösen Geist überlisten, nicht aber den Vater... man kann sich vom schwachen Dummling zum Helden entpuppen, in Wirklichkeit geht das nicht so ohne weiteres. Die verschleierte Form seelischer Wachstumsprozesse kann in der Realität nicht so farbig und komplex ausgeführt werden. Das trifft nicht nur auf moderne Geschichten zu. „Der Wacholderbaum" (Bechstein) z.B. ist ein echtes, vielschichtiges Märchen, aber für Kinder wegen der grausigen Vorkommnisse kaum geeignet. Die Gegenwartsnähe, die sich z.B. durch die Bemerkung ergibt, daß der Junge, der von seiner Stiefmutter umgebracht und gekocht wird, eben „aus der Schule kommt", kann schockieren.
Eine Bewältigung neurotischer Störungen kann in Märchen durch todesmutige Verzweiflungstaten symbolisch dargestellt werden: Durch ein In-den-Brunnen-Springen, durch einen Feuerritt, durch Selbstverstümmelungen, durch Opfer bis zur Selbstvernichtung – solche kompromißlosen Taten führen zur seelischen Erneuerung unter Aufbietung aller Kräfte.
Die Figuren haben dabei keine konkrete soziale Zugehörigkeit (der König z.B. ist symbolisch, nicht realiter ein König, die Magd keine für unsere Begriffe untergeordnete Dienstperson...). Entscheidend sind die Figurengruppierungen, das Ausnützen – auch magischer – Kräfte und das Gewinnen der Freiheit und der Macht durch aktive Dynamik, durch die mutige oder kluge Tat. Figuren und Handlungen lassen sich also nicht direkt auf die Wirklichkeit übertragen, sondern haben symbolischen Charakter. Die Funktionen im Märchen sind bedeutungsvoller als die konkreten Rollenträger. Gerade deshalb müssen sozialkritische Deutungen von Märchen sehr fragwürdig bzw. sinnlos erscheinen.
Die Beobachtung des Kindes im Spiel, vor allem im Rollenspiel, die Deutung der Figuren und Phantasieprodukte in seinen Bildern und freierfundenen Erzählungen können Einblick in die kindlichen Probleme geben. Die Gestalten und Geschehnisse, die hier aufsteigen, haben dabei in ihrer Symbolhaftigkeit viel Gemeinsames mit Märchen. Gerade diese Ähnlichkeit muß zu denken geben; sie kann dem Märchen einen therapeutischen Aspekt zuweisen. Seine Bilder, Figuren und Handlungen geben Einblick in tief menschliche, in der Menschheitsgeschichte immer wiederkehrende Konflikte und Nöte. Wenn das schöpferische Gestalten, unter anderem das

Erzählen und Phantasieren des verhaltensgestörten Kindes therapeutisch wirksam wird, ist es da nicht naheliegend, *jedem* Kind über das Erzählen und Zuhören von Märchen echte, im Unterbewußten verarbeitete „Lebenshilfe" vermitteln zu können? Und ist es nicht naheliegend, gerade die Volksmärchen heranzuziehen, da sie doch Gefühl und Verstand in einander ergänzender Weise ansprechen, Spannung erzeugen, seine Sehnsüchte und Ängste greifbar machen und Lösungen bieten? In diesem Sinne sei Bruno Bettelheim zitiert:
„Die Märchen vermitteln wichtige Botschaften auf bewußter, vorbewußter und unbewußter Ebene entsprechend ihrer jeweiligen Entwicklungsstufe. Da es ihnen um universelle menschliche Probleme geht und ganz besonders um solche, die das kindliche Gemüt beschäftigen, fördern sie die Entfaltung des aufkeimenden Ichs; zugleich lösen sie vorbewußte und unbewußte Spannungen. Sie verleihen den Es-Spannungen Gestalt und Glaubwürdigkeit und zeigen Möglichkeiten auf, diese in Übereinstimmung mit den Erfordernissen des Ich und des Über-Ich zu lösen"[12].

8 Märchen, Mythos und Traum

Die Tiefenpsychologie bezieht den Traum und seine Deutungen mit ein, um Ursachen seelischer Verletzungen zu entdecken, denn Träume sind zur Stabilisierung unseres seelischen Gleichgewichts nötig. Erläuternd sei hierzu H. v. Beit zitiert: „Erst nachdem Siegmund Freud die Erscheinungen des Unbewußten und besonders dessen Hauptäußerungen, den Traum, wissenschaftlich-systematisch erforscht hatte, fielen neue Lichter auf das Problem des Märchens... Das Hauptverdienst der Freudschen Psychologie für die Märchenforschung besteht darin, die prinzipielle Wesensverwandtschaft zwischen den Träumen des heute lebenden Menschen, der Vorstellungswelt des Kindes und der archaischen Menschenrassen aufgedeckt zu haben"[13] (Freud vermutet in den Bildern des Traumes und der Mythen einen Sinn, der auch ebenso gut in bewußter Sprache ausgedrückt werden könnte).
„Traum und Mythos entspringen der gleichen primitiv-archaischen Seelenhaltung';"[14] es ist eine gemeinsame seelische Grundlage der Mythenmotive und Träume anzunehmen. Daher wohl weisen die menschlichen Träume erstaunliche Ähnlichkeit mit Märchen auf – mit all ihren Kräften, Ängsten, fressenden und vernichtenden Mächten, aber auch mit den symbolhaft vertretenen guten Taten und Figuren. Dabei müssen wir uns vergegenwärtigen, daß Mythos (s.v.) und Traum nicht identisch sind: „Die aus tiefen Schichten auftauchenden Traumbilder moderner Menschen können dem archaischen Denken ähnlich sein, es sind Spiegelungen von Urerlebnissen in dem modernen Gehirn; die Urvorstellung aber

12 Bruno Bettelheim, 1977, S. 11
13 H. v. Beit, 1960, S. 13/14. „Abweichend hiervon sieht C. G. Jung in diesen Bildern den Ausdruck einer seelischen Grundstruktur, welche, unbewußt wirksam, die geistigen und triebhaften Funktionen der Seele veranlaßt. Die Kräfte, welche diesen Bildern zugrunde liegen, werden als ‚Archetypen' bezeichnet"
14 H. v. Beit, 1960, S. 244

hat sich in ihrer Wirkung und ihrem Wesen verändert und ist, infolge des Durchgangs durch die rationale Denkweise, umgeprägt worden"[15].
S. Freud kommt zu dem „... Schluß, daß man keine besondere symbolisierende Tätigkeit der Seele bei der Traumarbeit anzunehmen braucht, sondern daß der Traum sich solcher Symbolisierungen, welche im unbewußten Denken bereits fertig enthalten sind, bedient, weil sie wegen ihrer Darstellbarkeit, zumeist auch wegen ihrer Zensurfreiheit, den Anforderungen der Traumbildung besser genügen"[16].
Diese Symbolik gehört also nicht dem Traum, sondern dem unbewußten Vorstellen des Volkes. A. Bastians Gedanke der „psychischen Einheit des Menschengeschlechts" (s.v.) könnte die weltweite Ähnlichkeit der Märchenmotive, welche sich unter gleichen Regeln mit den magischen Kräften auseinandersetzen, erklären. Das menschliche Hirn könnte in seinen frühesten Schichten Vorstellungen, Urerlebnisse und Urerinnerungen bewahrt haben, „... indem aus den frühesten tiefsten Schichten des Gehirns bewahrte Urerlebnisse bildhaft aufsteigen. Es handelt sich in dem Fall um eine – physisch bedingte – Erblichkeit im Geistigen, die uns gewisse Erlebnisse unserer Vorfahren erhält..."[17].
Diese in Symbolen erscheinenden Erfahrungen finden wir in Mythen, Sagen, Redensarten, Spruchweisheiten wieder – und entsprechend auch in Märchen. Dies mag also der Grund sein, weshalb die Symbolsprache in den Märchen und Mythen auf der ganzen Erde unabhängig voneinander ähnlich auftreten und intuitiv verstanden werden, einer kollektiven Bildersprache vergleichbar; und warum mit Hilfe der Traumdeutung in eingeschränkter Form vielleicht auch Märchen gedeutet und interpretiert werden können (wobei Deutungen allerdings auch kulturkreisabhängig sind). – Dabei sollte man allerdings nicht vergessen, daß Märchen kaum voll ausdeutbar sind und auch nicht überinterpretiert werden sollten. Es wäre ein widersinniges Unterfangen, wenn man mit Hilfe eines Symbolkataloges, einer Deutungstabelle, einfache mechanische Entschlüsselungen von Traum- bzw. Märchenstücken vornehmen würde. Angegebene Symbole stellen lediglich eine Orientierungshilfe dar. Es muß außerdem erwähnt werden, daß auch bedeutsame Unterschiede zwischen Träumen und Märchen bestehen, z.B. im Bezug auf die Darstellung der Wunscherfüllung, der Entlastungsvorgänge, der Abrundung des „Themas" und der Kontrolle durch das Bewußtsein, die hier nicht näher beschrieben werden können. Chronologisch gesehen ist der moderne Traumdeuter berechtigt, die archaischen Gebilde der Mythen und Märchen zum Vergleich heranzuziehen; umgekehrt muß man bei dem Versuch, zur Erklärung mythischer Gebilde Träume und deren Interpretationen zu verwenden, aufgrund des Unterschiedes der Bewußtseinsentwicklung sehr vorsichtig sein, zumal das Traumgeschehen ein höchst individueller Vorgang ist – im Gegensatz zum Märchen und Mythos.
Zusammenfassend können wir feststellen: Auch bei Träumen werden Probleme in einer Bildersprache bearbeitet, Ängste abgeführt, Warnungen in symbolhaften

---

15 Beit, nach W. v. Siebenthal, 1960, S. 244
16 S. Freud, 1961, S. 290
17 Beit, 1965, Hier: „Das Märchen als Kunstwerk"

Handlungen und Figuren ausgedrückt, verdrängte Konflikte aus den Tiefen des Unbewußten („Es“), aus der Vergessenheit heraus dem Bewußtsein zugeführt.
Träume schlagen den Bogen von der Welt der Erwachsenen zu derjenigen der Kinder. Der Traum ist die Sprache des Unbewußten und dies um so eindeutiger, je jünger Kinder sind (hierzu s. auch H. Zulliger: Helfende Kräfte im kindlichen Spiel, in: Die Verknüpfung der infantilen Denkkategorien mit der Triebentwicklung). Der vielschichtige Reichtum der Märchen ist nicht ausschöpfbar (s. Interpretationsmöglichkeiten aus der Psychologie, Mythologie, Kunst- u. Kulturgeschichte, Völkerkunde, Linguistik...). Das gleiche Märchen kann für Kinder und Heranwachsende in ihrer verschiedenen Altersstufe und Problematik ganz verschiedene Sinndeutungen liefern – ein 6jähriges mag von ganz anderen Schwerpunkten angesprochen sein als ein 14jähriges. So können gleiche Märchen für verschiedene Altersstufen durch verschiedene Elemente wichtig werden und Lebenshilfen bieten.
Grausamkeiten und Ungerechtigkeiten, Tod und Jenseits werden in „märchenhafter“ Weise direkt und doch erträglich angesprochen – das Kind wird mit der Not der Menschen ebenso konfrontiert wie mit dem Wissen, daß es wie der Märchenheld mit Mut, Weisheit und Geduld, den drei klassischen Märchentugenden, solche Nöte besiegen kann. Unter all den oben genannten Aspekten müssen wir dem Märchen im Grunde eine hohe Wertigkeit zuweisen; so, wie sie dem Traum und den schöpferischen Ausdrucksformen des Menschen längst zugebilligt werden.

9 Märchen und Symbole

Einige symbolische Deutungen sollen hier genannt werden; allerdings nur in gängigen Teilen und einfach dargestellt, da sie in ihrer oft ambivalenten Gestalt, in ihrer Vielschichtigkeit und aus dem Zusammenhang gelöst keine absolute Interpretation erfahren können. Die Erklärungen wollen noch einmal zeigen, daß Bilder, Personen und Handlungen im Märchen nicht einfach real und damit oft als grausam oder nur sozialkritisch gesehen werden können, sondern als Symbole das magische Reich oder „Seelenreich“ schildern und damit auch deutbare Verbindungen zum menschlichen Unbewußten, zum Traum und zur kindlichen Psyche herstellen. Bei den oft breiten Bedeutungshorizonten der Symbole soll hier die psychologische Sicht Vorrang haben. Die Mehrdeutigkeit der Figuren zeigt, wie sehr die Symbole in ihrer Konstellation zueinander und im Gesamtzusammenhang des Geschehens zu sehen sind und von Kulturstufe und -kreis einerseits und – übertragen – von seelischen Konstellationen andererseits abhängen; auch, welcher der häufigen Doppelaspekte der ambivalenten Symbolfiguren bzw. magischen Figuren zum Tragen kommt. Märchenfiguren sind nie böse und gut zugleich und das Kind polarisiert wie im Märchen, ohne Doppeldeutigkeiten. Erst im späteren Alter vermag es vielseitigere Wesenszüge zu erfassen.
Ausführlichere Deutungen sind in entsprechenden Büchern (s. Literaturverzeichnis), nachzulesen (und hier, in die Texte eingeflochten, vorwiegend bei H. v. Beit in „Symbolik des Märchens“ und B. Bettelheim „Kinder brauchen Märchen“ unter

deren häufiger Bezugnahme auf Bächtold-Stäubli entnommen, ebenso dem Herder-Lexikon „Symbole"). Die Beispiele sind vorwiegend auf Grimms Märchen bezogen, da sie dem Leser am meisten bekannt sein dürften.

Das Haus stellt allgemein die Person (bes. des Träumers) mit seinen verschiedenen Ebenen dar: Der Keller für die tieferen Gefühlsbereiche; (oft werden die „Schätze" in Kellern und alten Gewölben gefunden, z.B. beim „Beherzten Flötenspieler" in der Kellerruine; das Erdgeschoß für die Auseinandersetzung mit der Welt, die Ichbetonung; das Dachgeschoß für den geistigen Bereich. Diese Schichtung entspricht auch der des Es, Ich und Über-Ich bzw. den Elementen Wasser, Erde, Luft. Wenn jemand *„aus dem Haus getrieben wird"* oder das Heim selber verläßt, bedeutet das die Notwendigkeit, das eigene Ich zu finden: Viele Märchen beginnen denn auch damit, daß der Held sein Elternhaus verläßt und sich seinem eigenen Leben und Schicksal stellt bzw. von zu Haus fortgejagt wird, psychologisch gesehen also gezwungen wird, selbständig zu werden und gewohnte Bindungen (an die Eltern...) abzustreifen. Haben sie alle Abenteuer und Erlebnisse überstanden, so sind sie, auch die „Dummlinge" und Vernachlässigten wieder daheim willkommen: Goldmarie „wegen" ihres Goldes, der Jüngste und Dummling in „die 3 Federn" als König; Zweiäuglein, das eine neue Lebensmitte bildet und den garstigen Stiefschwestern Einäuglein und Dreiäuglein ein Zuhause bietet; das Schwesterchen in „Brüderchen und Schwesterchen", das nach der Flucht aus dem herzlosen Zuhause und nach bösen Gefahren Königin wird; das eine Goldkind (in „die Goldkinder"), das nach freiwilliger Wanderung „in die Welt hinaus" und aus Abenteuerlust seine Lebensmitte durch Heirat bildet, während sein Doppelich (das andere Goldkind) glücklich bei den Eltern weiterlebt...

Höhlungen, Brunnen, Erd- und Himmelslöcher sind, besonders aus mythologischer Sicht, allgemein Eingänge zur Welt des Todes und der Nacht (der dunkle Raum). Ebenso sind Geburtsvorstellungen daran geknüpft; (der mütterliche Schoß – bes. durch das Betreten kleiner Räumlichkeiten dargestellt). Oder es ist das Eingehen ins Unbewußte, das Sich-Einziehen in sich selbst. Die Höhle ist der Mutterboden seelischen Lebens und Durchgangsort innerer Wandlung des „Helden" – an diesen Randstellen spielen sich Schicksalswenden und Wesenserneuerung ab. Dieses Motiv ist in vielen Märchen zu finden, auch in Varianten, wobei das Himmelsloch u.ä. besonders in außereuropäischen Märchen, Mythen und Sagen öfter vorkommt. In Grimms Märchen hören wir z.B., daß der Prinz ein kleines Kämmerchen betritt, als er „Dornröschen" findet. Ein König entdeckt „Marienkind" in einem hohlen, von einer Dornenhecke umschlossenen Baum. „Rotkäppchen" reift innerlich durch das Erlebnis im Wolfsbauch. Der „Starke Hans" befreit die Prinzessin aus einer tiefen Höhle. Goldmarie springt in „Frau Holle" in einen tiefen Brunnen. Die „Gänsehirtin am Brunnen" wird eben dort von dem Grafen in ihrem wahren Ich entdeckt, „Schneewittchen" ruht in einem Glassarg. „Die Gänsemagd" klagt dem Eisenofen ihr Leid und wendet damit ihr Schicksal...

„Nihil est in intellectu, quod non antea in sensu fuerit" – ein Satz der alten Römer, der besagen will: „Nichts besteht in unseren Vorstellungen, was wir nicht einstmals mit unseren Sinnen wahrgenommen haben", bzw.: „Was nicht erst in Wirklichkeit war." (Auch nach W. Stern ist die Phantasie einer Schöpfung aus dem Nichts niemals fähig und ihre Elemente haben stets in wirklichen Erlebnissen ihre Grundlage.) Die absolute Geborgenheit im Mutterleib, in dem der Mensch „wird", ist eine Wirklichkeit, die jedoch mit der Geburt endgültig verloren, vergangen ist; nur die Erinnerung im tiefen Unbewußten bleibt. In Träumen und Märchen tritt das Symbol der Höhlen, Öfen, hohler Bäume, Kammern, tiefer Brunnen usw. immer wieder auf – als der Raum, in der eine seelische Umwandlung und Wiedergeburt, ein neues „Werden" stattfindet. Dieses heilsame Sich-Zurückziehen in den „Mutterleib" ist auch ein Sichversenken und Verstehen der Naturkräfte, der „Mutter Natur", zu der wir Beziehung halten müssen, um nicht den Zugang zu den eigenen Tiefen und Ursprünglichkeiten zu verlieren. Ein zeitweises totales Versinken ist die seelische Erkrankung, die dem überforderten, verzweifelten Menschen hilft, da er in dieser Zeit mehr Schonung als sonst und die Möglichkeit der Verinnerlichung finden kann. Ruhephasen in Märchen können auch die stille Reifezeit bedeuten, in der aus dem Kind in der Pubertät ein gereifter junger Mensch wird (s. Schneewittchens und Dornröschens Todesschlaf; die Versteinerung des „treuen Johannes" ...).

Das Wasser hat, mythologisch gesprochen, mütterliche Bedeutung und ist ein seelisches Element. Es ist ein Symbol des Unbewußten, dem alles Wirkliche entsteigt, das die Wirklichkeit aber auch verschlingen kann (Wasser ist ein Symbol mit sehr komplexem Bedeutungshorizont, bes. in den Schöpfungsmythen und Religionen). Es versinnbildlicht die Tiefe, welche große Schätze, Lebenswerte beherbergt, u.a. als *Fische* dargestellt. Der König im „Treuen Johannes" fährt zu seiner Angebeteten weit übers Meer. In „Die weiße Schlange" muß der Diener als erste Bewährungsprobe, um die Prinzessin zu gewinnen, einen goldenen Ring aus dem Meer holen. Drei Fische helfen ihm dabei. In „Das Wasser des Lebens" wird dieses Lebenswasser schlechthin zum bestimmenden Element in der Auseinandersetzung der Brüder. Im „Fundevogel" wird das verfolgte Kind vorübergehend in einen Teich verwandelt – als lebensrettenden Akt. In „Die Goldkinder" bestimmt ein wundersamer goldener Fisch das Schicksal des armen Fischers, der anfänglich sein Glück stets verspielt, aber in einem positiven Schicksalsgang durch den Fisch zu wahrem inneren Glück gelangt.

Die drei Elemente, in denen sich das menschliche Leben abspielt; *Wasser, Erde und Luft,* verkörpern auch die drei menschlichen Ebenen: Unbewußtes (Es), Bewußtes (Ich) und das Über-Ich als dem geistigen Bereich mit dem Gewissen. Mit diesen Stufen setzt sich z.B. in klassischem Ablauf der bereits zitierte Diener in „Die weiße Schlange" auseinander: Er rettet Fische (Wasser), Ameisen (Erde) und Raben (Luft) und erhält darauf deren Hilfe bei seinen Bewährungsproben, mit denen er die Prinzessin gewinnen will: Erst muß er im Wasser nach einem Ring tauchen, dann zehn Säcke voll auf die Erde gestreute Hirse einsammeln und schließlich einen Apfel vom Baum des Lebens pflücken. Die Raben als Tiere der Luft holen ihn vom Ende der Welt. Im Märchen „Eisenhans" tritt der junge Sohn des Königs (er ist wohl eine Inkarnation des Eisenhans) in verschiedenen entwicklungsbedingten Aspekten auf: Er durchlebt in Eisenhans den tiefen Pfuhl und Morast, dann den kristallklaren Goldbrunnen mit den goldenen Fischen und Schlangen darin (s. Wasser, Fische) und den Wald. Dann kultiviert er den königlichen Garten, bewährt sich als Ritter im Kampf und rettet das Reich und schließlich fängt er, mit magischen Kräften begabt, die goldenen Äpfel, die dem geistigen Bereich angehören. Damit wird er Prinz und schließlich König, nachdem Eisenhans sich offenbart und ihm alle Schätze übergeben hat.

Der Wald birgt das Unbekannte, Geheimnisvolle (entspr. dem Vorbewußten). Er ist der Ort, an dem man sich seinem inneren Dunkel stellt und sich selbst finden und erkennen kann. *Die Bäume* darin sind lebendige Inhalte des Unbewußten. Der undurchdringliche Wald, in dem man sich verirrt, symbolisiert unser dunkles, fast undurchdringliches Unbewußtes. Aus eigener Kraft muß der Irrende den Weg heraus und damit zu sich und einer höheren Stufe des Menschseins finden. Viele Märchen beginnen am oder im Wald: Hänsel und Gretel und Zipfelpeter, Rotkäppchen und Marienkind, Brüderchen und Schwesterchen, Star und Badewännlein, das Waldhaus u.v.m. In „Die sechs Schwäne“ leben die sieben Kinder verborgen im Wald. Das Mädchen dringt nach der Verzauberung der Brüder noch tiefer in den Wald ein – als Voraussetzung ihrer Rettung. Die Mutter des „Starken Hans“ verirrt sich mit ihrem Kind schicksalhaft im Wald; Hänsel und Gretel werden in den Wald geführt, um sich dort zu Tode zu irren. In den Tiefen des Waldes finden bedeutsame Begegnungen und Wandlungen statt. Das schlechte Schicksal der beiden älteren Schwestern und das gute der Jüngsten in „Das Waldhaus“ vollendet sich ebenfalls im finsteren Wald, wo ein eisgrauer alter Mann in einer Hütte auf seine Erlösung wartet.

Das Weltende, Meeresufer u. ä. zeigt die Stelle zwischen der magischen und realen Welt an, die der Held überschreitet. Der Baum des Lebens steht zum Beispiel dort – seine Früchte zu pflücken bedeutet höchste Anforderung und Vollendung (s. „Die weiße Schlange“). In der „wundersamen Schildkröte“ beginnt die Glückseligkeit in den Tiefen des Meeres. „Jenseits“, „am anderen Flußufer“, liegt der Eingang zur Hölle. Dort holt sich der Knabe mit der Glückshaut die Antwort auf drei wichtige Fragen beim „Teufel mit den drei goldenen Haaren“. In „Die sieben Raben“ dringt das Mädchen bis ans Ende der Welt vor, um von den Sternen zu erfahren, wo es seine Brüder finden könne.

Das Bergsymbol weist u. a. auf ein erhebendes Erlebnis des Unbewußten hin. Es ist ein Symbol des Strebens, des geistigen Aufstiegs und der mühsam zu gewinnenden Höherentwicklung. In anderem Zusammenhang kann es aber auch Hemmung und Hindernis bedeuten (je nach Gang der Dinge: Gelingt die Überwindung oder nicht). In „Hirsedieb“ muß mit dem Wunderpferdchen ein gläserner Berg erklommen werden. In den „Sieben Raben“ leben die verwunschenen Brüder als Raben in einem Glasberg. Der hilfsbereite Graf in „Die Gänsehirtin am Brunnen“ muß – als Schritt zur Befreiung der Gänsehirtin – die schwere Bürde des hexenhaften Weibes den Berg hoch bis zur Hütte schleppen. Die erste Herausforderung für das tapfere Schneiderlein setzt ein, nachdem es einen Berg bestiegen hat und am Gipfel den Riesen trifft. Schlösser und Burgen ruhen auf Bergen, als Krönung seelischer Festigkeit, als „Erhebung“.

Die Insel ist ein Raum (im Vorbewußten), in dem der Mensch in Abgeschiedenheit und Abgegrenztheit seine Fähigkeiten entdecken, steigern und wandeln kann und den besonderen Wert mancher Dinge erkennt, wie es z.B. den „Drei Glückskindern" gelungen ist, die den großen Wert eines Hahnes, einer Sense und einer Katze erst auf einer Insel erleben und dann im Alltag glücklich und um das Wertbewußtsein bereichert leben. Die Abgeschiedenheit fördert auch Reifeprozesse der Persönlichkeit wie solche im tiefen Schlaf, im Verstummen, Versteinern und in Ruhephasen, die sich in abgeschiedenen Höhlen, Wüsteneien, Türmen usw. abspielen.

Vögel sind u.a. deutbar als geistige Inhalte des Unbewußten und verkörpern damit Intuitionen, Einfälle, Gedankenflüge und die Freiheit der Seele. Sie zeigen das Über-Ich und dabei verschiedene Qualitäten an: Die Eule u.a. Unheil oder Weisheit, der Rabe (vermutlich) das Bewußtsein, aber ambivalent: Tod verkündend wie im „Treuen Johannes", als Unheil wie in den „Sieben Raben", als Symbol von Hoffnung und Lebensglück in der „Weißen Schlange"... Die Taube verkörpert u.a. die Liebe. Auch Adler, Schwäne, Enten Hühner, Hähne und Nachtigallen kommen in Märchen oft vor. Vögel sind – je nach Kulturkreis – verschiedendeutig und mit positiver oder negativer Bedeutung versehen. In Märchen werden bisweilen Menschen in Vögel verwandelt, z.B. die sechs Brüder in „Die sechs Schwäne", die sieben Brüder in „Die sieben Raben". Ihre Verwandlung und Erlösung durch das jeweilige Schwesterchen weisen zugleich auf die eigentliche Heldin der Märchen und ihrer Entwicklung hin. In „Die weiße Schlange" dringt der Diener in die Geheimnisse der Natur und damit in sein Ich und Selbst ein, als er nach dem Genuß der weißen Schlange Sperlinge wispern hört, dann durch eine Ente den Verbleib eines wichtigen Ringes erfährt und schließlich ein Pferd opfert, um junge Raben vor dem Verhungern zu retten. Schließlich sind es die selben, nun ausgewachsenen Raben, die ihm den Apfel vom Lebensbaum und damit die Erfüllung bringen. Waldvögel, ein schneeweißes Vöglein und eine Ente treiben in „Hänsel und Gretel" die Entwicklung voran. In „Jorinde und Joringel" wird Jorinde in eine Nachtigall (Symbol für Liebe, Sehnsucht, Schmerz; aber auch für verdammte Seele und Tod...) verwandelt und von einer Zauberin in einem Käfig gefangengehalten, bis Joringel seine Jorinde wieder befreit. In der „Goldenen Gans" verschafft sich der „Dummling" auf originelle Weise sein Glück mit dem Federtier, ähnlich wie in „Schwan kleb an". Der Star in „Star und Badewännlein" verrät als Intuition die wahre Identität der Magd. Die Tauben in „Aschenputtel" werden zu magischen Helfern, und der Hahn, z.B. in „Frau Holle", ist der Grenzwächter zum magischen Reich, er wehrt durch warnendes Krähen Unheil ab bzw. kündigt Ereignisse an.

Federn und Haare haben geistige Qualität und bedeuten Gedanken, Ideen, magische Kraft (s. auch Indianer-Federschmuck; Federn und Haare an rituell gebrauchten Gegenständen wie Totems, Fest- und Kriegsschmuck bei Naturvölkern, aber auch als Helmzier...). Federn haben engen Bezug zu Vögeln und stehen damit dem himmlischen bzw. geistigen Bereich nahe. Das Berühren der Federn an der „Goldenen Gans" hat fesselnde Folgen im wahrsten Sinne des Wortes. Die goldenen Haare der „Gänsemagd am Brunnen" und die des Jungen im „Eisenhans" verraten besondere, edle Kräfte, auch wenn sie zeitweilig unter einer grauen Maske, einem grindigen Kopf oder einem Hut verborgen sein müssen; und Rapunzel sucht sich an den eigenen Haaren einen Ausweg aus ihrem Turmgefängnis. In „Die drei Federn“ bläst der alte König drei Federn in die Luft und spricht zu seinen drei Söhnen: „Wie die fliegen, so sollt ihr ziehen“. Hier wird ein geistiger, wegweisender Prozeß angedeutet, dessen eigentlichen Wert nur der Dummling erfaßt, indem ihm magische Kräfte zuwachsen, die er sinnvoll zu nützen weiß. Im „Teufel mit den drei goldenen Haaren“ wird der Besitz der Haare zum Schlüssel besonderer Kenntnisse und Reichtum.

Wind und Feuer sind u.a. Symbole des Geistigen, der bewegenden, reinigenden Kraft. Feuer vernichtet das Böse und Schwache, zeigt aber auch Läuterung und Wandlung an. In „Die sechs Schwäne“ vervollkommnet sich das Schicksal des Mädchens auf dem Scheiterhaufen. In ihrer absoluten Selbstaufopferung zur Erlösung der Brüder hat sie sechs Jahre geschwiegen, sich ohne Wehr ihre Kinder wegnehmen und sich als Menschenfresserin darstellen lassen. Hier zeigt das Feuer Wandlung, Wende und Erneuerung an. Die Zeit ist gerade reif, sechs Jahre sind um, als der Scheiterhaufen angezündet wird. Die sechs Schwanenbrüder werden durch die Sternenhemden erlöst und die junge Königin kann die Wahrheit über den Verlust ihrer Kinder und ihre Schweigepflicht erzählen. Vernichtend wird das Feuer für die böse alte Königin (ein hexenhaftes Weib), denn sie wird nun zur Strafe zu Asche verbrannt und damit ist das Böse durch Feuer aus der Welt geschaffen. Ähnlich bei „Brüderchen und Schwesterchen“: Die Hexe wird verbrannt und damit erhält das Rehkälbchen seine menschliche Gestalt zurück: Die Zerstörungskraft des Feuers bezüglich der Hexe wird zum Mittel der Neugeburt des tierischen Brüderchens auf einer höheren Stufe. In „Marienkind“ bewirkt das ringsum brennende Feuer des Scheiterhaufens Reinigung und endliche Reue, Demut und Mut zur Wahrheit. Wind und Stürme führen Helden in die Ferne oder Verirrung. In der „Gänsemagd“ werden die Dinge u.a. dadurch „bewegt“, daß der Wind Kürdchens Hütchen mehrmals wegreißt, weil er die schönen Haare der Gänsemagd anfassen will.

Geld, Gold, Glas und Schätze sind Symbole höchsten Wertes. Ihr Gewinn bedeutet Glück, z.T. Reinheit und Vollkommenheit (Glas und Gold) und Zuwachs an seelischen Werten. Sie sind die Zugabe zum glücklichen Ende oder das Ziel des Strebens überhaupt. Mit dem Gewinn von Reichtümern und Schätzen ist auch der innere Gewinn angedeutet. Der „Beherzte Flötenspieler“ gewinnt sie durch Mut; der junge König im „Eisenhans“ durch Tapferkeit und seine Erlösungstat. „Zweiäuglein“, dessen „Sinne in Ordnung sind“, bekommt den Baum aus Gold und Silber, der ihr sogar ins Schloß nachfolgt. Drachen und Zwerge bewachen auch in Sagen große Schätze, deren Eroberung für den Helden Glück bedeuten. Die unendliche Schönheit und der goldene Reichtum der Prinzessin im „Treuen Johannes“ deuten auf ihr Wesen hin: Sie bewährt sich in ihrem edlen Charakter und ist zu jedem Opfer bereit, um den versteinerten Johannes zu retten. Goldmarie wird mit Gold belohnt und dadurch glücklich; der Bär in „Schneeweißchen und Rosenrot“ muß dem „gottlosen“ Zwergen seine Schätze abjagen, um Mensch zu werden. In „Die Gänsehirtin am Brunnen“ werden leidvoll vergossene Tränen zu

Perlen als Ausdruck innerer Bereicherung. Sie sind die wertvolle Mitgift für den Grafen und seine Braut. „Hänsel und Gretel“ setzen mit den Schätzen der Hexe aller Not ein Ende und „Hans im Glück“ findet in dem Klumpen Gold den Schatz der heiteren Zufriedenheit, denn der materielle Wert verschwindet, den ideellen behält er…

Pech und Schmutz bedeuten entsprechend Unglück, s. Pechmarie und Aschenputtel, das in der Asche sitzen muß. *Asche* insbesondere kann Trauer oder Erniedrigung und Demütigung bedeuten („Asche auf sein Haupt streuen…“).

Geschenke wie Messer, Tuch, Ring usw. symbolisieren ein Unterpfand des Lebens mit magischer Kraft, das bei Verlust oder Zerfall einen Zerfall der Persönlichkeit darstellt. Solche dinglichen Gaben sind Kraftspender und Lebenshilfe. Sie können materiell dargestellt werden wie in „Das Kätzchen und die Stricknadeln“ (die Nadeln stricken alleine weiter) oder in den Geschenken durch Wunscherfüllung: Sinnvolle Erfüllung z.B. in „Die Goldkinder“, sinnlose in „Der Fischer und seine Frau“ und in „Mann und Frau im Essigkrug“, beide Arten in „Der Arme und der Reiche“. Lebensgestaltend sind die Abschiedsgeschenke für die Brüder in „Tischlein Deckdich…“, wertvoll das Wunderpflaster vom „Geist im Glas“. Wichtiger als der Brautschatz ist für die „Gänsemagd“ das weiße Läppchen mit den drei Blutstropfen, welches die Prinzessin leichtsinnig verliert, so daß die böse Kammerjungfer Macht über sie gewinnt. In den „Goldkindern“ wird der goldene Fisch zur Gabe, die magisch fortlebt, u.a. in den zwei goldenen Lilien, die durch Frische oder Welken den Zustand der Goldkinder anzeigen. Zauberringe verleihen Riesenkräfte und mit Federn kann man fliegen und Heldentaten vollbringen. Die „Itsche“ (Kröte) in den „Drei Federn“ gibt dem Jüngsten drei kostbare Geschenke, mit denen er seine Aufgaben erfüllt.

Die Kugel bzw. der Ball, z.B. der goldene Ball im „Froschkönig“, die goldenen Äpfel am Lebensbaum in der „weißen Schlange“, die am Silberbaum von „Einäuglein, Zweiäuglein, Dreiäuglein“ und die in der Stadt beim „Teufel mit den drei goldenen Haaren“ ist in sich vollkommen; auch, wenn sie für die noch unentwickelte Psyche steht. Sie enthält alle – auch noch nicht realisierten – Möglichkeiten (aus der psychoanalytischen Sicht). Mit dem Verlust der Kugel (des Balles) gehen Unschuld und Werte der Seele verloren; ihr Gewinn führt zur Vollkommenheit (s. Reichsapfelsymbol). Sie bedeutet seelische Ganzheit und Unversehtheit.

Die Krone ist naturgemäß das Symbol innerer Ganzheit, höchster Würde. *Das Runde, Umschließende,* z.B. als Ring, Kreis, Krone, Rundritt, Nest, Kugel, Brunnen, auch Burghof oder umfriedeten Garten ist etwas in sich Ruhendes, Unendliches (s. Kreis), Geschlossenes und stellt als solches allgemein das seelische Zentrum in seinem höchsten Wert dar. Das Umkreisen; dreifache Umritte (s. Hirsedieb), das Begehren runder Symbole (z.B. der magische Ring im „Starken Hans“), die Krone, das Wohnen im festen Schloß… offenbart und symbolisiert die Vervollkommnung des Geschehens. *Das Schloß,* oft in verzauberten Wäldern und auf Bergen ruhend, verkörpert zudem unberührbare Festigkeit und die Summe aller erfüllten positiven Wünsche, besonders, wenn es hell und prächtig dargestellt wird.

Leere, dunkle Schlösser können Symbole des Verlustes und der Hoffnungslosigkeit sein (ein Bann oder Fluch liegt z. B. darauf).
Der runde Apfel symbolisiert mehrdeutig Weisheit, Erkenntnis, Liebe und Sexualität (s. z. B. der Apfel bei Adam und Eva, der vergiftete Apfel bei Schneewittchen, der goldene Apfel als „Preis" für die Prinzessin usw.). Die Verwandtschaft der Traum- und Märchensymbolik zeigt sich besonders in den sexuell und erotisch deutbaren Dingen wie *Daumen, lange Nase und Bart, Besen, Zähne und Schlüssel, Knüppel und Spindeln* u. ä. Die Ambivalenz der weiblichen *Hexenfigur* wird hier z. B. durch phallische Attribute der langen Nase und des Besens, langen Fingers oder Krückstockes (bes. auch auf Bildern) deutlich; bei Frau Holle durch die langen Zähne... Die Hexe selbst zeigt asoziale Tendenzen an; auch die negativen Aspekte der guten Mutter sind in ihr interpretierbar, wenn sie im Kind (Helden) Konflikte erzeugt, besonders in der ödipalen und pubertären Krise, wenn wir die psychoanalytischen Aspekte mit einbeziehen. *Schlüssel* erscheinen oft als Symbol des erschwerten Zuganges zu Geheimnissen oder des Erotischen. Dornröschens Schicksal wird von einer *Spindel* bestimmt (diese kann auch ein unerbittliches Schicksal andeuten); das kleine Kämmerchen, in dem es schläft, und der Schlüssel, der im Schloß steckt, weisen ebenfalls auf Reifeprozesse des Mädchens hin. Im „Ritter Blaubart" und in „Fitchers Vogel" wird der goldene Schlüssel zum Tabu-Objekt: Bei seinem unrechtmäßigen Gebrauch wird er mit Blut befleckt, da im verbotenen Kabinett die ermordeten Frauen liegen. In „Die zwölf Jäger" heißt es, als der König seine ohnmächtige erste Braut in der Jägerverkleidung durch den Ring wiedererkennt: „‚Du bist mein und ich bin Dein, und kein Mensch auf der Welt kann das ändern.' Zu der anderen Braut aber schickte er einen Boten und ließ sie bitten, in ihr Reich zurückzukehren, denn er habe schon eine Gemahlin, und wer einen alten Schlüssel wiedergefunden habe, brauche den neuen nicht. Darauf ward die Hochzeit gefeiert..." In „Das Waldhaus" trägt der eisgraue alte Mann, der von einem guten, tierliebenden Mädchen erlöst werden muß, um wieder ein schöner junger König zu werden, einen lang herabfließenden weißen Bart (dieser gilt auch als Symbol für Weisheit). In „Tischlein Deckdich..." bringt der Knüppel für die drei Brüder wieder alles ins rechte Lot, und auch der „Starke Hans" erprügelt sich sein Glück mit Knüppeln und einem zentnerschweren Stab.
Der Finger verkörpert auch schöpferische Bildkräfte und ist wichtiger Bestandteil körperlicher Unversehrtheit. Im Märchen wird er bisweilen abgeschnitten (auch andere Körperteile), als Zeichen eines großen persönlichen Opfers, z. B. bei den „Sieben Raben".
Die Nase kann auch das natürliche Orientierungsvermögen bedeuten („Eine gute Nase für etwas haben"...). *Der Schatten* ist ein Stück erweitertes Selbst, erweiterter Persönlichkeit (s. P. Schlemihl...)
Musik und Gesang dient dem Gefühlsausdruck innerseelischer Vorgänge, zumal im Märchen wenig Gefühlsbeschreibungen vorkommen. Die „Bremer Stadtmusikanten" schreien, bellen, miauen und krähen ihre ganze Not in einem Konzert gezielt durch das Fenster der Räuberhütte, so daß damit ihre Not beseitigt wird. Der Spielmann im „König Drosselbart" singt und spielt so zum Gefallen des Königs, daß

ihm dieser seine stolze Prinzessin zur Frau gibt. Dabei wird das Lied und Spiel weniger als Werbung denn als Plan und Strategie benützt. In „Brüderchen und Schwesterchen" verlocken die Hifthornstöße der königlichen Jäger das als Reh verwunschene Brüderchen, sich der Jagd zu stellen. Damit wird die Handlung vorangetrieben. Jorinde singt ein todtrauriges Lied und wird während des Singens in eine Nachtigall verwandelt. In „Die zertanzten Schuhe" erschallt ‚lustige Musik von Pauken und Trompeten', zu der die zwölf Prinzessinnen mit ihren zwölf verwünschten Prinzen tanzen. In außereuropäischen Märchen und Sagen, bes. in orientalischen, spielt die Musik eine größere Rolle. In dem irischen Märchen „Die Geschichte von der wunderbaren Musik, dem weißen Pferd und dem Riesen, mit dem man Versteck spielen mußte" wird die wunderbare Musik zum Leitmotiv, um in tiefe Geheimnisse einzudringen und die Tochter des Königs von Griechenland zu gewinnen.

Die Sonne symbolisiert höchste Werte, göttliche Weisheit, hohe Bewußtseinsstufe. Ihre brennende Kraft ist heilbringend und gefährlich zugleich. Böse Geschehen spielen sich nicht im hellen Sonnenlicht ab, sondern im Dunkeln, in Höhlen, im Wald, in Häusern...

Die Quelle symbolisiert strömende Lebendigkeit des seelischen Wesens und ewige Erneuerung. Sie entspringen besonders im Wald (Lebendigkeit aus dem Vorbewußten, s.v.) und sind symbolisch mit dem Wasser verwandt (s.v.). Auch in „Brüderchen und Schwesterchen" erfüllen die drei Quellen ihre Funktion, auch wenn die Wirkung erst bedrohlich ist. Der tierhafte Aspekt des Reh-Bruders (eine Verwandlung in Tiger und Wolf wurde durch Verzicht und Beherrschung verhindert) wird zu einer wichtigen Entwicklungsstufe in der Selbstwerdung beider Kinder.

Blut verkörpert das emotionale Leben. Es gilt u.a. als „Sitz der Seele" und Lebenskraft, und Bluten läßt Verborgenes im Affekt bewußt werden. (Drei) Blutstropfen können auch Symbol der körperlichen Reifung Heranwachsender sein (s. „Schneewittchen": Blut im Schnee. „Die Gänsemagd": Drei Tropfen auf dem weißen Läppchen. „Aschenputtel": Blut, das aus dem Schuh quillt. „Der Wacholderbaum": Marlchen weint blutige Tränen). Blut, das sich nicht abwischen läßt, weist auf einen Mord oder eine Untat hin, die nicht mehr rückgängig gemacht werden kann, wie am blutigen Schlüssel von „Blaubart" und „Fitchers Vogel".

Auf Leitern und Treppen vollzieht sich in Stufen eine innere Wandlung und Zunahme an seelischer und geistiger Entwicklung; und *der Schuh* ist ein Zeichen der Erdverbundenheit und auch Symbol sexueller Weiblichkeit. Der König erkennt in Aschenputtel die wahre Braut, weil „der Schuh paßt". Der Prinz steigt eine enge Treppe hinan, um Dornröschen wachzuküssen. In „Die zertanzten Schuhe" steigen die zwölf Prinzessinnen eine unterirdische Treppe – als Zugang zum Unterbewußtsein deutbar – hinab, nachdem die Älteste an ihr Bett geklopft hat. Dann tanzen sie, bis die Schuhe – in einer Nacht jeweils – durchgetanzt sind.

Der Garten ist weiblicher Natur und eine Oase des Besonderen und Vollkommenen. Ihn – oft durch eine schmale Pforte – zu betreten, bedeutet dann das Erreichen einer höheren seelischen Entwicklungsstufe. *Blumen und Blüten* sind Symbole des Selbst, der weiblichen Schönheit, des Wesentlichen und der Gefühle. In „Hirsedieb" wird das Gärtlein gehegt und gepflegt, bis es heimlich abgegrast wird. Der junge König in „Eisenhans" verbringt eine Phase seiner Entwicklung mit der Kultivierung des königlichen Gartens. Der „Starke Hans" beackert die Felder („Vaters Land", „Mutter Erde"...). Die aufblühenden Rosen um Dornröschens Schloß zeigen an, daß die Zeit reif ist. Die zwei goldenen Lilien (Symbole höchsten geistigen Lebens) sind eng mit dem Leben und Ergehen der „Goldkinder" und Sternblumen mit der Menschwerdung der „Sechs Schwäne" verbunden. Lenchen und Fundevogel ziehen sich als Rose und Rosenstock in die Natur zurück, um zu überleben. Joringel träumt von einer blutroten Rose (die aktive, warme, lebendige Farbe) mit einer schönen großen Perle in der Mitte. Er findet sie nach neun Tagen und entzaubert damit seine Joringel, alle verzauberten Vögel und das böse alte Weib. „Zipfelpeter" belebt seine totkranke Mutter mit der geheimnisvollen blauen Blume.

Der Kreuzweg oder Scheideweg ist der Ort der Entscheidungen, an welchem eine bestimmte Richtung (Lebensweg) eingeschlagen wird. Hier trennt man sich und trifft sich auch wieder.

Der Kaiser, König, alte Mann, Großvater, auch Jäger ist eine Vaterfigur. Sie bedeutet das Schöpferische, Geistige, Bewegende, den Archetypus des „Alten Weisen". In fast jedem Märchen erscheint dieses Leitbild des Helden. *König zu werden* heißt, Herrscher über sich selbst zu sein, in echter Unabhängigkeit und innerer Freiheit zu leben.

Die Königin, Kaiserin, alte Frau, Fee usw. sind entsprechende Mutterfiguren und oft im Doppelaspekt sichtbar: Beschützend und vernichtend zugleich (s. die überbehütende Mutter, die ihr Kind „vor Liebe frißt", durch umklammernde Liebe gefangenhält und an der Entwicklung zu hindern vermag). Aus ihr kann sich die Stiefmutter und Hexe oder böse Zauberin entwickeln, die ihre (Stief-)kinder aus dem Hause jagt, ihnen Böses will, oder die am Ende als Ursache einer Not und Verzauberung genannt wird (s. Eisenhans, Waldhaus...). Wir kennen sie aus Schneewittchen und Dornröschen (die 13. Fee), aus Brüderchen und Schwesterchen, Hänsel und Gretel; auch die hilfsbereite Großmutter vom „Teufel mit den drei goldenen Haaren", die weise Alte in der „Gänsehirtin am Brunnen", die doch erst so hexenhaft erscheint, Rapunzels zauberische Ziehmutter und die angeblich hilfsbereite Alte im „Goldenen Rehbock" gehören in diese Reihe. Diesen Dualismus von Güte und Vernichtungswillen finden wir auch beim männlichen Teil (Dämon, Zauberer, Geist...). Die Persönlichkeit wird vom Märchen ebenso wie vom Kind nach gut und böse aufgesplittert. Kinder können solche gegensätzlichen Eigenschaften noch nicht in *einer* Person integrieren, gleichsam als Selbstschutz vor zu großer Erschütterung. Es ordnet seine Gefühle klar ein. Das Böse in Gestalt von Übermächten, Dämonen, Hexen, Ungeheuern, Drachen usw. stellt Ängste, widerstrebende Tendenzen und ungezügelte Impulse im Es dar. Es fordert zum Widerstand auf; der Held muß sich aktiv mit ihnen auseinandersetzen. Seine notwendige Überwindung oder sein Tod stehen symbolisch für den Sieg über die unreifen Triebe. Der Held reift, wird selbständig, er findet sein Selbst, überwindet die Einsamkeit und kann so erst glücklich werden. Erst wenn das Böse aus der Welt geschaffen wurde, ist höchste moralische Einheit erreicht worden.

Das Kind ist höchster seelischer Wert, Symbol innerer Wesenserneuerungen und weist in die Zukunft. Viele Märchen enden als Stufe der Vollendung nicht mit der Hochzeit, sondern mit der Erwähnung von Kindern, die der glücklichen Verbindung entspringen. Oft werden die „Kinder“ auch wesentlich in den Entwicklungsprozeß im Märchen mit einbezogen, wenn z.B. die Jungfrau Maria dem Marienkind drei Kinder wegnimmt, um sie zur Wahrheit zu zwingen; oder wenn die alte, böse Königin drei Jahre hintereinander der jungen Wöchnerin in „Die sechs Schwäne“ die Kinder entführt und sie als Menschenfresserin hinstellt, oder wenn Rumpelstilzchen um das Kind der jungen Königin feilscht. Hier werden die Kinder sogar erst noch ein Mittel, um den Helden zu einer wahren Ich-Integration gelangen zu lassen. Wenn von den armen, verstoßenen Kindern die Rede ist, die nun in die Welt ziehen und in Abenteuer geraten, dann ist nicht das Kind im eben zitierten Sinne gemeint, sondern der unfertige Mensch, der in die große Auseinandersetzung mit dem Leben gerät.

Die Hochzeit kann den Prozeß der inneren Ganzwerdung und des seelischen Selbständigwerdens, Erwachsenwerdens darstellen. Die auseinanderstrebenden Tendenzen des männlichen und weiblichen Prinzips gelangen zur Harmonisierung. So leben dann Held oder Heldin „glücklich bis an ihr Lebensende“ mit ihrem oft mühsam erkämpften Partner, oder „die Hochzeit ward in aller Pracht gefeiert“ und „sie lebten vergnügt bis an ihr Ende“ ... wie bei „Dornröschen“, „Brüderchen und Schwesterchen“, „Die weiße Schlange“, „Die wahre Braut“, „Rapunzel“ usw. Im „Treuen Johannes“ ist die Hochzeit aber noch Ursache weiterer dramatischer Geschehen und damit nur eine Märchenphase (s. die totenähnliche Ohnmacht der Braut und das bis auf Mark und Knochen verbrennende Brauthemd für den jungen König). Hier wird in diffiziler Form das innere Ganz- und Einswerden noch durch die zwei Kinderopfer angezeigt, durch deren anschließende Wiederbelebung, die Menschwerdung des versteinerten treuen Johannes und durch die Bemerkung, daß auch die junge Königin und Mutter der beiden Kinder, die während der Opferung und Wiederbelebung in der Kirche weilte, für die gleiche Opfertat bereit gewesen wäre: „Sie sprach: ‚Wir sinds ihm schuldig wegen seiner großen Treue.‘ Da freute sich der König, daß sie dachte, wie er gedacht hatte ...“ Erst mit diesem seelischen Gleichklang ist das Geschehen im Märchen abgerundet. Und „... Da lebten sie zusammen in Glückseligkeit bis an ihr Ende“.

Selbstverstümmelungen sind das Opfer einer schuldbewußten Person, eine radikale Bereitschaft zur Sühne und Befreiungsakt. *Das Zerstückeln* eines Märchenwesens, meist des Tierhelfers (Tierbräutigams), das so grausam wirkt, ist ebenfalls eine symbolische Handlung. Es ist die Erlösung vom Tieraspekt im Menschen; ein Bild für die Bewußtmachung seelischer Vorgänge; eine Reifung und Wandlung zur bewußten Persönlichkeit (beispielsweise das Kopfabhacken, Gliedmaßen zerteilen; aber auch der Raub des Tiergewandes gehört dazu). Um Leben zu erneuern, muß der König im „Treuen Johannes“ seinen Kindern die Köpfe abschlagen. Das Schwesterchen in „Die sieben Raben“ schneidet seinen Finger ab, um damit den Glasberg zu öffnen und mit diesem Opfer die Brüder aus ihrer Rabengestalt zu erlösen. Hier können wir auch eine selbstauferlegte oder befohlene „Verstümmelung“ der Sinne einreihen: Zur Strafe und um sie zur Wahrheit zu zwingen, muß „Marienkind“ für Jahre verstummen. Freiwillig schweigt das Schwesterchen sechs Jahre für ihre in sechs Schwäne verwandelten Brüder. Eines der beiden „Goldkinder“ versteinert zeitweise wie der „treue Johannes“. Hier wird im Versteinern eine intensive Wendung nach Innen angezeigt, die eine gleichzeitige Reifung und Entwicklung für den Helden bedeutet. Das Versteinern kann auch mit dem Todesschlaf (s. Dornröschen, Schneewittchen) verglichen werden. Jeder Mensch braucht Phasen der Ruhe und Hinwendung zum Inneren, zur verinnerlichten Selbstfindung (z.B.zeitweise während der Pubertät, in Konfliktzeiten...). Er sammelt innere Kräfte, um sich dann wieder mit der Realität auseinandersetzen zu können. (Eine bleibende Versteinerung würde dann den totalen Rückzug und die bleibende seelische Erkrankung im ausgedeuteten Sinne bedeuten.) Gerade der „versteinerte Mensch“ braucht aber auch den Impuls von außen, um wieder lebendig zu werden: Durch ein Opfer, ein Wachküssen, ein „Sich-Befassen-Mit“. Der Verlust der Sinne kann auch der irreparable „Lohn“ für das Böse sein und eine der Heldin eigene Persönlichkeitsentwicklung verhindern. Plastisch heißt es in „Aschenputtel“ z. B.: „Als die Brautleute nun zur Kirche gingen, war die Älteste zur rechten, die Jüngste zur linken Seite. Da pickten die Tauben einer jeden ein Auge aus. Später, als sie hinausgingen, war die Älteste zur Linken, die Jüngste zur Rechten. Da pickten die Tauben einer jeden das andere Auge aus. So waren sie also für ihre Bosheit und Falschheit mit Blindheit für ihr Lebtag gestraft.“ Auch die aus habgierigen Motiven beigebrachten Selbstverstümmelungen mit der abgehauenen Zehe und Ferse bleiben ein sinnloses Opfer. Strafende Verstümmelung der Sinne finden wir u. a. auch in „Star und Badewännlein“, wo der Reitersmann der Wirtin die Ohren durchstößt.

Der Jäger ist der männliche, väterliche Beschützer, der wilde Tiere tötet oder beherrscht und symbolisch damit die tierischen, brutalen Züge im Menschen unterwirft (s. Rotkäppchen, Schneewittchen, Brüderchen und Schwesterchen, Zipfelpeter usw.). Er hilft aus den Gefahren böser Impulse; im Märchen rettet er Leben und ändert den Schicksalsweg. Er ist sicher, ordnend, beschützend und vertritt das Prinzip männlicher Reife.

Prüfungen und schwere Aufgaben, die bestanden werden, zeigen, daß der Held sich selbst treu geblieben ist oder seine eigene Persönlichkeit gefunden hat bzw. zu einer höheren Reifestufe gelangt ist – sei es, daß er aus eigener Initiative Heldentaten verbringt, sei es, daß ihm – meist drei – schwere Aufgaben gestellt werden. Solche Prüfungen hat jeder Held in jedem echten Märchen zu bestehen. Damit sind Geschichten aus der Märchensammlung von Ludwig Bechstein wie „Das Tränenkrüglein“, „Mann und Frau im Essigkrug“, „Der Wettlauf zwischen dem Hasen und dem Igel“, „Die beiden kugelrunden Müller“, „Vom Schwaben, der das Leberlein gegessen“ u. a. m. keine Märchen im zitierten Sinne.

Die Verzauberung zum Tier bedeutet – psychologisch gesehen – eine Verhaltensänderung, z. B. des unfertigen Kindes. Es vereinsamt und zieht sich in eine infantile, „tierhafte“, primitive Stufe zurück: Durch Trägheit, Depression, Aufsässigkeit, Symptome der Verhaltensstörung (s. v.). Diese Symptome werden ihrerseits u. a.

durch Tierhelfer verbildlicht, die die Gefühle und Aktionen des also Gehemmten und Kranken kanalisieren, aber auch allgemein die animalischen Tendenzen verkörpern, die jeder als wilder Tiger, starker Bär, gieriger Wolf, zahmes Reh, scheuer Vogel, tückische Schlange o.ä. in sich freisetzen kann. Rettung für den seelisch kranken Menschen gibt es durch liebevolle, geduldige Zuwendung durch einen anderen Menschen, vereint mit den Bemühungen des Leidtragenden selbst (s. „Brüderchen und Schwesterchen"; „Tausendschönchen", in dem die Liebe des Mädchens das Ungeheuer erlöst; „Die weiße Schlange", in der der Diener sich den animalischen Kräften der Tierwelt (Es-Gestalten) hingibt, ohne sich zu verlieren. Er gelangt durch das Akzeptieren des Animalischen und über die Integrierung dieser Kräfte auf eine höhere Bewußtseinsstufe. Ihm gelingt es in klassischer Weise, animalische Kräfte zu benützen und zu beherrschen. Auch in „Das Waldhaus" erkennen wir in den drei verzauberten Dienern des ebenfalls verwunschenen Königs einen tierhaften Aspekt im Hühnchen, Hähnchen und der bunten Kuh. Ohne Zuwendung von außen können sie nicht erlöst werden: Sie muß durch ein „tierliebendes" Mädchen erfolgen; eines, das also auch offene Sinne für die Kreatur hat, sich in das Animalische, Tierhafte einfühlen kann und sich mit dem eignen Unbewußten auseinandersetzt, da Tiere die Mächte des Unterbewußten und des Instinktes repräsentieren.

Die Tiere in ihren verschiedenen Arten stehen für die verschiedenen Triebseiten des Menschen und sind auch in Märchen deutbar.

Im Sumpf, dem Urgrund des Unbewußten (auch Erde, s. „Mutter Erde"), hausen *Frösche, Kröten, Schlangen* als Symbole der Fruchtbarkeit, Weiblichkeit und als Schatzhüter, aber auch als hexenhaftes Tier (bes. Kröten).

Auch *Pferde, Katzen, Mäuse, Fische* sind Muttersymbole mit verschiedenen Aspekten: Vital, kraftvoll, animalisch, triebhaft... Ein Frosch z.B. sagt der Königin im Bade in „Dornröschen" die Empfängnis an. Die Prinzessin im „Froschkönig" ekelt sich mit dem Frosch herum, bis sie „dahinter" den schönen Prinzen erlebt. Der Drache, eine Riesenechse, bewacht die Prinzessin in „Die vier kunstreichen Brüder". Eine Kröte (Itsche) hilft dem Dummling in „Die drei Federn" bei seinen Aufgaben und beim Gewinn einer schönen Frau. Diese Frau verwandelt sich aus einer vom Dummling willkürlich gegriffenen kleinen Itsche, die er in einen hohlen Kürbis setzen muß, welche mit sechs Mäusen bespannt ist. Aus der kleinen Kröte wird ein Mädchen, aus dem Kürbis eine Kutsche und aus den sechs Mäusen sechs stolze Rosse. – Die „Weiße Schlange" versinnbildlicht u.a. die positive Bewältigung der Sexualität (Schlangen, Fische). Der „Treue Johannes" muß ein in die Lüfte steigendes Pferd töten, um seinen Herrn vor diesem durchgehenden Roß zu schützen. Katzen, bes. bildlich als Hexenbegleiter dargestellt, sind ambivalente Symboltiere: Unglücksbringer einerseits, nützlich und wachsam andererseits. Im „Gestiefelten Kater" kann das sexuelle Motiv mit interpretiert werden, ebenso in „Der arme Müllerbursch und das Kätzchen", wo der Müllerssohn einem Kätzchen dienen muß, aber auch recht zärtlich von diesem behandelt wird. Nach sieben Jahren erhält er dann das vom alten Müller als Aufgabe verlangte Pferd versprochen. Aus dem bunten Kätzchen wird nun eine schöne Königstochter, mit einem Pferd beschenkt sie ihn und als Bräutigam führt sie ihn heim. Auch Johannes in „Hirsedieb" lernt „sein Pferdchen zu reiten".

Die Schlange symbolisiert neben dem sexuellen Aspekt auch Weisheit und Sehergabe (s. u.a. Äskulapstab). Sie verleiht Klugheit und Macht auf der Basis der Selbstbeherrschung. In ihrem Doppelaspekt lähmt sie aber auch die Tatkraft und wird zur vergiftenden Feindin (bes. in Sagen). *Der Wolf* ist wieder vielseitig deutbar; je nach Epoche und Kultur tritt eine Seite mehr hervor. Er ist die dunkle Gier und Triebhaftigkeit des Unterbewußten; dazu ein männliches Prinzip (s. Rotkäppchen; der Wolf und die sieben Geißlein; Brüderchen und Schwesterchen); er ist der Affekt in aggressiver Form, asozial, bisweilen aber auch der starke Helfer eines Helden.

Der Hund wirkt ähnlich durch seine Freiheit der Instinkte (wild, hemmungslos) und gleichzeitigen unabdingbaren Treue und Belehrbarkeit. Er ist als animalisches Wesen der Bewußtseinsstufe des Menschen, also seinem Ich, sehr nahe. In Fabeln und Erzählungen ist er öfter als in Märchen vertreten. Im afrikanischen Tiermythos ist er übrigens ein Kulturbringer. *Der Bär*, ebenfalls männlich akzentuiert, verkörpert Kraft und Stärke (s. Schneeweißchen und Rosenrot), deutet aber meist einen gefährlichen Aspekt des Unbewußten an. Auch andere Figuren, die animalische, rohe oder ungezügelte Impulse aus dem Es darstellen, bevölkern die Märchen: Der bedrohliche „Geist im Glas"; all die schauerlichen Gespenster, Katzen und Hunde in „Von einem, der auszog, das Fürchten zu lernen"; das traurige, abstoßende Ungeheuer von „Tausendschönchen"; die Riesen und wilden Tiere im „Tapferen Schneiderlein"; der wilde Mann im „Eisenhans", das absonderliche Männlein im „Rumpelstilzchen", der boshafte Zwerg in „Schneeweißchen..." Ungeheuer allgemein „...sind in Sagen und Märchen häufig Schatzhüter oder Räuber und Bewacher einer Jungfrau, der bekämpft und überwunden werden muß, was unter psychoanalytischem Gesichtspunkt als Sinnbild für Schwierigkeiten und Prüfungen auf dem Weg der Persönlichkeitsentwicklung gedeutet werden kann"[18].

Die Sexualität ist ein Bestandteil der menschlichen Natur. Erst durch ihre Integration in die gesamte Persönlichkeit gelangt der Mensch zur echten Reife und Selbstverwirklichung. In mancherlei Details werden symbolisch sexuelle Vorgänge im Märchen angesprochen; (Bruno Bettelheim geht in seinem Werk hierauf besonders ein.) Das Kind nimmt sie beim Märchenhören unbewußt auf und verarbeitet erfahrungsgemäß nur das, was es braucht (z.B. bei der Verarbeitung seiner Unsicherheit und Angst vor diesen Dingen). Es wäre ein Unding, Kindern die Märchen gerade auch in dieser Hinsicht deuten zu wollen und damit die symbolische Aussagekraft zu zerstören. Das Kind schöpft heraus, was es braucht. Deshalb ist das richtige Erzählen und geruhsame Einwirken- und Verarbeitenlassen durch das Kind viel wichtiger als ein sezierendes Deuteln, das den Zauber der unbewußt wirkenden Symbolik vernichtet.

---

18 Herder Lexikon: Symbole, 1978, S. 174

10 Darstellung und Verarbeitung

Wie bereits erwähnt, besteht zwischen der Symbolik von Mythen, Märchen und Träumen Verwandtschaft (nicht Identität! s.v.). Kinder wie Erwachsene werden oft genug von Angst- und Alpträumen gequält, die meist den Sinn haben, Konflikte zu bearbeiten. Diese Träume, die für das seelische Wohlbefinden wichtig werden, tauchen in gleicher und ähnlicher Art immer wieder auf. Oft werden sie aber durch befreiendes Aufwachen – wenn auch in Angstschweiß gebadet – nur noch tiefer verdrängt. Die Psychologie kennt Methoden der Konfliktbearbeitung, indem sie solche aktuellen Traumgehalte dann zur Weiterverarbeitung dem bewußten Gestalten übergibt. Der Traum wird als Theater gespielt, wobei das Kind die Angreiferrolle übernimmt. Inhalte werden immer wieder gemalt und gespielt und in Varianten, die sich entwickeln, dargestellt. Eine gezielte Behandlung gehört in die Hände des Psychologen, Kinderpsychotherapeuten oder Psychagogen. Doch könnte der Erzieher und Pädagoge mit diesem Verfahren wertvolle Beobachtungen machen und viele kleine Ängste abbauen helfen, wenn er den Kindern im Alltag nur auch genug Zeit ließe zum kreativen Gestalten, Rollenspiel, Erzählen, Malen, Fabulieren und Märchenhören bei gleichzeitiger sozialer Anerkennung. Gerade das Märchen kommt doch mit seinen kindnahen mythischen Gestalten der seelischen und geistigen Entwicklungsstufe des kleinen Kindes sehr nahe. D.h.: Der Abbau von Ängsten über das richtige Verständnis der Traumsymbolik läßt die Vermutung zu, daß ein ähnlicher Abbau über die wesensverwandten Symbole der Mythen und Märchen erfolgen kann. Nicht in gezielten Analysen (wie oft beim Traum), sondern durch das ruhevolle und regelmäßige Märchenangebot könnten behutsam und langfristig angstabbauende Reifeprozesse in Gang gesetzt werden.

Größere Kinder, die schon selber schreiben wollen, können ihre Ängste (Konflikte und Gefühle des Unverstandenseins gibt es genug) manchmal mit Hilfe der „Schundphantasie" bewältigen (s. Zulliger). Sie schreiben „Schundromane", Heldengeschichten, oder erzählen entsprechende Geschichten, in denen das Kind selber sich immer angstfrei, als Helden, darstellt. Gute und schlechte Seiten des Ich werden im Kampf als Helden mit den „Schundfiguren" dargestellt. Der Held und das Gute siegen – wie wohltuend! – das Böse und Angsterregende wird besiegt. Diesen Schwarz-Weiß-Kontrast finden wir auch im Volksmärchen, da die Figuren darin stets von eindeutigem Charakter sind. Die Gestalten, die dabei auch in der Darstellung durch das Gegenteil oder durch Verschiebungen (oder Mischungen daraus) agieren, können für den Psychologen und den erfahrenen Pädagogen bzw. Erzieher recht aufschlußreich sein.

Bei der Darstellung durch das Gegenteil erhalten Figuren Züge und Merkmale, die gerade das Gegenteil der lebenden (nachgeträumten, nachgestalteten) Figur bilden.

Bei der Verschiebung werden typische Merkmale einer lebenden Figur in Traum, Dichtung oder Spiel auf eine andere Figur übertragen (dieser Vorgang kann Schuldgefühle vermeiden helfen).

Was den Größeren der Schundroman, das Spintisieren in Heldentaten, ist den

Kleineren u. a. das Märchen; nur, daß hier die Geschehnisse noch mehr als Symbol- und Bildersprache erscheinen. Die Frage ist nur: *Wann setzen wir welches Märchen richtig ein?* An der Reaktion des Kindes merken wir, ob es gefühlsmäßig Gefallen an einem bestimmten Märchen findet; ob es von Motiven darin angesprochen wird und von diesen etwas (unbewußt) zum seelischen Reifen entnehmen kann. Erwachsene sollten aber, auch wenn sie die inneren Gedanken und verborgenen Konflikte des Kindes erkennen, diese dem Kind nicht mitteilen und verraten. Ein Kind freut sich über die emotionale Teilnahme der Erwachsenen an seiner Welt, aber es kann verletzt und verunsichert werden, wenn „alleswissende“ Erwachsene seine geheimen Gedanken und Gefühle interpretieren, bevor sie dem Kind selber bewußt geworden sind. Meist ist es besser, unser Wissen für uns zu behalten. Wir Erzieher helfen in der Verarbeitung durch Vorlesen und Erzählen, Rollenspiel und kreatives Gestalten, durch Ausagieren – Lassen, Beobachtung und vorsichtige Lenkung. Und durch das nötige Verständnis und Akzeptieren des Kindes. Therapiespiele für gestörte Kinder überlassen wir lieber, wie schon erwähnt, den Fachleuten. Der besondere Zauber der Märchen liegt ja darin, daß diese Konflikte lösen helfen und geistig-seelisch reifen lassen, ohne daß alles aus dem Verborgenen in das Licht der Rationalität gezogen und zerlegt werden muß.

Manche problematischen Inhalte eines Märchens sind u. U. so gewaltsam, daß sie nicht vom Kind allein im Spiel objektiviert und daß deren Spannungen nicht solcherart abgetragen werden können. (Für Kinder bis ca. 10 Jahren sind beispielsweise „Das Märchen vom Ritter Blaubart“, „Fitchers Vogel“ und „Der Wacholderbaum“ an sich nicht geeignet). Anders erscheinen Vorgänge wie in Hänsel und Gretel, Rotkäppchen usw. Wenn ihr Inhalt vertraut und Teil der kindlichen Phantasie geworden ist, kann es die Rollen auch spielen. Rollenspiel, Spielprojekte und kreative Auseinandersetzungen mit Märchen setzen also voraus, daß die Kinder das Märchen erst oft genug gehört haben müssen. Dabei spricht natürlich nicht jedes Märchen jedes Kind zu jeder Zeit intensiv an. Das Kind fühlt instinktiv, von welchem Märchen es Hilfen für seine augenblicklichen inneren Probleme erwarten darf. So entstehen „Lieblingsmärchen“, die es immer wieder hören will. Das mehrfache Hören erleichtert das Eindringen in die verschlüsselten Aussagen, versteckte Gefühle werden geweckt und damit seelische Hilfen geboten. (Wie wird man mit erdrückenden Gewalten fertig? Warum bin ich zu nichts nütze? Andere werden mehr geliebt als ich! Von mir wird zu viel verlangt; ich möchte wieder ganz klein sein ... weiter Probleme der ödipalen und pubertären Phase usw.). Nach und nach setzen dann die Assoziationen ein, die dem Kind weiterhelfen, aus dem Märchen auch ganz persönliche Bedeutungen zu ziehen. Wir dürfen also nicht einfach Märchenprogramme absolvieren. Märchen brauchen ihre Zeit: Man muß sie erzählen oder vorlesen, zuhören und sich mit den Inhalten auseinandersetzen lassen, spielen, fabulieren, wiederholen. Längere Märchen in Fortsetzungen mit dem gleichbleibenden Märchenhelden, der von Tat zu Tat schreitet, erfüllen durch das Wiederholen und Ausphantasieren die genannten Voraussetzungen durchaus auch, ganz besonders bei älteren Kindern, die mit fortschreitender Spannung und Anteilnahme dem Weg des Helden folgen.

Gleiche oder ähnliche Symbole, wie wir sie in den Träumen finden und wie sie therapeutisch besonders bei Erwachsenen längst gebraucht werden, sind in den Märchen, wie bereits ausgeführt, noch enthalten und erscheinen unbewußt vertraut. „Nicht in Form eines Denkprozessen finden diese Geschehnisse Eingang in unser Erleben, sie rühren vielmehr unmittelbar an unsere Gefühlsseite, die – ohne daß wir eine Ahnung davon zu haben brauchen – in dieser Bilderwelt zu Hause ist. Deshalb werden Märchen, Mythen, religiöse Bräuche und Musik unmittelbar verstanden und als eine absolute Wahrheit erlebt. Das Zugänglichwerden und Verstehen zeigt sich als Gefühlserlebnis, als ein Ergriffen-, Angerührt- und Erschüttertsein, für das der Mensch häufig außerstande ist, eine Erklärung abzugeben. Diese Erschütterung beruht aber darauf, daß er von einer Wahrheit getroffen wurde, die mehr aussagt, als unsere unzureichenden Sinne, wie unsere Augen und Ohren, wahrzunehmen vermögen. So gewinnt der Mensch einen tiefen Einblick in den Zusammenhang seines Einzellebens mit großen Lebensgesetzen, nach denen er angetreten ist. Und deshalb kann der Mensch auch häufig aufgrund seines Gefühls sichere Entscheidungen treffen und neue Aktivität erlangen“[19].
Heutzutage wird sehr viel für die Bildung getan; manchmal vielleicht schon zu viel. Wenn Lernen zum so viel zitierten Streß wird, bleiben emotionale Bereiche, die doch so grundlegend wichtig für die Persönlichkeitsentwicklung der Heranwachsenden sind, auf der Strecke. Auch unsere Vorschul- und Grundschulkinder sollten vor einem Übermaß an Förderung (und damit Forderung) verschont bleiben, wenn diese frühe Förderung zu einem einseitigen oder übergewichtigen Lern- und Leistungstraining wird. Die kindliche Persönlichkeit kann nur reifen, wenn sie umfassend, also auch von der sozialen und emotionalen Seite her – einzeln und in Gruppen –, und immer eingebettet in ein Gefühl der Geborgenheit, erfaßt werden; wenn durch das freie und gelenkte Spielen, Erzählen und Gestalten das Schöpferische und die Spontaneität geweckt, erhalten und gefördert werden. Seine volle Entfaltung erreicht der „menschliche“ Mensch nur unter solchen Bedingungen und nicht, wenn die Bildung rein unter logisch-abstrakten Gesichtspunkten erfolgt. Wissenschaft und Technik sind für uns lebenswichtig, aber nicht von ausschließlicher Bedeutung. Sie müssen durch die Kräfte des Gemütes ergänzt werden. Dem kognitiven muß das affektive Lernen gleichwertig gegenüberstehen.
Der heute frühzeitig zum logischen Denken erzogene Mensch sollte auch wieder Freude daran gewinnen, in die Geheimnisse und Tiefen der Mythen, Sagen und der Volksdichtung einzutauchen und sich faszinieren zu lassen. So kann er wieder lernen, vom Verstand her die Bildersprache der Märchen (wie auch der traumhaften Geschehen) zu entschlüsseln und neu zu erfassen. Auf diesem Wege werden erneut schöpferische Werte offenbar, die unsere Gefühle ohne vermittelnde Instanzen anrühren. Allein der unbefangene Umgang mit Kindern, das Mitspielen und ihre Beobachtung geben dem Erwachsenen erfrischende Impulse, ebenso wie das bewußte Erleben der Natur: Ihrer Gerüche, Geräusche; ihrer erkennbaren und verborgenen Geheimnisse und Schönheiten. Offene Sinne und Phantasie sind Wege zum Verständnis des Mythischen.

19 Chr. Meves, 1976, 5. Aufl., S. 14

Das kleine Kind hat es gegenüber der Situation der Erwachsenen schon einfacher. Seine Mentalität entspricht in einer Durchgangsphase (etwa zwischen dem 5. und 8. Lebensjahr) der des Frühmenschen. Es wird noch ohne „Übersetzungskrücken" von den Handlungen und seinen Figuren im Märchen in Bann gezogen – es gleitet in einer naturgemäßen Mischung von sachlichem Denken und magisch-mythischen, animistischen Zügen zwischen Real- und Traumwelt hin und her. Seine ihm eigene mythische Denkweise erweitert die Grenzen der Persönlichkeit. So sind die Pflege der Märchen und alle die Phantasie und die Gefühle des Kindes ansprechenden Mittel ein wertvoller Beitrag zur Erweiterung und Vertiefung der Persönlichkeitsentfaltung. Im Zuge äußerer Beeinflussung (Schule, Umweltanforderungen...) und gleichzeitiger innerer Entwicklung und Reifung lernt es dennoch beizeiten, zwischen Phantasiertem und der Realität zu unterscheiden und die reale Welt als solche zu erfassen. Die Realitätsprüfung wächst und mit ihr das Denken anhand der Denkkategorien der Erwachsenen. Der Umwandlungsvorgang vom typisch infantilen Denken vollzieht sich langsam, in vielen Jahren, sodaß lange beide Denkarten auch nebeneinander bestehen. Der heranwachsende Mensch schließlich denkt real, nach kausalen Gesetzen und schließlich auch abstraktiv und theoretisch.
Solche Denkprozesse durchdringt der Mensch um so besser, als er vorher die seelischen und geistigen Entwicklungsstufen geruhsam ausschöpfen und durchlaufen konnte. Nur so wird das Kind zum realitätsgerechten, vielseitigen Erwachsenen, der den lebensgestaltenden Bezug zum Schöpferischen, Künstlerischen, zur Intuition behalten hat. Ein bedenkliches Symptom der verarmten Persönlichkeit, die zu früh rein „realitätsgerecht" entwickelt wurde und das Kind in unsere differenzierte Kulturgesellschaft hinein- und hochgezogen hat, sind die vielen Verhaltensstörungen, Anpassungsschwierigkeiten und psychosomatischen Störungen.
Das kleine Kind lernt früh, visuelle Eindrücke der Außenwelt ebenso wie Bilder, die eine innere Vorstellung wiedergeben, zu verarbeiten. Dabei versuchen Kinder im Vorschulalter das, was sie sehen, auch in Bewegungen umzusetzen. Offensichtlich versucht das Kind so, über den Körper und das Handeln, das Tun, auch geistig von dem Geschauten Besitz zu ergreifen. Das reine Anschauen genügt ihm vorläufig kaum. Es lernt erst langsam, daß es mit den Abbildungen nicht handelnd umgehen kann. Das Bild in Ruhe zu betrachten und zu verarbeiten, ist also eine Stufe geistiger Bewältigung (zumal es noch lernen muß, zwischen objektiven Bildeindrücken und subjektiven Erinnerungsbildern zu unterscheiden). Nach *W. Stern* gehören der aufrechte Gang, die Sprache und die Bildbetrachtung zu den spezifisch menschlichen Eigenschaften (im 2. Lebensjahr)[20].
So stehen das Rollenspiel und die Bildbetrachtung in der geistigen Entwicklung eng zusammen und werden mit Hingabe gespielt; besonders, solange Objektivität und Subjektivität noch nicht scharf getrennt sind (aus einer ursprünglich sensumotorischen Verhaltensweise heraus). Die kindliche Phantasie ist noch ungebunden. Ein Klotz kann eben noch als Bauelement zum Spielen dagewesen sein – nun dient es als Auto und bald darauf als eine Waffe oder ein Tier. Mit der gleichen Unbekümmertheit folgt es den raschen szenischen Abläufen im Märchen, den Zaubereien,

20 Vgl. hierzu H. v. Beit: Die archaische Denkart, S. 34

dramatischen Zuspitzungen, reellen und magischen Handlungen. Diese märchentypischen Momente kommen der geistigen Situation des kleinen Kindes entgegen. Gleichzeitig lernt das Kind, mit der Sprache die objektive Welt zu erobern. Es gibt den Dingen Namen (oft erst selbstgeschöpfte) und kann Erlebnisse und Gedanken in Worte fassen. Dabei entwickelt sich das Bewerten (Abstraktes, sittliche Wertungen, Gefühle...) sprachlich langsamer. Das Volksmärchen und das kleine Kind drücken Eigenschaften deshalb in Handlungen und Taten aus. Z. B. nicht: Die Prinzessin war sehr traurig und unglücklich..., sondern: Die Prinzessin weinte sehr... Probleme werden kurz dargestellt und auf das Wesentliche beschränkt, die Charaktere sind „typisch“, die Situationen einfach umrissen.
Je jünger das Volksmärchen und je älter das Kind, um so gereifter und voller wird der ganze Sprach- und Wortschatz angewendet. Es ist reizvoll, Kindern Märchen zu erzählen, sie dabei zu beobachten und sie das Gehörte bzw. Empfundene spielen oder malen zu lassen. Sobald sie aus dem Kritzelstadium heraus sind (etwa mit 4 bis 5 Jahren beginnend), geben Farben, Formen, Größe und Verteilung der Figuren Einblick in die Vorstellungswelt des Kindes, denn es malt nicht, was es sieht oder als Szenen- und Handlungszusammenhang gehört hat, sondern vor allem, was es „meint“.
Im Märchen spielen Grenzen (Flüsse, Ufer, Wege...) und Grenzwächter (Person, Hahn, Zwerg...) eine wichtige Rolle, um den Übergang vom profanen zum magischen Reich anzuzeigen. In der geistigen Entwicklungsstufe des frühen Menschen ist dies die Möglichkeit, die beiden Welten auseinanderzuhalten: Das Innere und Äußere, das Magische (Heilige) und Profane, das Subjektive und Objektive, die Phantasie und das wirklich Erlebte[21].
Auch Kinder erleben, wie bereits erwähnt, in den ersten Lebensjahren tatsächlich Geschehenes und „nur“ Vorgestelltes (Traum, Phantasie...) noch weitgehend ungenau. Erst zwischen dem 5. und 8. Lebensjahr etwa vermag es immer deutlicher diese Erlebnisweisen und Welten in den objektiven und subjektiven Bereich zu trennen. *Jean Paul* sagte einmal: „In den ersten fünf Jahren sagen die Kinder kein wahres und kein lügenhaftes Wort.“ Dieses Zitat des Dichters drückt kurz und bündig die ungetrennte ganzheitliche (und damit so reiche, aber für unsere Kultur und Zivilisation anfällige) Welt und Erlebnisweise des kleinen Kindes aus.
Durch seine lebhafte Phantasie wird es vom Märchen mitgerissen. Begeistert lebt es den Rhythmus darin mit und beteiligt sich an den Wiederholungen (Zweier- und Dreierrhythmus), zumal sein gefühlsbetontes, wenig reflektiertes Verhalten dem der Märchen ähnlich ist. Es liebt den klaren Kontrast von Freude und Angst, Grauen und Erlösung. Diese Märchentypen stellen ja kein individuelles Schicksal dar; damit kann sich das Kind gut mit der Rolle identifizieren. Es spielt den „Typ“ und verkörpert das Gute und Böse, Starke und Schwache, Kluge und Einfältige ganz allgemein in einer gleichzeitigen Identifikations- und Alibifunktion: Das Rollenspiel bietet die Möglichkeit der gleichzeitigen Identifikation und Distanzierung. So hilft die archaische Denkart des Kindes wesentlich beim therapeutisch wirkenden Spiel.
Die Selbstentfaltung des Geistes in der frühen Menschheitsgeschichte läßt sich in der

21 Vgl. auch H. v. Beit, 120: Zur Synthese archaischen und rationalen Denkens

Entwicklung des Kindes interessant nacherleben. Das Märchen, das archaisches, frühes Denken offenbart, kann also tatsächlich mit Beobachtungen am Kind verglichen werden. Es befaßt sich in phantasiemäßiger Form mit den wichtigsten Entwicklungsproblemen unseres Lebens.
Es ist nicht von der modernen Zeit überholt.
Es ist kindgemäß.

11 Lernen durch Märchen?

Früher „gab" man Märchen unter anderem als Medizin. In der traditionellen Medizin der Hindus wurden dem psychisch Kranken Märchen zur Meditation angeboten, dessen Märchenfiguren und Geschehnisse dem Problem des Kranken gleich bzw. ähnlich waren; dies in der Erkenntnis, daß das Märchen innere Vorgänge ausdrückt und dabei der äußere Ablauf nicht mit der äußeren Situation des Kranken identisch zu sein braucht. Das Angebot an den Kranken geschah mit der Absicht, er möge über das Märchen nachsinnen und in der Meditation erkennen, wo sein persönliches Problem liege und wie er einen Ausweg aus seinem Konflikt finden könne. So, wie der Held durch alle Not zum Sieg findet, so sollte der Patient neues Vertrauen gewinnen und sich mit gestärkter Persönlichkeit dem Leben erneut aktiv stellen. Während Sagen, Fabeln und religiöse Ausdrucksformen dem Menschen feste Richtlinien und Verhaltensmuster geben, bietet das Märchen dem Patienten die Möglichkeit, eigene Lösungen zu finden, die seinem inneren diffusen Zustand entsprechen und diesen auf höchst persönliche Weise zu klären helfen. Dieses Märchenerzählen als Medizin entspricht unserer Therapie für psychisch Kranke. Gestalten und Vorgänge aus dem Unbewußten werden bewußt gemacht und zur persönlichen Verarbeitung freigegeben.
Märchen, die wie Medizin verabreicht werden, sind uns besonders in den Märchen aus „Tausendundeiner Nacht' – indischen und persischen Ursprungs – bekannt: Der von den Frauen tief enttäuschte und sich in Haß verzehrende König Schehriyar wird durch eine bunte Vielfalt von Märchen gefesselt, die Schehrezade so packend zu erzählen weiß, daß der König darüber nach und nach das Bedürfnis verliert, die Frauen zu töten. „Tausend" (= viele) Märchen sind nötig, um seine zerfallene, verschüttete Persönlichkeit wieder zu integrieren und Gefühle der Liebe zu wecken. Sein glückliches weiteres Zusammenleben mit der klugen Tochter des Wesirs „beweist" den Erfolg der Märchentherapie.
Früher wurden Märchen und Mythen auch erzählt, um zu erziehen und nicht nur, um zu unterhalten. Die Kinder und jungen Menschen wurden mit erregenden Geschehnissen, oft in symbolischen Handlungen und Gestalten, vertraut gemacht, die als Leitbilder und Vorbilder fungierten und deren Tun zu übernehmen war. (Hier setzt die soziale Kritik am Märchen ein, da angeblich eine unkritische Anpassung an gesellschaftliche Normen abverlangt wurde. Jedoch müßte sich dann

das Augenmerk auch auf die äußeren Umstände im Märchen richten, und diese Komponente wird dem echten Märchen und seiner Funktion nicht gerecht.) Mythisches wurde als unumstößliche Norm verehrt, die den Bestand der Gesellschaft sicherte. Denken wir an heutige, noch nicht von der Zivilisation durchsetzte Naturvölker in extremen Lebenssituationen (gewisse Eskimostämme und Indianer, Dschungel-, Hochland- und Wüstenvölker, die noch nach ihrer eigenen Religion leben), dann kann man verstehen, daß die Anerkennung des Mythischen und fester, daraus entstehender Regeln und Gesetze nötig sind, um das individuelle Überleben und das des Stammes in einer sie gefährdenden Umwelt zu sichern.
Einen erzieherischen Wert kann man hinter den Märchen erkennen, wenn man die Lehre akzeptiert, daß der Held immer wieder auf die Probe gestellt wird, ob er reif für den Reichtum (inneren, äußeren) und eine verantwortliche Stellung sei, indem er bereit ist, bis zur äußersten Grenze der Armut bzw. Selbstaufgabe zu gehen. Im Ringen gegen Widerstände entwickelt sich die Persönlichkeit. „Von der jüngeren Generation geht jeweils die Opposition gegen die Bindung durch magische Gebote aus und führt über eine Krisis zur Befreiung. Sobald die Heldengestalt sich dem Gebot des Magischen widersetzt und so „schuldig“ wird, hat sie im Ringen gegen die dämonische Übermacht eine Art Selbstverantwortung übernommen“[22]. So kann man interpretieren, der Heranwachsende „lerne“ aus Märchen, indem er im mutigen Widerstand gegen (für ihn überholte) Normen zur Selbsterkenntnis und Reife gelangt und seine Persönlichkeit entwickelt – angeregt und ermutigt durch Märcheninhalte, die in ihm Resonanz finden. Dieses Lernen ist seelischer Natur und besonders wichtig, da eine gesunde Psyche die Voraussetzung für einen gesunden, lernfähigen Geist ist.
Nun wird mancher fragen: *Das Märchen vermag offenbar recht viel; was aber kann es* nicht *leisten?*
Das Märchen vermittelt Einsichten, aber kein abprüfbares Wissen. Es hat keine konkreten Lernziele aufzuweisen, die z.B. auf soziales Lernen, Realitätsbewältigung, Sprach- und Ausdrucksfähigkeit und kognitive Schulung hinauslaufen. Und doch vermag es das bei richtiger Anwendung: Und zwar in seiner erziehungsergänzenden Funktion (s.o.: Die gesunde Psyche als Voraussetzung geistiger Arbeit, sozialen und kognitiven Lernens). Damit haben Märchen und die hier exemplarisch angeführten Spielprojekte eine sich ergänzende Funktion. D.h., das Märchen als ein faszinierendes Mittel der kindlichen „Entwicklungshilfe“ bietet den seelischen Nährboden (und darf damit aber auch nicht einseitig überbewertet werden). Der Therapeut, der sich auf die Psyche des Kindes konzentriert, kann das Märchen unter diesem Aspekt ausschöpfen. Er bedarf dazu aber bestimmter Methoden, um den anregenden und heilenden Kräften auch den passenden Ausdruck zu verschaffen: Durch das Zuhörenlassen, Mimen, Sprechen und Spielen; durch ein Wiedererzählen, Malen, Gestalten und werkendes Tun. Er aktiviert die kreativen Fähigkeiten des Kindes, um ihm durch Märchenmotive oder andere Motive, die im Laufe der Zeit therapeutisch wesentlich geworden sind, zu helfen: Das Märchen wird (neben anderen Methoden) ein Mittel zum Zwecke der Heilung.

22 Beit, 1965, S. 198

Der Pädagoge und Erzieher kann, da er im allgemeinen relativ gesunde Kinder anspricht, vielleicht noch mehr erreichen: Eine Persönlichkeitsbildung, die durch einen intensivierten methodischen Einsatz in der Folge auch vermehrt kognitive Fähigkeiten mit einschließt.
Auch hier wird das Märchen zum Mittel; nur, daß außer der „Entblößung“ innerer Geschehen durch kreatives Spiel noch Sprechen und soziales Lernen kommen, motorische Fähigkeiten, die Anwendung bildnerischer Techniken, Umwelterfahrung im handelnden Umgang, Gesprächspflege in der Gruppe mit Diskussion, musikalische Erfahrungen usw. In den verschiedenen Spielprojekten muß das Kind nämlich sprechen, Gedachtes verbalisieren, Rollen übernehmen, Regeln einhalten, auf andere Rücksicht nehmen, Bild- und Zeichensprachen verstehen, sich mit Farben, Instrumenten und Material befassen (s. Bildkollagen, Handpuppen herstellen, Requisiten beschaffen, Verkleidungen vereinbaren,...) u.a.m. Dadurch werden mit der Zeit gerade die für jedes Lernen grundlegenden Fähigkeiten der Ausdauer, Konzentration, Initiative, Phantasie und eine allgemeine Freude am Neuen und Geschaffenen geweckt.
Die sozialen und kognitiven Bereiche, die durch methodisch-didaktische Hinweise nach den jeweiligen Spielvorschlägen erläutert werden, ergänzen damit den märchenpsychologischen Teil.
Das Märchen in seiner Eigenart; seine richtige Wiedergabe einschließlich Verarbeitungsangeboten im kreativen Gestalten, Rollenspiel und mitbedingten Sozialerfahrungen; und zum dritten die daraus gewonnenen Kenntnisse in kognitiven Bereichen (Sprechen, manuelle Geschicklichkeit, bewußtes Gestalten, intuitives Symbolverständnis, Auseinandersetzung mit Angeboten und Problemen, Klangerfahrungen, Materialerfahrungen usw.) sind einander ergänzende Angebote.
Kognitives und soziales Lernen wird heute in vielfältiger Form vermittelt – unsere Richtlinien und Bildungspläne sind voll damit. Daß es auch mit Hilfe von echten Märchen, die märchenpsychologischen Kriterien standhalten und für Kinder geeignet sind, geschehen kann, mag als sinnvolles, die seelische Entwicklung des Kindes gleichzeitig förderndes Medium betrachtet werden.

Teil II
Vorschläge zur praktischen Arbeit mit Märchen

1 Einführende Gedanken zum Rollenspiel des Kindes

Das Spielbedürfnis des Kindes ist ein im Leiblichen und Seelischen verwurzelter Vorgang, der jedes Kind intensiv erfüllt. Das Kind spielt in den verschiedensten Situationen; alleine und mit anderen. Es gleitet zwischen Phantasiewelt und Realität hin und her. Es wird in seinen Aktivitäten erfinderisch und zeigt z.B. physische Spielformen wie Hüpfen, Rutschen, Schleichen, Toben usw. Es kann Ausdruck im Lied und Gespräch, in Klängen und Tönen und im rhythmischen Bereich finden. Es gestaltet neu: Mit Farben und Knete, mit Klötzen und Papier... Es kann insbesondere im dramatischen Spiel sich selbst verändern, verwandeln, mächtig werden und mächtig machen, Wünsche und Nöte symbolisch darstellen (s. Bezug zur Märchenpsychologie). Unmögliches wird im Spiel möglich: Das in die Unterordnung gedrängte Kind darf planen, Urteile fällen, Angebote akzeptieren oder verwerfen, Spielfolgen selbst gestalten, im Problemhandeln ein Stückchen Leben versuchen...
Interessant wird es dann, wenn mehrere Kinder sich zusammenfinden, sich gegenseitig Ideen und Impulse geben und verarbeiten. Erfahrungen werden bewußt und unbewußt aufgenommen, soziale Kontakte und soziales Lernen gepflegt. Und vor allem: Es macht Spaß! Das Lernen über spannende, fröhliche und kreative Spiele, die vom Kind gestaltet oder auch vom Erzieher gelenkt angeboten werden, ist von tiefer Wirksamkeit und kann nicht hoch genug eingeschätzt werden: Seien es in sich ruhende oder kreisende Aktivitäten (Funktionsspiele), seien es einfache oder soziale Rollenspiele.
Die Fähigkeiten und Fertigkeiten sind in jedem Kind – je nach Anlage und Herkunft – unterschiedlich ausgeprägt, und so fallen Spiele mit Kindern ganz verschieden aus: Die Darlegung eigener Wünsche und das Aufnehmen fremder Ideen muß deshalb kindgerecht seinen Rahmen finden. Der Erzieher sollte deshalb schon rein äußerlich durch Raumgliederung, Materialbeschaffung und evtl. eine bewußte Gruppengliederung jedem Kind gerecht zu werden versuchen und ihm möglichst autonomes Handeln ermöglichen, denn selten wollen alle gleichzeitig das Gleiche tun. Das Interesse für Rollenspiele z.B. erwacht zu verschiedenen Zeitpunkten, und freie Angebote des Erziehers sollten nicht nur unter dem Motto: „Nun-wollen-wir-alle mal" stattfinden. Vielmehr kann er sich auch nach Wünschen einzelner Kinder richten oder Angebote machen, deren Realisierung er den Kindern überläßt. Ebenso können auch gezielte Angebote vorgestellt und als Spielprojekt mit der

ganzen Gruppe durchgeführt werden, sofern letztere nur etwa acht bis 12 Kinder umfaßt und vielleicht auch schon in einer gemeinsamen Erwartungshaltung steht („Vorschulprogramm...“). Hier bieten sich besonders Märchen und Geschichten, Filme, Bildbetrachtungen, Ausflüge oder aktuelle Begebnisse an. Dabei sollte das Rollenspiel stets Spiel bleiben. Kinder spielen, weil es Spaß macht, und nicht, weil man dabei klüger, planender, sozialer wird. Der Begriff „Rollenspiel“ ist eigentlich ein Sammelbegriff, der verschiedene Spielformen beinhaltet, die auch in Spielprojekten bunt gemischt auftreten. So gehören zum Rollenspiel z. B. das Psychodrama, das Soziodrama, das Simulationsspiel, das eigentliche Rollenspiel, das Interaktionsspiel, das spontane und soziale Rollenspiel. Eine nähere Erläuterung führt hier zu weit. (Näheres s. Literaturnachweis und in „Rollenspiellernen für Kinder und Erzieher“, von Freudenreich, Gräßer, Köberling.)
In den hier folgenden Spielprojekten wechseln Vorschläge und Anregungen von offenem und geschlossenem Rollenspiel. Diese Spiele sind soweit gelenkt, als der Erzieher ein Märchen erzählt und am Ende des Märchens (oder am Punkt der Fabulierphase, nachdem verschiedene Möglichkeiten des Weiterverlaufes angesprochen worden waren), ein Spielangebot einsetzt. Personen und der Ansatz der Handlung mit Ort und Zeit (Es ist Morgen, Nacht, es war einmal...) stehen fest. Der Spielverlauf wird behutsam gelenkt, doch das Durchspielen des gleichen Themas mit verschiedenen Altersgruppen oder einfach verschiedenen Kindern zeigt immer wieder, daß gerade das offene, gelenkte Rollenspiel den Kindern ihrem Alter und ihrer Einstellung entsprechend sehr entgegenkommt. Im Verlaufe des Spieles ergeben sich die verschiedensten Spielabfolgen und Beendigungsmöglichkeiten.
In einem geschlossenen gelenkten Rollenspiel liegen Spielverlauf und Ausgang fest. Es fällt auf, daß Themen, bei denen die Kinder emotional stark beteiligt sind, wie es Märchen und Abenteuergeschichten häufig bieten (Jagd, Tiger u. Wölfe, Indianer, Räuber, Zauberer, Hexen, Ängste, Gefahren...), ihnen mehr entsprechen. Unter therapeutischem Aspekt wird wohl mehr erreicht, wenn das Rollenspiel offen bleibt, wenn die Phantasie frei spielen kann. Für ein geschlossenes Spiel werden unter anderem mehr Einordnungsbereitschaft und soziale Reife verlangt.
Zuschauer gibt es bei solchen Rollenspielen nicht – es könnte hemmend wirken – jedoch evtl. „Beobachter“. Diese Kinder nehmen am Spiel innerlich teil und sprechen Beobachtungen aus, die wesentlich werden können, da sie selber im Austausch bald Spieler sein werden.
Manche Spiele entbehren jeder Logik – für den Erwachsenen! Kinder spielen, was sie beeindruckt, was ihnen wichtig erscheint, und das sind dann oft Dinge und Vorgänge, die dem Erwachsenen völlig unwesentlich oder selbstverständlich erscheinen, sei es im realen Bereich, sei es im Ausspielen eines gemeinten oder erlebten Gefühlsdefizits. Das Spiel in der „Quasirealität“ mit dem „Als-Ob-Charakter“ (H. Heckhausen)[1], im sanktionsfreien Raum, hat den Vorzug, daß darin ungehemmt Verhaltensweisen ausprobiert werden können, zumal – im therapeutischen Sinne – z. B. Ängste versachlicht werden und diese ihren diffusen Charakter

1 In: Flitner, 1973

verlieren. Das Freispiel in der Kindererziehung ist für die soziale und seelische Entwicklung sehr wichtig, doch bedarf es zeitweise eben auch der Förderung durch Anleitungen und Lenkungen des Erziehers, differenziert nach Alter, Niveau, Gruppengröße, Milieu usw. Die Frage ist nur, wo der günstige Zeitpunkt liegt, in ein Spiel einzugreifen und dieses mit neuen Materialien, Einfällen oder durch Mitbeteiligung des Erziehers zu bereichern, ohne die Kinder zu manipulieren. Kompensation und Defizitausgleich als vorrangiges Ziel bergen nämlich die Gefahr in sich, daß das Kind in seiner seelischen und mitbedingt geistigen Entfaltung durchaus auch gehemmt werden könnte: Wer möchte schon gerne, daß er immer nur auf seine Schwächen hin beobachtet wird? Und wer wünscht denn schon, daß er nur das handeln, spielen, lernen darf, wo er sich ohnedies nicht stark fühlt? Wir müssen dem Kind nicht nur ermöglichen, Lücken zu schließen und Mängel zu beheben, sondern auch vorhandene Fähigkeiten durch bunt ausgefächerte Handlungsmöglichkeiten zur Blüte zu bringen und damit das Selbstbewußtsein des Kindes zu heben.

Als Erzieher sollten wir uns ständig selbst beobachten, ob wir durch unsere Aktivitäten den Kindern wirklich willkommene Anregungen geben oder sie – wenn auch in bester Absicht – in unsere Vorstellungen einzwängen. Das Kind soll ja seine Gefühle unbefangen zum Ausdruck bringen – mimisch, gestisch, sprachlich – und in der Realität schöpferisch leben, indem es dieselben erspielt.

Warum spielen Kinder nun so gerne? Was motiviert sie zu ihren Spielaktivitäten? Können und dürfen wir hier steuern und unter welchen Aspekten soll das geschehen?

Lili E. Peller (s. Modelle des Kinderspiels)[2] stellt eine Reihe von „Modellen“ oder Regeln von Spielaktivitäten vor, die über den „Nachahmungstrieb“ der akademischen Psychologie hinausgehen. Zur Nachahmung gehört eine emotionale Beteiligung des Spielenden; ein reines Vorführen und Nachahmen genügt nicht. Die Motivation zum Spiel entwickelt sich also vorwiegend aus dem seelischen Horizont heraus. Kinder dementsprechend erst im freigewählten Spiel gewähren zu lassen, sie zu beobachten und aus der Beobachtung heraus erst Schlüsse zu ziehen, wäre daher Voraussetzung, um sinnvolle Spielprojekte durchzuführen. Dabei können Anregungen des Erziehers in das vorhandene Spiel eingebracht werden, oder er motiviert so geschickt, daß die Kinder die neuen Eindrücke gerne aufnehmen und zum Anlaß neuer Spiele nehmen.

Neuerdings spielt in der Kognitionsforschung die Neugierde und Spannungssuche des Kindes eine große Rolle. Die jüngere Lern- und Motivationsforschung bezeichnet das Erkundungs- und Neuerungsstreben des Menschen als neuen Faktor. Damit sucht das Spiel nicht Spannungsminderung, sondern Steigerung oder Aufrechterhaltung eines gewissen Spannungs- und Erregungspegels (eine optimale Stimulation). Neugier ist der Anlaß, Unbekanntes zu erkunden und unvertraute Gegenstände genauer zu erforschen. Spannungen, Aufstieg und Erleichterung lassen viele Spiele zum lustvollen Erlebnis werden. Besonders beim kleinen Kind

2 In: Flitner, 1973

fehlt aber auch eine Zielvorstellung im Spiel. Das freigewählte Spiel des Kindes ist zweckfrei (s. Heckhausen, Flitner) – es spielt mit dem unbewußten Gefühl: Keiner zwingt mich zum Spielen! Lili Peller nennt in ihren Modellen u.a.

1. *Die „Wahl aus Liebe oder Bewunderung"*, in der das Kind in eine gewünschte Rolle schlüpft (Vater, Königin...). Meist ist aber nicht Bewunderung, sondern eine Mischung aus Frustration, Verlust oder Angst die eigentliche Grundlage für die Wahl. (Die freie Rollenwahl im Märchenspiel offenbart hier.)
2. In der *„Rolle, die einem unbelebten Gegenstand übertragen wird"*, projiziert das Kind häufig Wünsche, Gefühle der Entbehrung und Vorstellungen auf das Objekt (z.B.: Ein Stofftier, ein imaginärer Freund, Bruder...). Er tut, erleidet, erlebt, was das Kind selbst bewegt. Diese Objekte haben in ihrer entlastenden Wirkung eine Alibifunktion für das Kind, z.B., wenn der Lieblingsteddy ausgemachte Dummheiten anstellt, der imaginäre Bruder stets verbotene Dinge tut oder der Kasper ein absoluter Held ist.
3. Bei der *„Wahl aus Angst" begibt* sich das Kind aus der passiven in die aktive Rolle. „Es mildert die traumatische Wirkung einer kürzlich gemachten Erfahrung und erlaubt dem Spieler, die passive Rolle, wenn nötig, besser gewappnet noch einmal zu ertragen. Dies erklärt zu einem großen Teil die heilende Wirkung des Spiels" (Peller). Z.B.: Das ängstliche Kind spielt Gespenst oder die Doktorrolle bei der Operation, oder es wird zum angriffslustigen Wolf. Die selbstgewählte Rolle etwa in Märchen findet hier ihren großen Stellenwert.
4. *„Die Rolle des Verlierers"* bietet scheinbare Unterlegenheit, Passivität, auch frühe masochistische oder passive Züge des Kindes. Aber: Das Kind hat stets in der Hinterhand die Möglichkeit, die passive Rolle abzustreifen und aktiv zu werden, z.B.: Es sprengt einfach die Spielregel, wird angriffslustig oder verwandelt sich vom geplagten Patienten zum Arzt, oder es steigt einfach aus dem Spiel aus.
5. In *„getarnter Nachgiebigkeit"* schlüpft das Kind in eine hinter oder unter ihm liegende Rolle, z.B. als Baby oder Tier. Hier kann es sich eine bestimmte Zeit scheinbar „legal" noch so benehmen, wie es gerne möchte, aber altersbedingt nicht mehr darf: Schmusen, schmatzen, lutschen, kriechen... „Das macht ja der andere!" – das Tier, das Baby. Diese Umwandlung ermöglicht gleichzeitig, verbotene Wünsche auszudrücken und zu verleugnen.
6. *„Clownerien":* Dem Kind geschieht ein Mißgeschick. Bevor es ausgelacht wird, wechselt es von der passiven in die aktive Rolle um, wiederholt das Mißgeschick in betonter Weise, so daß es die Lacher auf seiner Seite hat und gleichzeitig Meister der anfangs verunglückten Situation wird. Für diese Rolle, die nicht wie in vorher genannten Rollenspielen eine Vorstufe der Identifikation darstellt, sondern von der es sich eher durch Überbetonung distanziert, braucht das Kind (ebenso wie Erwachsene) ein Publikum.
7. Aktivitäten, die der *„ungelenkten Rache"* entsprechen, finden wir täglich in Kindergarten und Schulen, zu Hause und auf Spielplätzen. Das Kind

mißhandelt irgendwelche Gegenstände (Puppe, Ball...) und offenbart auf diese Weise Gefühle und Aggressionen, die es durch irgendwelche Behandlungen von Seiten der Erzieher oder der Umwelt erfahren hat. Das Kind drückt durch seine erfundenen Spielhandlungen Gefühle aus, ohne nun genau die Situation kopieren zu müssen, die es erlitten hat. Es kann also seine Puppe verprügeln, ohne selber geschlagen worden zu sein. Es kompensiert seine Gefühle in direkter Aggression; auch, wenn „nur" seine Empfindungen verletzt wurden.

8. In der *„vorweggenommenen Vergeltung"* äußert ein Kind Aggressionen, die es bei anderen erwartet (B. Bernstein: „prophylaktisch aggressive Haltung"). Oft ist ein schlechtes Gewissen der Anlaß, und die bösen Gefühle, die das Kind nun dem anderen (Erzieher, Geschwister...) entgegenbringt, sind von dem Motto getragen: „Ich darf jetzt mit dir genauso umgehen, wie du mich nachher behandelst!" (nachdem die Missetat offenbar geworden ist). Auffällig liebes oder aggressives Verhalten zum Teddy, zur Puppe usw. sind z.B. eine kindliche Aussage etwa für: „Mama, sieh mal, so behandelst du mich!" bzw.: „So solltest du zu mir sein!"

Zu den vorausgegangenen Punkten muß bemerkt werden, daß dem Rollenspiel allgemein eine wertvolle Bedeutung zukommt, auch im therapeutischen Sinne. Spieltechniken müssen allerdings dabei erlernt werden, um Neues erleben und erfahren zu können. Jedoch ist das Rollenspiel kein Wundermittel für den Abbau von echten Verhaltensstörungen oder die Verbesserungen von Verhaltensweisen, sofern nicht ein geübter Psychologe, Therapeut o.ä. Fachkraft sich dieser Sache annimmt.

9. Beim *„glücklichen Ausgang"* spielt das Kind ein Angsterlebnis – oft mehrfach – nach, jedoch mit einem „Happy-End". Es kann aber auch alltägliche Begebnisse oft wiederholen, um durch den stets gleichen Spielablauf die Sicherheit zu haben, daß es *immer* glücklich endet. Einfache Versteckspiele mit Kleinkindern verlaufen z.B. nach dieser Spielregel: Mit einem Wonnegraus flieht das Kind vor seinem Verfolger, bis die innere Spannung unerträglich wird und es sich eben diesem „Verfolger" (dem Papa, der Schwester...) in die Arme wirft („Magie ohne Risiko", s. Peller).

10. *„Funktions- und Wiederholungsspiele"* sind scheinbar ziellose Aktivitäten. Sandeln und geduldiges Bauen, Kritzeln, ausdauerndes Beobachten einfacher Vorgänge bereiten Freude, ohne daß der Wettbewerbsgedanke oder geplante Variationen das Spiel verändern müssen. Diese Funktionsspiele werden nicht durchgeführt, um über Wiederholungen eine bestimmte Geschicklichkeit zu erwerben. Sie bereiten dem Kind auch in Phasen emotionaler Spannung eine innere Genugtuung, wenn ein Teil seiner Kräfte gebunden ist. Auch Erwachsene kritzeln und schaukeln z.B. scheinbar ziellos vor sich hin, wenn sie sich mit einer schwierigen Materie auseinandersetzen müssen. Solche Symptome finden wir auch bei großer Verlegenheit, Unruhe oder Abgespanntheit (Scharren, Fingerzeichnungen, zielloses Herumhantieren, das berühmte „Männchenmalen"...).

Es bleibt die Frage, wieweit Spiele und die Umweltbegegnungen gesteuert werden sollen, um der kognitiven Entwicklung und Frühförderung des Kindes gerecht zu werden, z. B. in der Ausdrucksfähigkeit, im sprachlichen Bereich, in Umwelterfahrung oder sozialen Bereichen. Jean Piaget bildete als Teil seiner Theorie der kognitiven Entwicklung auch eine Lehre vom Spiel des Kindes aus (Piaget 1969); O.K. Moore, J.S. Bruner u.a. setzten sich mit der Erkenntnis auseinander, daß frühe intellektuelle Erfahrungen des Kindes (die Montessori-Methode wird hier mit einbezogen) durch gezielte, kindgerechte Angebote gefördert werden könnten. So würden Grundzüge der Lernfächer schon im Vorschulalter behandelt. Die großen Möglichkeiten der Vorschulerziehung geraten nur in Gefahr, wenn den kognitiven Bereichen mit strukturiertem Spielmaterial eine zu große Priorität eingeräumt wird, wenn bewußt „gelernt" und das spontane Spiel vernachlässigt wird. Vorschulmodelle verschiedener Arten und Zielsetzungen sammeln derzeit Erfahrungen in mehrjährig laufenden Versuchsreihen, um eine optimal kindgerechte Lösung zu finden. Dieses „Du-mußt-gerade-jetzt-mit-allen-anderen-spielen-dürfen-, was-ich-dir-sage", ist nicht kindgerecht. Dagegen nimmt zweifellos das Konzept der Kreativität im Kinderspiel eine wichtige Rolle ein. M. Almy, B. Biber, Liebermann, Sutton-Smith, D. Feitelson u.a. widmeten sich der Spielforschung unter diesem Aspekt. Hier sei zusammenfassend nach einem entsprechenden Exkurs zum kreativen und dramatischen Spiel Barbara Biber in „Spiel und Kreativität" zitiert: „So stellt das dramatische Spiel (Rollenspiel) ein besonderes Instrument des Lernens dar. Es paßt zu der eigentümlichen Sprache der Kindheit, die die Verwunderung, das Problem-Lösen und die Begriffsbildung des tastenden kindlichen Verstandes mit dem symbolischen Ausdruck der Wünsche und Ängste, der Sehnsucht nach Stärke, Vergnügung und Schmerz des sich formenden inneren Selbst verschmilzt. Die Tatsache, daß diese Verschmelzung im dramatischen Spiel auf aktive Weise stattfindet, ist ein weiterer Grund, es als eine Art des Lernens anzuerkennen, die zur Beherrschung und zur Ich-Stärke beiträgt"[3]...
Und bei Omwake[4] heißt es: „Spiele dieser Art bieten ein Erprobungsfeld für die Entwicklung und stufenweise Verfeinerung der ganzen Bandbreite auftauchender Ich-Funktionen. Diese schließen Sprache, motorische Geschicklichkeit, Gedächtnis, Begriffsbildung, Realitätsprüfung, Impulskontrolle und das Denken in Sekundärprozessen ein." Dabei darf nicht vergessen werden, daß auch Erwachsene oft das Spielen und Rollenspielen neu erfahren müssen. In der Therapie wird das Spiel ja auch eingesetzt, um Verhaltensänderungen herbeizuführen. Es wäre fruchtbar, mit Eltern Spiele zu erproben, die deren Kinder spielen wollen (oder sollen), um neues Verständnis für Lernprozesse, Gefühlsbeteiligung im Spiel und soziale Erfahrungen zu wecken.

Das spielerische Nachvollziehen von Märchen und das Planen von Spielprojekten mit Bildbetrachtung und Fabulieren, Fragen und Diskutieren, Malen und Erspielen jener Gehalte, die emotional stark geladen sind – gerade auch durch magische Inhalte –, dies alles bietet sich für das Kind wohl in ganz besonderem Maße an. Nach

3 In: Flitner, 1973, „Spiel und Kreativität"
4 ebenda

und nach lernen Kinder dabei, flexibel zu reagieren, passendes Spielmaterial zu beschaffen, ihre Absichten mitzuteilen, Vorschläge zu machen und anzuhören, um etwas zu bitten und sich sicherer zu bewegen. Rollenspiele und gemeinschaftlich durchgeführte andere Spiele (z.B. Regel- und Gesellschaftsspiele) und kreative Aktionen (musikalisches Erleben, malen usw.) fördern die Herauslösung aus der natürlichen egozentrischen Verhaltensweise: Die Kinder entwickeln soziales Denken und Handeln, sie erlernen Kooperation. Das „Als-Ob-Tun" erweitert den Rahmen der Persönlichkeit, der Umgang mit den Dingen der Umwelt vergrößert das Wissen über Sachzusammenhänge. Die Sprache wird immer sicherer eingesetzt und die Verständigung mit dem Partner und das Verständnis für die Wesen, Dinge und Geschehnisse der Umwelt vertieft. Auch hilft die Sprache, um sich bei Konflikten durchzusetzen: Bei der Rollenbesetzung, beim Durchsetzen persönlicher Wünsche, beim Nachfragen. So ist es wichtig, einige Techniken des Rollenspielens zu beherrschen (s. Lit.), um den Spannungs- und Entspannungsablauf konstruktiv durchleben lassen zu können. Hierzu verhelfen eigene Spielerfahrungen, Reflexion dieser Erfahrungen, Beobachtung anderer und Informationen über die Theorie des Rollenspiels für didaktische, methodische und therapeutische Möglichkeiten.

„Im Rollenspiel können erstarrte Verhaltensweisen aufgebrochen, neue utopische Lösungswege gefunden und dargestellt werden"[5]. Das Spiel muß so geplant sein, daß das Kind das Bedürfnis hat, sich wirklich mitzuteilen. Es versucht, sich der Sprachform seiner vorgestellten Rollenperson anzupassen. Hierzu helfen z.B. Vorbesprechungen in der Planung, Mithilfen im Spiel und Überlegungen in der anschließenden Spielbesprechung (falls nötig).

Zu den Techniken gehört u.a.:

Der Rollentausch, indem Szenen wiederholt werden, wobei 2 Mitspieler ihre Rollen tauschen.

Der Rollenwechsel, wobei der Spieler seine Rolle an einen Beobachter oder Mitspieler abgibt.

Die Doppelgängermethode (Hilfs-Ich), indem hinter dem ersten Spieler, der die Rolle nicht alleine bewältigt, ein „zweites Ich" tritt und beim Sprechen mithilft. Dies kann, bes. bei sehr unsicheren Kindern, gerade auch der Erzieher selbst machen; im Grundschulalter auch gewandtere Kameraden.

Die Spiegelmethode, indem ein Beobachter dem Spieler genau dessen Spielverhalten demonstriert (erst ab Schulalter wirklich möglich) und durch diese einfühlende Nachahmung so bewußt macht.

Der Monolog (Selbstgespräch), indem der Rollenträger laut denkt.

Die Rückmeldung (feed back), indem Mitteilungen über sich selbst und andere gemacht werden, was während des Spiels erlebt, gefühlt, wahrgenommen, geplant wurde (ohne moralische Bewertung). Auch diese Technik wird erst im Schulalter echt bewältigt.

Die Rolle des Beobachters, indem dieser seine Eindrücke bei der Spielbearbeitung mitteilt, Kritik übt und Verbesserungsvorschläge macht. Der Beobachter identifi-

5 Freudenreich, Gräßer, Köberling: Rollenspiel, 1976, S. 29

ziert sich mit dem Spieler, gewinnt neue Einsichten und erweitert sein Verhaltensrepertoir – wohl wissend, daß er gleich selber die Rolle spielen wird.
Hinzu kommen ergänzende Spielformen mittels Kinderpantomimen, Erzählen, Tanz, Malen, Rhythmik, Singen, Regeleinsatz. Das Rollenspiel wird duch das Element der *Nicht-Realität, der Fiktion* getragen, da das Kind die Realität durch Einschränkungen (Alter, Ort, Rolle) nicht völlig nachahmen kann. Erfahrungen, die es im Leben gemacht hat, drückt es nun mittels Handeln und Sprechen aus (eine soziale Interaktion mit Altersgenossen): Es benennt – beginnend beim etwa 3-Jährigen und zunehmend beim 4-, 5-, 6-Jährigen – seine verwandelte persönliche Identität („Ich bin jetzt die Prinzessin...“), die von Gegenständen („Die Kiste ist jetzt ein Auto...“) oder von Orten („In der Ecke da wäre jetzt ein Krankenhaus...“). Das Sprechen ersetzt Handlungen („Wir tun jetzt so, als hätten wir gerade gegessen, und jetzt...“) oder beschreibt fiktive Situationen, die dann zum Ausgangspunkt eines Spieles werden: („Stell dir vor, wir wären auf dem Mond gelandet...“ oder: „Unser Schiff wäre untergegangen und wir hätten uns auf eine einsame Felseninsel gerettet, und jetzt...“). Die Sprache stellt vorausgegangene Handlungsabläufe her, um gleich zur wesentlichen Szene zu gelangen (s. auch Sara Smilansky: 15 Hinweise, was ein Kind durch seine Teilnahme am sozialen Rollenspiel lernt, in „Wirkungen des sozialen Rollenspiels“). Diese Ausdrucksmöglichkeiten des „nachahmenden Verhaltens“, des „Tun-als-ob“ und gewisser „spielbezogener Interaktionen über eine kleine Zeitspanne hinweg“ (Smilansky) können wir Erzieher uns zunutze machen, denn die Sprache im Rollenspiel ist so ein Mittel der Verständigung über Handlungsabläufe, Orte, Gegenstände, Personen, Stimmungen und Zeit.
Wohl tun sich die Kinder leichter, die schon als Kleinstkinder in einem gesunden Mutter-Kind-Kontakt motorische, affektive und kognitive Erfahrungen und Muster in sich aufnehmen und dann später nach außen, in die Umwelt, richten können. Benachteiligte Kinder vermögen solche Muster oft nicht aufzubauen und nach außen zu richten, z.B., wenn sie Geborgenheit vermissen oder einer ungeordneten Zeiteinteilung und Raumvorstellung unterliegen. Ein gewisser Rhythmus und eine Sicherheit im seelischen wie auch in den genannten äußeren Bereichen stärken bekanntermaßen das Urvertrauen des kleinen Kindes und damit auch seine geistige, seelische und gesamte persönliche Entfaltung. Im Bereiche der kompensatorischen Erziehung, z.B. im Kindergarten- und Schulbereich, kann hier über das Freispiel, einfache und soziale Rollenspiel manches nachgeholt und ergänzt werden, bes. durch Themen, die nicht nur Sprache und Verstand berühren, sondern auch magische Gehalte, die das Märchenhafte bieten und im Kind ihre seelische Resonanz finden. Unersetzbar bleibt aber in großen Teilen das Grundmuster, das sich durch eine intakte Familie entwickelt bzw. durch eine gleichwertige gesunde menschliche Gemeinschaft, in die das Kleinkind eingebettet ist. Über die empfangene Liebe wird es besonders befähigt, nicht nur selber liebesfähig zu werden, sondern auch mimisch, gestisch und danach sprachlich differenziert zu verstehen und zu reagieren.

2 Vorschläge zur kreativen Märchengestaltung

2.1 Allgemeine Vorbemerkungen

Die nachfolgenden Vorschläge, Märchen zu gestalten und ihre Inhalte den Kindern auf kreative und verinnerlichende Weise zur Verarbeitung anzubieten, sind vor allem als Denkanstöße gedacht. D.h., die Ideen und Vorschläge sind nicht an das Märchen gebunden, an dem sie aufgewiesen werden. Sie sind ergänzbar, untereinander selbstverständlich austauschbar und auch auf andere Märchen und sonstige Geschichten in sinnvoller Weise anwendbar.
Exemplarisch sollen dabei möglichst verschiedene Beispiele und Techniken gezeigt werden; jeweils mit einem (wechselbar) ausgearbeiteten Schwerpunkt.
Wegen der zitierten Austauschbarkeit sind die Vorschläge, sofern sie nicht in sich gegliedert sein müssen, mit einem ❊ als Zeichen lockerer Ideenfolge gekennzeichnet.
Alle Vorschläge wurden über einen größeren Zeitraum hinweg mit verschiedenen Gruppen erprobt: Mit Spielgruppen, Kindergartengruppen, Grundschulklassen und Spielgemeinschaften verschiedenen Alters (auch mit ca. 11- bis 12jährigen aus dem Bereich Realschule und Gymnasium); insgesamt also mit Kindern von etwa vier bis zwölf, z.T. auch 14 Jahren.
Ideal sind Spielgruppen mit ca. vier bis zehn Kindern. Auch mit Einzelkindern und Geschwistern zu Hause lassen sich erlebnisstarke Begegnungen mit Märchen sehr günstig herstellen, da die Beziehungen zwischen Kind und Erzieher von besonders persönlicher Natur sind.
Manche Märchen sind zum Gestalten für Kleine, andere erst für Ältere (Grundschulalter und darüber) geeignet. Einfache freie und gelenkte Rollenspiele, einfache Pantomimen, Nachahmungen, elementare musikalische Aktionen, Malen, Kneten, Bauen und Umgang mit Spielzeug sind z.B. für Vorschulkinder günstig; differenziertere Spiele mehr für das Schulalter, z.B. solche im sprachlichen Bereich, im selbständigen Darstellen und Durchspielen, wenn manuelle Geschicklichkeit, mimisch – gestische Verfeinerungen und Umwandlungen erforderlich sind; und manche Techniken eignen sich erst ab etwa neun bis zwölf Jahren und darüber hinaus, besonders aus technischen Gründen, z.B., wenn differenzierte Vertonungen und Rollenspiele, Photogramme und echte Handpuppen, Schattentheater und Trickfilme u.a.m. vorgeschlagen werden. Im Zweifelsfalle sollte man ein bestimmtes Vorhaben eher an ältere als jüngere Kinder herantragen, um mühsames Proben, Ungeduld, zu intensives Eingreifen des Erziehers in das Spiel, Enttäuschung der Kinder über einen schleppenden Verlauf oder unbefriedigende Ergebnisse im sprachlichen, bildnerischen und musikalischen Bereich zu vermeiden.
Für Kinder, besonders für die Kleinen, steht das Zuhören immer im Mittelpunkt. Audiovisuelle Medien ersetzen heute häufig den unmittelbaren Erzählkontakt: Filme und Fernseher, Schallplatten und Kassetten, auch Märchencomics, treten an die Stelle des unmittelbaren Wortes. Diese Medien können raffinierter dramatisieren und Klang- und Bildeffekte schaffen, die der Erzähler nicht nachzuvollziehen

vermag. Das ist einerseits gewiß faszinierend und interessant – und für den Erzieher auch bequem: Kann er doch auf ein persönliches Engagement verzichten und dieses an die Medien delegieren; sie bieten sich in verlockender Weise an und wollen auch wahrgenommen werden. Wie in so vielen Dingen kommt es aber auch hier auf das rechte Maß an, denn die Medien leisten einem „Märchenkonsum" Vorschub. Die Phantasie der Kinder wird auch durch die angebotene Fülle, Form, Farbe,durch Klang, Gestalt und Bewegung gegängelt; zudem bleibt das lebendige Erzählen in seiner Unmittelbarkeit zwischen Erzähler (Vorleser) und Kindern unersetzbar!
Es gibt Themen, die laufen ab Schulalter, bes. ab 2./3. Schuljahr und entspr. Alter, wie „von selbst", andere sind durch ihre Eigenart nur für Kleine wirklich geeignet. Dazu gehören die vorne erwähnten Spielformen, die auch aggressives Austoben, den körperlichen Einsatz, Formen der Ein- und Unterordnung, Fingermalen auf großen Flächen u.ä. einschließen. Feinere Märchenillustrationen dagegen mit Kindern ab ca. 10 Jahren (s. verschiedene Techniken) sind ein beliebtes schöpferisches Gemeinschaftserlebnis zwischen Kindern untereinander und mit ihrem Erzieher, das gewisse Reife verlangt (technisch und in der Bewältigung inhaltlicher Aussage).
Nie sollte Zwang ausgeübt werden – wir unterbreiten die Vorschläge nur. Mit Zwang wäre die Intention eines sinnvollen Märchengestaltens, das Freude bereiten soll, zerstört oder zumindest eingeschränkt. Frei von „Lernzielen" – so soll das Hören, Erleben und Gestalten zu einer spannenden und gemütvollen Begegnung zwischen Kind, Märchen, Erzieher und Umwelt werden.
Das eigentliche Märchenalter liegt zwischen dem 5. und 10. Lebensjahr, dann folgt eine „märchenfeindliche" realistische Phase. Einer kreativen Märchengestaltung in diesem Alter für besondere Märchen steht aber nichts im Wege – wir dürfen nur keinen kindlichen Wunderglauben und staunend offene Münder erwarten, schon gar nicht, wenn es uns einfallen sollte, Märchen der Kleinkindzeit zu verwenden. Spannendes Märchengut, über das dann auch gesprochen wird, gefällt immer. Chronologisch könnte man etwa so sagen: Schon im Vorschulalter greifen Kinder viele Märchen mit Spannung auf, besonders so (welt-)bekannte wie Rotkäppchen, Hänsel und Gretel, Dornröschen, Schneewittchen, Der Wolf und die sieben Geißlein, Rapunzel, Aschenputtel... Das Erlebnis ist durch einfache Spiele und Filme, Anhören, (auch über Schallplatten) und Kreativitäten nachvollziehbar. Eine besondere Vertiefung erfährt die Märchenbegegnung dann im Grundschulalter, wennn die Kinder – von klein auf mit mancherlei Motiven bereits vertraut – nun mit neuem Interesse ihre Märchen selber lesen und wieder (und noch lieber) dem Erzähler lauschen. Gerade bei den 6- bis 9jährigen wird vertrautes und neues Märchengut erst mit dem rechten Verständnis aufgenommen. Ab etwa 9 Jahren erfreuen sich dann auch ausländische und anspruchsvollere heimische bzw. Kunstmärchen wachsender Beliebtheit, bis Sagen und Abenteuergeschichten diese Phase ablösen. – Märchen und Spielprojekte brauchen ihre Zeit. Nicht immer werden bei den Vorschlägen Zeit-Zäsuren angegeben. Der Erzieher erkennt von selber, wo es sinnvoll ist, mit einem abgerundeten Teilthema abzuschließen, das Gehörte „gären" zu lassen und zu einem anderen Zeitpunkt fortzusetzen. Auf jeden

Fall kann das Vorlesen und Erzählen (bzw. ein Film- oder Schallplatteneinsatz) jeweils eine Einheit für sich bilden.
Man sollte keine „Programme absolvieren" wollen und etwa meinen, den Kindern einen besonderen Dienst zu erweisen, wenn man ihnen einfach möglichst viele Märchen in Kürze anbietet. Erzählen oder vorlesen, zuhören und fragen lassen, spielen und malen, auf Wunsch noch einmal und immer wieder erzählen; in Ruhe die Spiele und Gestaltungsmöglichkeiten planen (wenn überhaupt! es muß ja nicht immer sein...) und nach einiger Zeit erst wieder ein neues Märchen bieten, das ist gewiß sinnvoller als wohlgemeinte Überflutung, bes. bei Kindern im Vorschulalter. Im Laufe der Jahre ergibt sich ein Repertoire, aus dem manches dem Kind als bedeutungslos, anderes dagegen wichtig erscheint – das Kind hat ein Lieblingsmärchen, das irgendwann vielleicht – seinem inneren Entwicklungsprozeß entsprechend – von einem anderen abgelöst wird.
Märchen „passen" immer: Sie gehören ins Kinderzimmer, werden im Kindergarten und zu besonderen Anlässen geboten und kommen auch im Bildungsplan für Grundschulen vor, z. B. im Rahmen „Texte verstehen": Mittels Umweltgeschichten, Märchen, Erzählungen, Hörspielen und Filmen. Das läßt sich besonders in Deutsch, Kunst und Musik realisieren. Auch in den Plänen der weiterführenden Schulgattungen wird dem Märchen heute ein Platz eingeräumt.

2.2 Hänsel und Gretel: (ab etwa 5 Jahren)

(Aus der Märchensammlung der Gebrüder Grimm, Stuttgart 1967)

Schwerpunkte:

- Rollenspiel
- Vertonung
- Einfache Notation als Partitur
- Märchenverlauf in einfachen Gestalten als Gedächtnisstütze
- Bildh. Gest. in Einzel- und Gemeinschaftsarbeit (Hexenhaus, Hexe, Stimmungsbild in Farben)
- Photomontage

2.2.1 Märchentext

Hänsel und Gretel

Vor einem großen Wald wohnte ein armer Holzhacker mit seiner Frau und seinen zwei Kindern. Der Bub hieß Hänsel und das Mädchen Gretel. Die Familie hatte wenig zu nagen und zu beißen, und als einmal große Teuerung ins Land kam, konnte der Vater das tägliche Brot nicht mehr schaffen.
Als er sich nun abends im Bett Gedanken machte und sich vor Sorgen herumwälzte, seufzte er und sprach zu seiner Frau: „Was soll aus uns werden? Wie können wir unsere armen Kinder ernähren, da wir für uns selbst nichts

mehr haben?" – „Weißt du was, Mann", antwortete die Frau, „wir wollen morgen in aller Frühe die Kinder hinaus in den Wald führen, wo er am dicksten ist. Da machen wir ihnen ein Feuer an und geben jedem noch ein Stückchen Brot, dann gehen wir an unsere Arbeit und lassen sie allein. Sie finden den Weg nicht wieder nach Haus, und wir sind sie los." – „Nein, Frau", sagte der Mann, „das tue ich nicht. Wie sollt' ich's übers Herz bringen, meine Kinder im Wald allein zu lassen! Die wilden Tiere würden bald kommen und sie zerreißen." – „O du Narr", sagte sie, „dann müssen wir alle vier Hungers sterben, und du kannst gleich die Bretter für die Särge hobeln!" Und sie ließ ihm keine Ruhe, bis er einwilligte.

Die beiden Kinder, die vor Hunger nicht schlafen konnten, hatten gehört, was die Stiefmutter zum Vater gesagt hatte. Gretel weinte bittere Tränen und sprach zu Hänsel: „Nun ist's um uns geschehen." – „Still, Gretel", sprach Hänsel, „gräme dich nicht! Ich will uns schon helfen." Und als die Eltern eingeschlafen waren, stand er auf, zog sein Röcklein an und schlich aus dem Haus. Da schien der Mond ganz hell, und die weißen Kieselsteine vor dem Haus glänzten wie lauter Batzen. Hänsel bückte sich und steckte so viele in sein Rocktäschlein, als nur hinein wollten. Dann schlich er wieder ins Haus zurück und sprach zu Gretel: „Sei getrost, liebes Schwesterlein, und schlaf nur ruhig ein! Gott wird uns nicht verlassen." Und er legte sich wieder in sein Bett.

Als der Tag anbrach, kam schon die Frau und weckte die beiden Kinder. „Steht auf, ihr Faulenzer! Wir wollen in den Wald gehen und Holz holen." Dann gab sie jedem ein Stückchen Brot und sprach: „Da habt ihr etwas für den Mittag; aber eßt's nicht vorher auf! Weiter kriegt ihr nichts." Gretel nahm das Brot unter die Schürze, weil Hänsel die Steine in der Tasche hatte. Danach machten sie sich alle zusammen auf den Weg nach dem Wald. Als sie ein Weilchen gegangen waren, stand Hänsel still und guckte nach dem Haus zurück und tat das wieder und immer wieder. Der Vater fragte: „Hänsel, was guckst du da und bleibst zurück? Hab acht und vergiß deine Beine nicht" – „Ach, Vater", sagte Hänsel, „ich sehe nach meinem weißen Kätzchen! Das sitzt oben auf dem Dach und will mir Lebewohl sagen." Die Frau sprach: „Narr, das ist dein Kätzchen nicht, das ist die Morgensonne, die auf den Schornstein scheint." Hänsel aber hatte nicht nach dem Kätzchen gesehen, sondern immer einen von den blanken Kieselsteinen aus seiner Tasche auf den Weg geworfen.

Als sie mitten in den Wald gekommen waren, sprach der Vater: „Nun sammelt Holz, Kinder! Ich will ein Feuer anmachen, damit ihr nicht friert." Hänsel und Gretel trugen Reisig zusammen, einen kleinen Berg hoch. Als die Flamme recht kräftig brannte, sagte die Frau: „Nun legt euch ans Feuer, Kinder, und ruht euch aus! Wir gehen in den Wald hinein und hauen Holz. Wenn wir fertig sind, kommen wir wieder und holen euch ab."

Hänsel und Gretel saßen am Feuer, und als der Mittag kam, aß jedes sein

Stücklein Brot. Und weil sie die Schläge der Holzaxt hörten, glaubten sie, ihr Vater sei in der Nähe. Es war aber nicht die Holzaxt, sondern ein Ast, den er an einen dürren Baum gebunden hatte und den der Wind hin und her schlug. Und als sie so lange gesessen hatte, fielen ihnen die Augen zu vor Müdigkeit, und sie schliefen fest ein. Als sie endlich erwachten, war es schon finstere Nacht. Gretel fing an zu weinen und sprach: „Wie sollen wir nun aus dem Wald kommen?“ Hänsel aber tröstete sie: „Wart nur ein Weilchen, bis der Mond aufgegangen ist, dann wollen wir den Weg schon finden!“ Und als der volle Mond aufgestiegen war, nahm Hänsel sein Schwesterchen an der Hand, und sie gingen den Kieselsteinen nach. Die schimmerten wie neu geschlagene Batzen und zeigten ihnen den Weg. Sie gingen die ganze Nacht hindurch, kamen bei anbrechendem Tag wieder zu ihres Vaters Haus und klopften an die Tür. Als die Frau aufmachte und sah, daß es Hänsel und Gretel waren, sprach sie: „Ihr bösen Kinder, was habt ihr so lange im Wald geschlafen! Wir haben geglaubt, ihr wolltet gar nicht wiederkommen.“ Der Vater aber freute sich, denn es war ihm zu Herzen gegangen, daß er die Kinder so allein zurückgelassen hatte.

Nicht lange danach ward wieder Not in allen Ecken, und die Kinder hörten, wie die Mutter nachts im Bett zu dem Vater sprach: „Fast alles ist wieder aufgezehrt; wir haben noch einen halben Laib Brot, hernach hat das Lied ein Ende. Die Kinder müssen fort. Wir wollen sie diesmal tiefer in den Wald hineinführen, damit sie den Weg nicht wieder herausfinden. Es ist sonst keine Rettung für uns.“ Dem Vater fiel es schwer aufs Herz, und er dachte: Es wäre besser, daß du den letzten Bissen mit deinen Kindern teiltest. Aber die Frau hörte auf nichts, was er sagte, schalt ihn und machte ihm Vorwürfe. Wer A sagt muß auch B sagen, und weil er das erstemal nachgegeben hatte, so mußte er es auch zum zweitenmal.

Die Kinder aber waren noch wach gewesen und hatten das Gespräch mit angehört. Als die Alten schliefen, stand Hänsel wieder auf, wollte hinaus und Kieselsteine auflesen, wie das vorige Mal. Aber die Frau hatte die Tür verschlossen, und Hänsel konnte nicht hinaus. Da tröstete er sein Schwesterchen und sprach: „Weine nicht, Gretel, und schlaf nur ruhig! Der liebe Gott wird uns schon helfen.“

Am frühen Morgen kam die Frau und holte die Kinder aus dem Bett. Sie erhielten ihr Stückchen Brot; das war aber noch kleiner als das vorige Mal. Auf dem Weg nach dem Wald zerbröckelte es Hänsel in der Tasche, stand von Zeit zu Zeit still und warf Bröcklein auf die Erde. „Hänsel, was stehst du und guckst dich um?“ fragte der Vater. „Geh deiner Wege!“ – „Ich sehe nach meinem Täubchen. Das sitzt auf dem Dach und will mir Lebewohl sagen“, antwortete Hänsel. „Narr“, sagte die Frau, „das ist nicht dein Täubchen; das ist die Morgensonne, die oben auf den Schornstein scheint.“ Hänsel aber warf nach und nach alle Bröcklein auf den Weg.

Die Frau führte die Kinder in den tiefsten Wald, wo sie ihr Lebtag noch nicht gewesen waren. Da ward wieder ein großes Feuer angemacht, und die Mutter sagte: „Bleibt nur da sitzen, Kinder, und wenn ihr müde seid, könnt ihr ein wenig schlafen! Wir gehen weiter in den Wald hinein und hauen Holz. Am Abend, wenn wir fertig sind, kommen wir und holen euch ab." Als es Mittag war, teilte Gretel ihr Brot mit Hänsel, der sein Stück auf den Weg gestreut hatte. Dann schliefen sie ein, und der Abend verging, aber niemand kam zu den armen Kindern. Sie erwachten erst in der finstern Nacht. Hänsel tröstete sein Schwesterchen und sagte: „Wart nur, Gretel, bis der Mond aufgeht! Dann werden wir die Brotbröcklein sehen, die ich ausgestreut habe; die zeigen uns den Weg nach Haus." Als der Mond kam, machten sie sich auf; aber sie fanden kein Bröcklein mehr, denn die vielen Vögel des Waldes hatten sie weggepickt. Hänsel sagte zu Gretel: „Wir werden den Weg schon finden." Aber sie fanden ihn nicht. Sie gingen die ganze Nacht und noch einen Tag von Morgen bis Abend, aber sie kamen aus dem Wald nicht heraus und waren sehr hungrig, denn sie hatten nichts als die Beeren, die sie fanden. Und weil sie so müde waren, daß die Beine sie nicht mehr tragen wollten, legten sie sich unter einen Baum und schliefen ein.

Nun war's schon der dritte Morgen, daß sie ihres Vaters Haus verlassen hatten. Sie fingen wieder an zu gehen, gerieten aber immer tiefer in den Wald. Wenn nicht bald Hilfe kam, so mußten sie verschmachten. Als es Mittag war, sahen sie ein schönes, schneeweißes Vöglein auf einem Ast sitzen, das sang so schön, daß sie stehenblieben und ihm zuhörten. Als es fertig war, schwang es seine Flügel und flog vor ihnen her. Und sie gingen ihm nach, bis sie zu einem Häuschen gelangten, auf dessen Dach sich der Vogel setzte. Als sie ganz nah herankamen, sahen sie, daß das Häuslein aus Brot gebaut und mit Kuchen gedeckt war; die Fenster aber waren von hellem Zucker. „Da wollen wir uns dranmachen", sprach Hänsel, „und eine gesegnete Mahlzeit halten. Ich will ein Stück vom Dach essen; du, Gretel, kannst vom Fenster essen, das schmeckt süß." Hänsel reckte sich in die Höhe und brach ein wenig vom Dach ab, um zu versuchen, wie es schmeckte, und Gretel stellte sich an die Scheiben und knupperte daran. Da rief eine feine Stimme aus der Stube heraus:

> „Knupper, knupper, kneischen,
> wer knuppert an meinem Häuschen?"

Sie antworteten:

> „Der Wind, der Wind,
> das himmlische Kind!"

und aßen weiter, ohne sich irremachen zu lassen. Da ging auf einmal die Tür auf, und eine steinalte Frau, die sich auf eine Krücke stützte, kam herausgeschlichen. Hänsel und Gretel erschraken so gewaltig, daß sie fallen ließen, was sie in den Händen hielten. Die Alte aber wackelte mit dem Kopf und sprach: „Ei, ihr lieben Kinder, wer hat euch hierher gebracht? Kommt nur herein und bleibt bei mir! Es geschieht euch kein Leid.“ Sie faßte beide an der Hand und führte sie in ihr Häuschen. Da ward gutes Essen aufgetragen: Milch und Pfannkuchen mit Zucker, Äpfel und Nüssen. Hernach wurden zwei Bettlein weiß überzogen, und Hänsel und Gretel legten sich hinein und meinten, sie wären im Himmel.

Die Alte hatte sich aber nur so freundlich angestellt; sie war eine böse Hexe, die den Kindern auflauerte, und hatte das Brothäuslein bloß gebaut, um sie herbeizulocken. Wenn eins in ihre Gewalt kam, so tötete sie es und verspeiste es dann. Früh am nächsten Morgen, ehe die Kinder erwacht waren, stand sie schon auf, und als sie beide so lieblich ruhen sah mit den vollen roten Backen, murmelte sie leise vor sich hin: „Das wird ein guter Bissen werden!“ Sie packte Hänsel mit ihrer dürren Hand, trug ihn in einen kleinen Stall, den sie mit einer Gittertür versperrte. Er mochte schreien, wie er wollte, es half ihm nichts. Dann ging sie zu Gretel, rüttelte sie wach und rief: „Steh auf, Faulenzerin, trag Wasser und koch deinem Bruder etwas Gutes! Der sitzt draußen im Stall und soll fett werden. Wenn er fett ist, will ich ihn essen.“ Gretel fing an, bitterlich zu weinen, aber es war alles vergeblich; sie mußte tun, was die böse Hexe verlangte.

Nun ward dem armen Hänsel das beste Essen gekocht, aber Gretel bekam nur ganz magere Kost. Jeden Morgen schlich die Alte zu dem Ställchen und rief: „Hänsel, streck deine Finger heraus, damit ich fühle, ob du bald fett bist!“ Hänsel aber streckte ihr immer ein Knöchlein heraus, und die Alte, die trübe Augen hatte, konnte es nicht sehen ud meinte, es seien Hänsels Finger, und sie wunderte sich, daß er gar nicht fett werden wollte. Als vier Wochen herum waren und Hänsel mager blieb, da verlor sie die Geduld. „Heda, Gretel“, rief sie dem Mädchen zu, „sei flink und trag Wasser! Hänsel mag fett oder mager sein, morgen will ich ihn schlachten und kochen.“ Ach, wie jammerte das arme Schwesterlein, als es das Wasser tragen mußte, und wie flossen ihm die Tränen über die Backen herunter! „Lieber Gott, hilf uns doch!“ rief sie aus. „Hätten uns nur die wilden Tiere im Wald gefressen, so wären wir doch zusammen gestorben!“ – „Spar nur dein Geplärre!“ sagte die Alte. „Es hilft dir alles nichts.“

Am nächsten Morgen mußte Gretel früh heraus, den Kessel mit Wasser aufhängen und Feuer anzünden. „Erst wollen wir backen“, sagte die Alte. „Ich habe den Backofen schon eingeheizt und den Teig geknetet.“ Sie stieß das arme Gretel hinaus zu dem Backofen, aus dem schon die Flammen herausschlugen. „Kriech hinein“, sagte die Hexe, „und sieh zu, ob recht eingeheizt ist, damit wir das Brot einschießen können!“ Wenn Gretel darin war, wollte sie den Ofen zumachen, und Gretel sollte darin braten, dann wollte sie das Mädchen auch aufessen. Aber Gretel merkte, was die Hexe im Sinn hatte, und sprach: „Ich weiß nicht, wie ich's machen soll. Wie komm ich da hinein?" – „Dumme Gans", sagte die Alte, „die Öffnung ist groß genug. Siehst du wohl, ich könnte selbst hinein!" Und sie krabbelte heran und steckte den Kopf in den Backofen. Da gab ihr Gretel einen Stoß, daß sie weit hineinfuhr, machte die eiserne Tür zu und schob den Riegel vor. Hu, da fing die Hexe ganz grausig an zu heulen! Aber die Gretel lief fort, und die gottlose Hexe mußte elendiglich verbrennen.

Gretel aber lief schnurstracks zu Hänsel, öffnete sein Ställchen und rief: „Hänsel, wir sind erlöst! Die alte Hexe ist tot." Da sprang Hänsel heraus wie ein Vogel aus dem Käfig, wenn ihm die Tür aufgemacht wird. Wie haben sie sich gefreut, sind sich um den Hals gefallen, sind herumgesprungen und haben sich geküßt! Und weil sie sich nicht mehr zu fürchten brauchten, so gingen sie in das Haus der Hexe hinein. Da standen in allen Ecken Kästen mit Perlen und Edelsteinen. „Die sind noch besser als Kieselsteine", sagte Hänsel und stopfte in seine Taschen, was hinein wollte. Gretel sagte: „Ich will auch etwas mit nach Haus bringen", und füllte sich ihr Schürzchen voll. „Aber jetzt wollen wir fort", sagte Hänsel, „damit wir aus dem Hexenwald herauskommen."

Als sie ein paar Stunden gegangen waren, gelangten sie an ein großes Wasser. „Wir können nicht hinüber", sprach Hänsel, „ich seh' keinen Steg und keine Brücke." – „Hier fährt auch kein Schiffchen", sagte Gretel. „Aber da schwimmt eine weiße Ente; wenn ich die bitte, so hilft sie uns hinüber." Und sie rief:

„Entchen, Entchen,
da steht Gretel und Hänschen.
Kein Steg und keine Brücken,
nimm uns auf deinen weißen Rücken!"

Das Entchen kam heran, und Hänsel setzte sich drauf und bat sein Schwesterchen, sich zu ihm zu setzen. „Nein", entgegnete Gretel, „es wird dem Entchen zu schwer; es soll uns nacheinander hinüberbringen". Das tat das gute Tierchen, und als sie glücklich drüben waren und ein Weilchen weitergingen, da kam ihnen der Wald auf einmal bekannter vor. Endlich erblickten sie von weitem ihres Vaters Haus. Da fingen sie an zu laufen, stürzten in die Stube hinein und fielen ihrem Vater um den Hals. Der Mann hatte keine frohe Stunde gehabt, seitdem er die Kinder im Wald gelassen hatte, die Frau aber war gestorben. Gretel schüttelte ihr Schürzchen aus, daß die Perlen und Edelsteine in der Stube umherflogen, und Hänsel warf eine Handvoll nach der anderen aus seiner Tasche dazu. Da hatten alle Sorgen ein Ende, und sie lebten fortan in eitel Freude zusammen.

2.2.2 Interpretation (nach B. Bettelheim)

In diesem Märchen werden Probleme und Wege gezeigt, wie der Mensch durch die notwendige Begegnung mit der Welt „draußen" zu einer selbständigen Persönlichkeit gelangen kann. Meidet er diesen Weg und flieht er vor dieser Auseinandersetzung, so bewegt er sich auf dem Wege der Passivität und wird abhängig von anderen. Diesen Weg gehen Hänsel und Gretel, als sie nach der ersten Verstoßung mittels der ausgestreuten Kieselsteine noch einmal aus dem finsteren Wald nach Hause finden. Hier wird eine frühkindliche Entwicklungsstufe angesprochen (etwa die Zeit, die wir als das Vorschulalter bezeichnen), in der orale Wünsche noch eine wesentliche Rolle spielen, die aber abgebaut werden müssen, um einen Reifeschritt machen zu können. B. Bettelheim beschreibt die orale Situation dieser Kinder so:
„Das Märchen drückt in Worten und Handlungen aus, was sich im Kopf von Kindern abspielt. Gemäß der Hauptangst des Kindes glauben auch Hänsel und Gretel, daß ihre Eltern einen Plan aushecken, sie auszusetzen. Ein kleines Kind, das in dunkler Nacht hungrig aufwacht, hat schreckliche Angst, verschmäht und in Stich gelassen zu werden, was es als Angst zu verhungern erlebt. Hänsel und Gretel projizieren ihre Angst auf die Eltern, von denen sie fürchten, sie könnten sie verstoßen, und sie sind daher überzeugt, daß diese sie verhungern lassen werden. In Übereinstimmung mit diesen kindlichen Angstphantasien erzählt denn auch die Geschichte, daß die Eltern bis dahin in der Lage waren, ihre Kinder zu ernähren, daß aber jetzt magere Zeiten angebrochen sind. Die Mutter repräsentiert für die Kinder die Quelle aller Nahrung, und dementsprechend erleben Hänsel und Gretel jetzt, daß die Mutter es ist, die sie gleichsam mitten im wilden Wald allein läßt. Es ist die Angst und tiefe Enttäuschung des Kindes, wenn die Mutter nicht länger bereit ist, orale Wünsche zu erfüllen, die es zu der Annahme verleitet, seine Mutter sei plötzlich lieblos, selbstsüchtig und ablehnend geworden..."[6].
Bei Hänsel und Gretel sehen wir deutlich die orale Fixierung und damit die Fixierung auf eine primitive Entwicklungsstufe, zu der sie die Angst des Verhungerns treibt: Streut Hänsel noch beim ersten Mal weiße Kieselsteine, so verliert er in seiner Angst beim 2. Mal bereits die Fähigkeit, klar zu überlegen: Er denkt nur noch an Eßbares und sieht darin den Ausweg, obwohl logischerweise die Vögel das ausgestreute Brot aufpicken werden. Mit dieser Fixierung verliert Hänsel (und mit ihm Gretel) seine Initiative – es ist der Weg in die Abhängigkeit von anderen, das passive Verbleiben im Kleinkindhaften, eine Regression im Gegensatz zur Fortentwicklung der Persönlichkeit. Hänsel und Gretel müssen wie jedes kleine Kind lernen, mit Ängsten, Problemen, aber auch Lernaufgaben fertigzuwerden und orale Wünsche aus ihrer primitiven Entwicklungsstufe heraus zu sublimieren: Auch gegen seinen Willen wird das Kind von der Welt der Erwachsenen, zuvorderst von den Eltern dazu gezwungen. Diese inneren Erfahrungen werden bedeutend stärker mit der nahrungsspendenden Mutter (sie stillt, umsorgt, nährt) als mit dem Vater gemacht, der in den ersten Lebensjahren des Kindes ohnedies eine weniger

6 B. Bettelheim; 1977, S. 151

prägende Kraft ist. Dies kommt auch bei Hänsel und Gretel symbolisch zum Ausdruck: Der Vater erscheint schwach und kraftlos, während die Mutter den Kindern in einer stark empfundenen Ambivalenz entgegentritt: Als die zuerst Spendende, Liebevolle, dann als Selbstsüchtige, Gefühlslose, schließlich gar als mörderische Hexe. Das Irren im Wald zeigt symbolisch die Suche der Kinder nach ihrem Ich an. Aber am Ziel steht vorläufig der Rückfall in die orale Regression, denn das Lebkuchenhaus stellt ein genußsüchtiges Leben auf der Stufe primitivster Befriedigung dar: Nehmen, Schlingen, Habenwollen, Genießen. Die Kinder machen sich gierig über das verführerische Häuschen her und zerstören damit, was sie doch schützen und behüten sollte, trotz des warnenden Erlebnisses, als die Vögel die Brotkrumen verzehrten und damit die Orientierung unmöglich machten. So droht mit der Zerstörung des Häuschens symbolisch auch die Zerstörung der eigenen Persönlichkeit; die Ansprüche der Kinder wirken für sie selbst und ihre Umgebung auszehrend.

Das Haus ist der Ort, in dem man wohnt. Es symbolisiert den Körper, gewöhnlich den der Mutter. Das nahrhafte Lebkuchenhaus zeigt uns die lebens- und nahrungsspendende Mutter an. Trotz der warnenden Stimme aus dem Lebkuchenhaus heraus: „Knusper, knusper, kneischen...“, die das nach außen gerichtete Gewissen darstellt, geben sich Hänsel und Gretel weiterhin bedenkenlos dem Genuß hin, ohne die Folgen zu achten. Essen und gefressen werden: Wer so unbeherrscht vom „Häuschen“ zehrt, in einer Regression sich also derart hemmungslos den Impulsen des Es hingibt, der gerät in die Gefahr, von einer „Hexe“ als einer „Personifikation der destruktiven Aspekte der Oralität“ (Bettelheim, S. 153) zerstört zu werden.

Kindern wird auf einer weiteren Ebene über die symbolischen Vorgänge im Märchen bewußt gemacht, daß Erwachsene ihre Gelüste mehr beherrschen müssen als unerfahrene Kinder wie Hänsel und Gretel. *Sie* dürfen noch Fehler machen. Deshalb stirbt zum Schluß auch die Hexe (das Böse wird überwunden), während die Kinder gerettet werden. Aus der riesigen Gefahr heraus, wegen ihrer Gier von der Hexe vernichtet zu werden, erkennen Hänsel und Gretel, daß sie nur entkommen können, wenn sie aktiv planen und nach Fluchtplänen suchen: D.h., wenn sie nicht in dumpfen Wünschen und Träumen aus dem Es heraus verharren, sondern dem Ich gemäß und kritisch denken – so finden sie den Weg in die Freiheit: Mit List (das Knöchlein als Finger) und durch die Überrumpelung und Verbrennung der Hexe.

Nachdem Hänsel und Gretel symbolisch durch ihre Initiative auf ein höheres Entwicklungsstadium gelangt sind, machen sie eine neue Mutterentdeckung: Hinter der bösen Hexe (der destruktiven Seite des Mutterbildes) steht weiterhin die „gute“ Mutter: Sie zeigt sich in den Edelsteinen der Hexe: Durch diese kostbaren Steine, die als Sinnbild wertvoller seelischer Gaben auf die Kinder übergehen, können sie mit ihren Eltern ein glückliches Leben führen, denn mit der Befreiung von der Hexe, dem bösen Mutteraspekt (der eine subjektive Empfindung der Kinder ist!), finden sie, kraft eben dieser erworbenen Schätze, einen neuen gereiften Zugang zu den Eltern.

Weiße Vögel spielen in Hänsel und Gretel eine bedeutsame Rolle: Sie verkörpern

Intuitionen, Ideen, Geist (die weiße Taube z.B. symbolisiert schon seit dem frühen Christentum höhere Mächte gütiger Art, man denke z.B. auch an die Friedenstaube...). Die Vögel im Märchen verhindern durch das Aufpicken der Brotkrumen die Rückkehr aus dem Wald. Ein weißes Vöglein führt sie zum Hexenhäuschen und damit zur großen Auseinandersetzung. Ein weiterer Vogel, die weiße Ente (in einer anderen Version ist es ein schöner weißer Schwan) trägt sie auf dem Heimweg sicher übers Wasser. In der Fassung von Ludwig Bechstein warnt das weiße Waldvöglein sogar vor den bösen Absichten der Hexe und es wirft zusammen mit den anderen Vögeln des Waldes aus seinem Nest auf dem Dach des Hexenhäuschens die bunten Steine und Perlen in Gretels Schürzchen: „Perlen und Edelstein für die Brotbröselein", singen sie dazu. In Grimm's Märchen liegen die Schätze in Kästen versteckt. Unsere zuhörenden Kinder bemerken durchaus, daß die Vögel auf ihre Weise einen bestimmten Zweck verfolgen und die Kinder mit Absicht erst zur Hexe und dann wieder heimführen. Dabei lenken, warnen, beschenken und helfen sie – sie sind ein die Entwicklung vorwärtstreibendes Moment. Sie weisen also symbolisch den Weg zur Auseinandersetzung und damit zur Selbständigkeit.
Das Elternhaus „vor dem großen Wald" und das Hexenhaus im tiefen Wald vertreten im Unbewußten die beiden Aspekte des Elternhauses (s. auch in anderen Märchen: Hütte und Schloß...): Dasjenige, das eine liebevolle, gebende Mutter birgt, die stets für ihr kleines Kind da ist, und dasjenige, welches enttäuscht, frustriert und ängstigt, da die Kinder in das ödipale Entwicklungsstadium gelangen und ihre Konflikte auch an einer Mutter erleben, die nun nicht mehr allzeit zugegen sein wird, was bei den Kindern Enttäuschung, Zorn und Angst auslöst. Sie empfinden nun in ihren ambivalenten Gefühlen der Mutter gegenüber eben diese Mutter als böse, symbolisch als Hexe. Diese getrennten Aspekte im Eltern- und Hexenhaus stellen also im Grunde eine Gesamterfahrung dar, wie sie jedes Kind erlebt und wie es auch unbewußt im Märchen verstanden werden kann.
Nach dem Hexenhaus gibt es auf dem Heimweg noch ein Hindernis zu überwinden: Das große Wasser, von dem auf dem Hinweg nicht die Rede war. Dieses Hindernis ist wieder psychologischer Natur. Es deutet symbolisch einen Übergang und den neuen Beginn auf einer gehobenen Existenz an (s. Symbolik „Wasser"; aber auch das christliche Moment des Taufwassers). Daß die Kinder einzeln vom Schwan bzw. der Ente hinübergetragen werden und sich für die Überfahrt zum ersten Mal voneinander trennen, zeigt nicht nur Rücksichtsnahme auf das Tier an, sondern auch, daß sie ab einem bestimmten Alter (Schulalter) Individualität besitzen und ein selbständiges Vorgehen in einem als eigen empfundenen Leben nötig wird.
Hänsel und Gretel haben sich nun von der oralen Fixierung befreit. Sie sind unabhängig, ja, durch ihre Schätze sogar zur wichtigen Stütze in der Familie geworden. Die Schätze verkörpern die neu erworbene Unabhängigkeit im Denken und Handeln und ihr Selbstvertrauen.
Einmal wirkt Hänsel, und einmal Gretel als Retter: Gegenseitiges Vertrauen und Hilfsbereitschaft ohne Unterschied des Geschlechts ist bei heranwachsenden Kindern nötig.
Das Märchen endet mit einem Elternhaus in neuer Harmonie – nicht in einem Glück

in weiter Ferne: Letzteres entspräche einer älteren Reifestufe. Kleine Kinder müssen ihre oralen und ödipalen Probleme bewältigen, solange sie von den Eltern abhängig sind. Nur in einer guten Eltern-Kind-Beziehung ist es möglich, im richtigen Maße und mit dem nötigen Rückhalt zur Adoleszenz heranzureifen. Im Laufe des Prozesses von der Abhängigkeit zur Ablösung gelingt es, auf höhere Ebenen des psychologischen und intellektuellen Seins zu gelangen.

Das Märchen von Hänsel und Gretel macht den Kindern Mut, sich mit Problemen auseinanderzusetzen und sich auch den Phantasieprodukten der eigenen Angst zu stellen, die in ihrer Unreife oft übertrieben und grausam wirken – wie bei der Hexenbegegnung. Ängste, die objektiviert werden, können bewältigt werden. Ihre Verselbständigung zeigt eine neue innere Einstellung zu Eltern und Umwelt. Sie fühlen sich nicht mehr in Stich gelassen, und sie brauchen auch nicht mehr vom „Lebkuchenhaus“ zu zehren. Ebenso müssen sie keine Hexe mehr fürchten. Sie finden Mut durch gegenseitige Hilfe und Unterstützung – die alleinige, kleinkindhafte Abhängigkeit von den Eltern ist überwunden.

Dieses Kapitel möchte mit dem treffenden Schlußabschnitt von B. Bettelheim schließen: „Eine Hexe, die aus den Angstphantasien eines Kindes geboren ist, wird es verfolgen; aber eine Hexe, die man in ihren eigenen Ofen stoßen und verbrennen kann, ist eine Hexe, von der das Kind sich befreit glauben darf. Solange Kinder an Hexen glauben – wie sie es immer getan haben und immer tun werden, bis sie so alt geworden sind, daß sie sich nicht mehr gezwungen sehen, ihren gestaltlosen Ängsten eine menschenähnliche Gestalt zu geben – sollte man ihnen Geschichten erzählen, in denen gescheite Kinder es fertigbringen, sich von solchen Verfolger-Figuren ihrer Phantasie zu befreien. Wenn ihnen das gelingt, haben sie davon – genau wie Hänsel und Gretel – einen ungeheuren Gewinn“[7].

---

7 B. Bettelheim, 1977, S. 157

2.2.3 Abbildung 1: Hänsel und Gretel (Photomontage)

2.2.4 Spiel- und Gestaltungsvorschläge

*** Rollenspiel:**

Kleine Kinder (Vorschulalter, Elementarstufe) spielen das Märchen mit großer Hingabe. Gerade in solchen Märchen ist es wichtig, daß Kinder ihre Rolle auch selber auswählen. So manches spielt gerne Hexe, weil es in scheinbarer Legalität Temperament, Tücke und Bosheit darstellen und austoben darf; ein anderes deshalb, weil es ihm instinktiv gut tut, sich trotz und gerade wegen seiner ängstlichen Zurückhaltung mit einer Angstfigur zu identifizieren- und Angst zu erzeugen.

Für ein Rollenspiel gilt:

- Rollenverteilung unter Absprache mit den Kindern.
- Requisitenbeschaffung, Verteilung und Raumaufteilung unter Beteiligung der Kinder. Von ihnen gehen die Vorschläge aus.
- Übung und Besprechung einzelner Szenen.
- Erst danach gesamtes Durchspiel des Märchens.
- Nachbesprechung, Rollentausch.

Folgendes ist zu beachten:
Auch Kinder ohne tragende Rollen lassen sich einteilen: Als Bäume und Vögel: Das Herumirren im Wald kann dadurch vertieft werden, daß sich die Bäume – Kinder die Hände reichen und immer wieder den Partner wechseln, so daß Hänsel und Gretel ständig auf Widerstand (Gestrüpp) stoßen und die Wege versperrt werden. Diese Szene endet meist so, daß sich Hänsel und Gretel hoffnungslos im Kinder-Bäume-Gewirr verfangen und erst der Vogel sie durch die Eröffnung einer weiterführenden Szene herausführt.
Für die Ausgestaltung des Hexenhauses sind gemeinsame Überlegungen nötig – es sollte auch in gemeinschaftlicher Arbeit angefertigt werden. Eine Spielhütte oder ein Aufbau aus Möbeln und Kartons, die mit bemalten und verzierten Bildern von Lebkuchen usw. bedeckt sind und eventuell durch Bonbonketten, Vesperbrote, Äpfel usw. bereichert werden, kann hübsch aussehen.
Einzelszenen werden mehrfach gespielt – mit wechselnder Besetzung:
1. nützt das im Sinne einer Übung für das gesamte Spiel,
2. erhöhen Begeisterung und Hingabe in der Spannung den therapeutischen Wert solcher Szenen.

Schwerpunktszenen sind: Die Kinder entdecken das Lebkuchenhäuschen – sie knabbern daran – Dialog zwischen Hexe und Kindern – sie werden ins Häuschen gelockt – Hänsel wird eingesperrt und Gretel zur Arbeit getrieben – die Hexe will Hänsel fressen – Vorbereitung dazu einschließlich der „Fingerprüfung" und dem unterschobenen Knöchlein – Gretel stößt die Hexe in den Ofen – die Kinder sammeln Schätze ein.
Diese Szenen dürfen ganz nach den Bedürfnissen der Kinder dramatisiert werden.

Die Texte sollten nicht auswenig gelernt, sondern spontan und dem Sinn nach wiedergegeben werden. Selbstverständlich fallen die einzelnen Darbietungen mit wechselnder Besetzung recht verschieden aus – je nach Veranlagung der Kinder, ihrer Fähigkeit, sich sprachlich auszudrücken und ihrem Mut, sich frei auszuspielen.

*** Vertonung von Hänsel und Gretel:**
(etwa zw. 5 und 8 Jahren; anspruchsvoller gestaltet auch mit Älteren).

Wir wollen kein musikalisches Werk im Sinne konservativer Vertonung schaffen, sondern die Personen, Vorgänge und Stimmungen mit vorhandenen Orff- und zusätzlichen Umweltinstrumenten einfangen.
Diese Vertonung setzt voraus, daß den Kindern der Umgang mit solchen Instrumenten und rhythmisch-musikalischer Erziehung im Prinzip einigermaßen vertraut ist.

Ablauf:

1. *Wir ordnen den Personen Instrumente zu.*
   Hierfür werden vorerst vorhandene Instrumente bereitgelegt – das Repertoire wird nach und nach durch anderes Material ergänzt. Die Auswahl soll durch Diskussionen und Vorschläge der Kinder erfolgen – der Erzieher kann Impulse geben und Ideen aufgreifen, sollte sich aber soweit zurückhalten, wie es eben möglich ist, um die Kreativität der Kinder nicht einzuengen.
2. *Einzelne Kinder* stellen sich nun mit entsprechenden Klängen und Tönen in ihrer Rolle vor. Etwa: Wenn die Hexe kreischt, tut das so... Wenn Hänsel und Gretel laufen, tut das so... Die anderen hören zu und können eigene Vorschläge mit einarbeiten.
3. *Vertiefung:* Wir versuchen, nicht nur die Schritte der Kinder, die Stimmen der Eltern usw. hörbar zu machen, sondern auch stimmungsmäßig Akzente zu setzen: Z.B.: Wie kann man die aufkommende Gefahr beim Anschleichen der Hexe anzeigen? Und wie die ärgerliche Stimme der Mutter? Die zögernde des Vaters? Die Angst von Gretel? Die Freude der Kinder bei ihrer Befreiung? Die Wut der Hexe?...
4. *Um das alles zu ordnen,* brauchen wir einen, der die *Einsätze* gibt und mit Handzeichen die Spieler zusammenhält. Bei jüngeren Kindern besorgt dies am besten der Erzieher selber. Größere Kinder (ab ca. 9 Jahren) können aus ihren eigenen Reihen einen Dirigenten stellen, der vom Erzieher gut in die Arbeitsweise eingewiesen werden sollte.
   Die Spieler setzen sich zu Motivgruppen zusammen: 2 Kinder für Hänsel und Gretel, 1 bis 2 für die Hexe, 2 für die Eltern, mehrere für den Wald und die Vögel...
   Handzeichen werden vereinbart: Z.B:
   Aufschwingende Bewegung für „los“, knappe Aufwärtsbewegung für „stop“,

weitausgreifende Bewegungen für „laut“, stoßartige für „staccato“, behutsame Zeichen vor dem Mund für „leise“. An- und abschwellende Klänge durch langsames Ausbreiten bzw. Zusammenziehen der Arme und Hände – und all diese Zeichen auf die jeweils zum Spieleinsatz geforderte Gruppe hin gerichtet. Mit entsprechend umgreifendem Ausdruck wird das tutti angezeigt (s. Literatur: „Musik in Linien und Farben“).

✻ Vorschläge zur Zuordnung von Instrument und Motiv:

Hänsel und Gretel: 2 Paar Klangstäbe oder Klanghölzer, von zwei Kindern geschlagen. Mit ihnen werden Schritte geklopft: Langsam, schnell, tappend, stockend, eilend, mal leise, mal laut...
Ebenso: Dialoge zwischen Hänsel und Gretel: Ein Klangstab-Paar „spricht“ durch ausdrucksvolles Klopfen: Im wechselnden Rhythmus, eindringlich, laut – das andere Paar „antwortet“: Z.B. stockend, leise, aufgeregt, rasch hämmernd, in lang gezogenen Reibungen usw.
(Muß vorher gut besprochen und versucht werden! Die Kinder brauchen anfangs echte Assoziationen zu Worten, um diese dann auch in Töne und Klänge zu fassen).
Die Eltern: Helle und dunkle Handtrommel als Dialoggruppe. Oder Melodikaklänge in Oktavsprüngen zwischen Mutter und Vater. Vater: Leise, ruhig, tief, zögernde Stöße... Mutter: Hoch, laut, schnell usw.
Vögel: Pfeifen und Zwitschern mit dem Mund – oder hohe Xylophon- bzw. Glockenspieltöne in einer sich wiederholenden Kurzmelodie.
Wald: Mehrere Kinder: Wischen über das Glockenspiel oder Xylophon als Bachgeplätscher. Papier zerknittern als Knistern von Reisig, offene Wasserhähne, Pusten und Blasen (Luftpumpe) als Wind, Rasselbüchsen als Steinerollen und Knirschen der Schritte, Reiben auf der Tamburinhaut für Bewegungen von Tieren usw.
Hexe: Vorspiel durch anschwellende Tamburin-, Trommel- oder Paukenschläge. Dann für ihr Stimme: Nägel in Blechdose, quietschende Türe, alte Fahrradglocke, scharfe Triangelschläge, Schlüsselbundgeklapper o. ä. Für die Hexe können mehrere Kinder spielen.

✻ Durchführung:

1. Der Erzieher erzählt; bei den passenden Stellen gibt er die Handzeichen für den Instrumentaleinsatz. D.h.: Die Kinder äußern sich ausschließlich auf der rhythmischen und musikalischen Basis, während der Erzieher (oder ein älteres Kind) verbindende Texte spricht und die Einsätze dirigiert.
2. Das Erzählen entfällt. Statt dessen wird *die Abfolge in Symbolen* notiert. Z.B.:

Solches Symbolisieren mit Zeichen und Bildern können wir bei vielen Spielgelegenheiten verwenden: Es macht das Märchen (bzw. alles eben Gehörte und Erlebte) überschaubar und dient als Erinnerungsstütze, bes. bei der anschließenden Spielgestaltung. Das Kind erlebt konkret das Verdichten von Geschehnissen zu Symbolen und ordnet diese passend wieder zu; es begreift, daß Symbole für etwas Gemeintes stehen. – Die Verwendung von graphischen Notationen für einfache Partituren und Erzählfolgen sind auch für den Erzieher eine Vereinfachung, da die Kinder bald lernen, daraus selbständig Informationen zu holen.

❊ **Einfache Notation für Instrumente als Partitur:**

Beispiel:

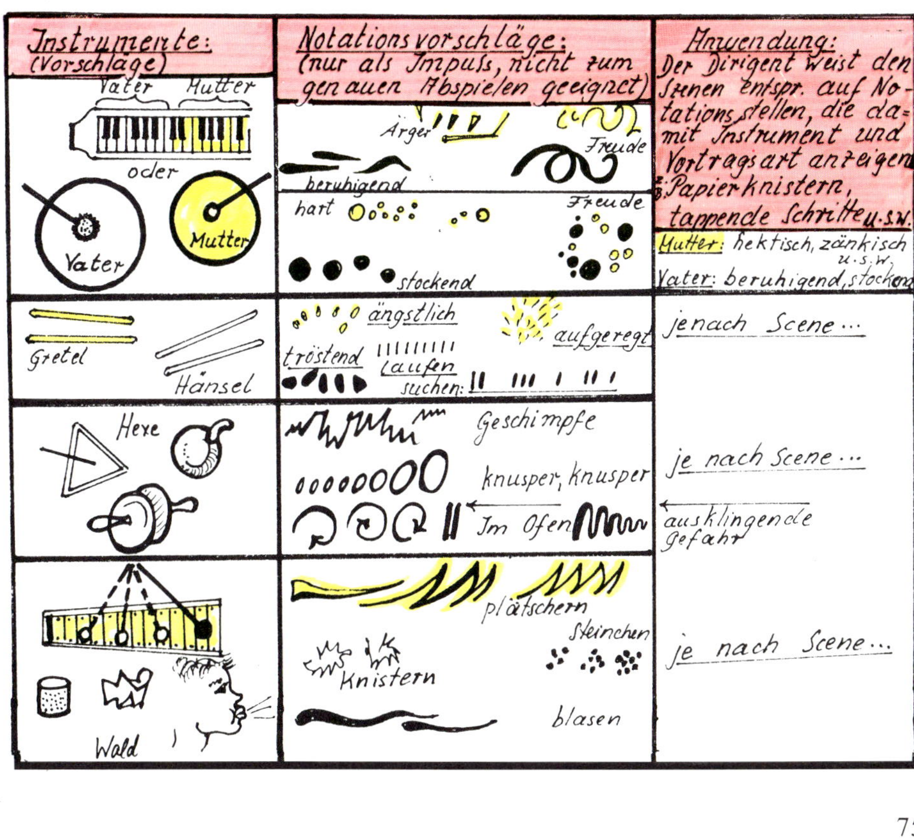

Anhand der Partitur wird das Märchen durchgehend gespielt.

✻ *Die musikalische Darbietung wird auf Tonband aufgenommen* und anschließend abgespielt. *Die Kinder kommentieren* nun das Geschehen.

Die Eindrücke, die das Kind aus dem Zuhören und Rollenspiel gewinnt, werden in vertiefender Wirkung auf den Bereich der musikalischen Aktion, Rhythmik und Hörerziehung transponiert.

Eigenschaften, Handlungen, Stimmungen und Personen werden nicht nur szenisch und verbal dargestellt, sondern in Klängen und Tönen hörbar gemacht, wobei sich das Kind zuvor mit der verschiedenen Klangbeschaffenheit der Instrumente (durch Material, Körper, Größe, usw.) auseinandersetzen muß.

Es lernt, diesen Ausdruck der musikalischen Vorstellung zu vertiefen, indem es die Instrumente nach laut und leise, hoch und tief, an- und abschwellend, staccato und legato handhabt und durch rhythmische Veränderungen (zögernd, wild, böse, übermütig...) noch genauer interpretiert.

✻ Bildhaftes Gestalten: Vorschläge:

1. *Ein buntes Hexen- und Lebkuchenhaus.* Maßgabe: Jeder Winkel muß mit eßbaren Darstellungen ausgefüllt werden. (Kleine Kinder lösen die Aufgabe mit realistischen Bildern, größere gehen auch zum ornamentalen Stil über).
2. *Gemeinschaftsarbeit:* Jeder malt für sich eßbare Artikel (Kuchen, Brezeln, Lebkuchen usw.), schneidet sie aus und klebt sie auf die Fläche innerhalb einer vorgezeichneten Hauskontur.
3. *Alleinarbeit: Hexe:* „Typische" Accessoires wie Buckel, langer Finger, krumme Nase, Stock, rote Augen, Lumpen usw. können bei kleineren Kindern im Voraus besprochen werden. Auch ältere Kinder (bis ca. 12 J.) malen Hexen mit Begeisterung. Sie werden bis ins Bizarre gesteigert. Es ist durchaus interessant, auch ohne Vorbesprechung Hexen frei, ganz nach persönlicher Phantasie gestalten zu lassen. Die häufig zu beobachtende Hingabe beim Malen des Hexenthemas kann durch die Verwendung von Fingerfarben gesteigert werden.
4. *Gemeinschaftsarbeit: Hexe:* In eine groß ausgeführte Kontur werden für die Kleider Stoffreste, für die Haut Rupfen oder Wellpappe, für die Haare Stroh oder Wellpappe, für die Gesichtsteile, Finger und Füße getrocknete Früchte (Zapfen, Eicheln, Kerne, Obststeine, gepreßte Blätter usw.), Knöpfe, Nägel etc. angeklebt.
5. *Stimmungsbild in Farben und Formen:* (ab ca. 10 Jahren)
   In horizontalen und vertikalen Linien werden Vorgänge und Gemütsbewegungen farbig dargestellt: Z.B.: Anfängliche Geborgenheit – Unruhe – Eintauchen in den Wald mit seinen Geheimnissen – Angst – Hexenerlebnis mit stark emotionalem Ausdruck – Freude – Beruhigung – Heimkehr mit Harmonie.
   Interpretation: Ruhige, blaue Linien, dann unruhige orange, Wellen in Grüntönen und braunen Teilen, wilde Wogen in rot, schwarz, lila und orange.

Gleichmäßig lebhafte Linien in gelb und weiß – ruhigere Wellen und Bewegungen in blau und rosa...
Es gibt weitere Möglichkeiten – in einer Vorausbesprechung sollen hier auch die Empfindungen und Vorschlägen der Kinder zum Ausdruck kommen und zur individuellen Realisierung gelangen können.

6. *Photomontage (Für Ältere über 10 J.):* (S. Abb.)
Die Irrwege im Wald wurden hier durch einen halbierten Krautkopf (mit vergrößerter Aufnahme eines Farb-Negativfilmes oder Dia) dargestellt, der in der Region des Hexenhäuschens mit „nahrhaften" Motiven angereichert wurde (mit Früchten, Kürbissen, Blumen, Laub usw.). Im Gewirr der Krautadern = Wege werden Hänsel und Gretel, und oben zwischen Laub, Früchten und Kraut die Hexe und das Hexenhäuschen einkopiert: Entweder durch direktes Einmalen oder durch Aufkleben vorgezeichneter, angemalter und ausgeschnittener Figuren.

2.3 Star und Badewännlein (ab etwa 8 Jahren)

(Aus der Märchensammlung von Ludwig Bechstein)

Schwerpunkte:

- Pantomimen in Szenen, gesamtem Durchspiel, Ratespiel
- Partnerspiel mit Führen und Führenlassen: Sehend, blind, mit umgedeuteten Requisiten, bei Verwendung topologischer Begriffe
- Fabulieren
- Rollenspiel mit Umfunktionierung
- Spielfigureneinsatz
- Bildh. Gestalten in ornamentaler oder phantastischer Art, als Bilderfries mit Farbkontrasten
- Photogramm

2.3.1 Märchentext

Star und Badewännlein

Vor einem Wirtshaus im Walde hielt ein junger, stattlicher Reitersmann, da trat eine feine Maid aus der Türe, grüßte ihn züchtig und fragte, was er begehre. Da heischte er einen Becher kühlen Weins, den brachte ihm die Jungfrau. Der Reitersmann trank aber nicht eher, bis die Maid mit ihren roten Lippen von dem Weine genippt hatte. Während er nun trank, trat die Wirtin aus der Türe, ein häßliches Weib von brauner Gesichtsfarbe und widrigem Aussehen. Die fragte der Reitersmann: „Holla, Frau Wirtin! Ihr habt fürwahr

ein feines Töchterlein!" – „Nein, Herr!" antwortete die Wirtin, „diese Dirne da ist nicht meine Tochter, sie ist nur meine angenommene Magd, hat nicht Eltern und Heimat mehr. Habe sie angenommen aus Barmherzigkeit."
Der Reitersmann fühlte Liebe zu der schönen Maid, stieg ab vom Roß, begehrte ein Nachtquartier, und daß ihm die Magd ein Fußbad rüste, weil er gern mit ihr reden wollte. Die Wirtin gebot der Magd in den Garten zu gehen und Rosmarin, Thymian und Majoran für das Bad zu pflücken. Das tat sie gern und freudig, ging und brach die Kräuter, da flog ein Star auf und sang: O weh, du Braut! Du sollst dem Junker das Badewännlein rüsten, darin du hierhergetragen worden! Dein Vater ist vor Herzeleid gestorben, und deine Mutter hat sich schier um dich zu Tode gegrämt!
O weh, du Braut, du Findelkind!
Weißt nicht, wer dein Vater und Mutter sind!
Da erschrak die fromme Maid und grämte sich, rüstete das Bad unter Tränen in dem kleinen Wännlein und trug's hinauf in die Stube, wo der junge Ritter ihrer harrte. Als der sie weinen sah, fragte er: „Warum weinest du, Schönste? Willst du nicht lieber mit mir fröhlich sein?"
„Wie kann ich mit Euch fröhlich sein?" fragte sie weinend zurück. „Ich weine über das, was mir der Star sang, da ich drunten im Garten die Kräuter pflückte in Euer Bad. Der Star sang: O weh, du Braut! Du sollst dem Junker das Badewännlein rüsten, darin du hergetragen bist. Dein Vater ist vor Herzeleid gestorben, und deine Mutter hat sich schier um dich zu Tode gegrämt!
O weh, du Braut, du Findelkind!
Weißt nicht, wer dein Vater und Mutter sind!
Da betrachtete der Herr das Badewännlein und sah daran das Wappen des Königs am Rhein, verwunderte sich über alle Maßen und rief: „Das ist meines Vaters Wappenschild! Wie kommt dies Wännlein in dies schlechte Wirtshaus?"
Jetzt sah der junge Herr am Hals der Maid ein Muttermal und rief freudig aus: „Grüß dich Gott, du Schönste! Du bist meine liebe Schwester! Dein Vater war der König am Rhein! Christine heißt deine Mutter! Konrad heiß ich, dein Zwillingsbruder bin ich. Darum empfand mein Herz nach dir, gleich als ich dich zum ersten Male sah, solch ein heftiges Verlangen!"
Da fielen sie einander um den Hals und weinten beide, knieten nieder und dankten Gott und sprachen liebreich miteinander die ganze Nacht. Als nun der Morgen graute, rief die Wirtin vor der Tür mit lauter Stimme und voll Hohn: „Steh auf, steh auf, du junge Braut und kehre deiner Frauen die Stube aus!" Da antwortete aber die Stimme Herrn Konrads: „Weder ist sie eine junge Braut, noch kehrt sie der Wirtin ihre Stube aus! Bringet uns nur selbst den Morgenwein!" Als die Wirtin mit dem Morgenwein hereingetreten war, fragte sie Herr Konrad: „Von wem und von wannen habt Ihr diese edle Jungfrau? Sie ist eines Königs Tochter und meine Schwester!"

Die Wirtin wurde weiß wie eine Wand und fiel zitternd auf ihre Knie, brachte aber kein Wort hervor, aber der Star war schon wieder am Fenster und verriet der Wirtin böse Tat und sang: „In einem Lustgarten im grünen Gras saß ein zartes Kind in einem Badewännlein, und wie die Wärterin nur einen Augenblick zur Seite gegangen war, da kam die böse Zigeunerin und trug das Kind samt dem Wännlein von dannen!"
Darüber wurde Herr Konrad so entrüstet, daß er das Schwert zückte und es der Wirtin durch die Ohren spießte, zu einem hinein, zum andern heraus. Dann küßte er züchtiglich seine allerschönste Schwester, nahm das Badewännlein, führte sie an ihrer schneeweißen Hand aus dem Hause, hob sie auf den Sattel, und sie mußte das Badewännlein vor sich auf dem Schoß tragen. Auf ihre Schulter setzte sich der Star. So ritten sie vor das Königsschloß am Rhein, darin die Mutter, die Königin, herrschte, und als sie in das Tor einritten, kam ihnen die Mutter gerade entgegen gegangen. Die fragte verwundert: „Ach, mein liebster Sohn! was für eine Dirne bringst du da herein? Sie führt ja ein Badewännlein mit sich, als ob sie mit einem Kinde ginge!"
„O, meine liebste Mutter!" antwortete der junge Königssohn, „sie ist drum keine Dirne, sondern ist Eure Tochter Gertraut, die in diesem Wännlein Euch geraubt wurde!" Und da stieg die Prinzessin aus dem Sattel, die Königin aber fiel vor Freuden in eine Ohnmacht, aus der sie in den Armen ihrer Kinder wieder erwachte. Der Star sang: „Heute sind es gerade achtzehn Jahre, seit die Königstochter geraubt und in dem Wännlein über den Rhein getragen worden ist!" Das sang der Star, und auch noch dies:
Der Zigeunerin tun die Ohren so weh,
Sie wird keine Kinder stehlen mehr!
Die Prinzessin aber ließ einen Goldschmied rufen, der mußte ein goldnes Gitterlein vor das Badewännlein schmieden, da hinein tat sie den Star und pflegte ihn bis an sein Ende.

2.3.2 Interpretation

Dieses Märchen wirkt vordergründig recht einfach: Ein Baby wird entführt und verrichtet als Findelkind in einem Wirtshaus im Wald niedrige Dienste, bis es als junges Mädchen zufällig gefunden wird. Die Stimme des Blutes wird hörbar und führt dazu, daß der Bruder die Schwester auf das elterliche Schloß zurückbringt. Nicht Personen, sondern ein Vogel und ein Behälter werden durch die Überschrift in den Mittelpunkt gestellt, und in ihnen treten die magischen Momente des Märchens deutlich zutage.
Daß der junge Reitersmann die „feine Maid" aus seinem Weinbecher trinken lassen will, hat etwas Rituelles an sich, das durch die Betonung der „roten Lippen" des

Mädchens, die das Gefäß und das edle Getränk berühren, fast ins Erotische gesteigert wird. Man möchte annehmen, daß sich hier eine Liebesbeziehung anbahnt. Sie wird, wollen wir auf die Symbole einmal eingehen, durch das Badewännlein betont: Das runde Gefäß verweist symbolisch auf das Weibliche und Fruchtbare, deutet in seiner runden Form aber auch auf etwas Bedeutsames, in sich Ruhendes hin. Wird es zuerst zur Fußwaschung benützt, die wie das Weintrinken und das gemeinsame Beten im Knien etwas Biblisches an sich hat, so läßt nun die Symbolik nichts an Offenheit zu wünschen übrig, wenn es heißt: „Sie mußte das Badewännlein vor sich auf dem Schoß tragen...", und wenn die Mutter verwundert fragt: „Ach, mein liebster Sohn! Was für eine Dirne bringst du da herein? Sie führt ja ein Badewännlein mit sich, als ob sie mit einem Kinde ginge!" Auch wenn der Reitersmann seine Schwester nur „züchtiglich" küßt und als Schwester der Wirtin vorstellt und der Mutter wieder zuführt, mag beim Beachten der Badewännlein-Symbolik ein ablehnendes Gefühl auftauchen, das sich besonders an dem möglichen Gedanken der Geschwisterliebe stößt. Da solche Momente nicht zur Intention echter Märchen passen – weil diese doch vielmehr Wege weisen und Einsichten vermitteln wollen – müssen wir uns noch genauer mit den Personen und der Funktion des Stars befassen.

Das Märchen scheint nicht besonders alt zu sein – die Aufzählung individueller Namen am Schluß und der Titel des Königs vom Rhein sind recht klare Angaben, die allerdings vielleicht später erst hinzugefügt worden sind. Solange jedoch die wesentliche Handlung läuft, bleiben die Personen allgemein verbindlich: Der junge Reitersmann, junge Herr, Königssohn; die feine Maid, Jungfrau, Prinzessin; die Wirtin, ein häßliches Weib, die böse Zigeunerin; die Mutter, die Königin. Ein Kind wird aus seiner Geborgenheit heraus von der Zigeunerin entführt, „von dannen", in den Wald, vermutlich über den Rhein, – einen Grenzfluß, der hier vom König, von der Realität und dem Bewußtsein beherrscht wird, jenseits aber schon die irreale Welt anzeigt. Versuchen wir, die Vorgänge über die Symbolik in wesentlichen Zügen zu erfassen:

Das Kind, aus dem Gefühl tiefer Geborgenheit gerissen, erlebt plötzlich in der zigeunerhaften Wirtin eine Mutter, die keine „Königin" mehr ist, sondern derb und grob wirkt, das heranwachsende Kind erniedrigt und als Magd, nicht als Kind behandelt. Das Mädchen erlebt die Ambivalenz der Mutterfigur in einem neu erwachten Bewußtsein (s. Hänsel und Gretel) und nimmt den Wandel von der liebevollen Mutter zur fordernden Stiefmutter offenbar demütig und passiv hin. Die Auseinandersetzung mit dem Vater fällt völlig aus; er ist „gestorben", sobald die Auseinandersetzung mit der neuen Muttergestalt während der ödipalen Phase beginnt. So fehlt der Nährboden rechter seelischer Entwicklung und das Mädchen verbringt mit unausgereiften ödipalen Konflikten die Zeit des Heranwachsens im „Wald" – seiner Rolle als zukünftigen jungen Frau noch nicht bewußt. Hier im Wald und dem Wirtshaus, das symbolisch das gleiche Elternhaus wie vordem das väterliche Schloß darstellt, aber unterschiedlich erlebt wird, muß sie sich ihrem eigenen Unbewußten stellen, ihre eigene Rolle finden und erkennen; und das ist viel, denn ihr steht die Rolle der Prinzessin als Stufe höchster innerer Vollkommenheit zu.

Bis jetzt hat sie keine Möglichkeit gehabt, sich mit der Mutterfigur zu identifizieren; so werden zu wollen wie jene. Mit diesem Konflikt gelangt sie in die Adoleszens und nun kommt das Badewännlein als Symbol ihrer Weiblichkeit und insbesondere als das zauberische Unterpfand ihres ihr zustehenden Lebens zur Geltung. Das königliche Wappen, ein wahrlich nicht geringes Gütezeichen, verhilft zur Identifikation, insbesondere, da der Vogel, der hier eine Intuition darstellt, dem jungen Mädchen die wahre Rolle und Herkunft offenbart: Sie wird sich ihrer Fraulichkeit (s. Wännlein) und edlen Herkunft (s. Wappen) bewußt, da die Zeit reif ist. Das Mädchen ist wohl zum ersten Male in seinem Leben bewußt einem Manne gegenübergetreten. Der Reifeschritt auf eine höhere Bewußtseinsstufe wird auch dadurch symbolisch angezeigt, daß es den Wald verläßt.Welche Rolle mag nun der Zwillingsbruder darin spielen?
Das Zwillingsmotiv finden wir in Märchen des öfteren. Es stellt, wie auch bei zwei oder drei Brüdern bzw. Schwestern, unter denen immer nur eines erfolgreich ist, die anderen sich jedoch tölpelhaft und unbelehrbar verhalten und unglücklich enden, gegensätzliche Wesensarten *einer* Figur (des Helden) dar. Bei Zwillingen wird die innige Verbindung verschiedener Charakterzüge in *einem* Menschen noch stärker als bei Geschwistern herausgestellt.
Um eine Identifikation als junge Frau zu finden, muß das Mädchen auch das männliche Prinzip anerkennen. Wie nötig diese Anerkennung ist, wird durch die männliche Zwillingsschaft deutlich – nur das weibliche und männliche Prinzip in dieser innigen Verbindung, als Wesenseinheit, macht eine Integration auf höchster Ebene möglich. Nun, da sich das Mädchen auf dem Wege zum Erwachsenwerden befindet, kann es seine seelische Grundeinstellung zum Partner ändern und lebendig werden lassen, nachdem zuvor diese Wesensart nur latent schlummernd in ihr lag. Das gemeinsame Reiten der sich ihrer selbst bewußt gewordenen Frau und ihres zwillinghaften männlichen Begleiters auf dem Pferd erhöht den kraftvollen Eindruck dieses Reifeprozesses.
C. G. Jung bezeichnet den weiblichen Anteil der männlichen Seele als ‚Anima', in der gefühlhafte Beziehungen, nicht bewußte Eigenschaften und Antriebsqualitäten wie Erfahrungen des Eros-Prinzips zum Ausdruck kommen. Sie kann und soll zwischen dem Ich und dem Unbewußten vermitteln, während der ‚Animus' und das männliche Prinzip mehr auf Vernunft und Logos hin orientiert sind und das Bewußtsein repräsentieren. Eine Integration des männlichen und weiblichen Prinzips, das sich symbolisch in Anima- und Animusfiguren darstellt (weiblich und männlich akzentuierte Märchenfiguren), stellt die geglückte Verbindung vom Bewußten, vom Ich zum Unbewußten dar, das sich im Selbst, in der Persönlichkeit vervollkommnet.
Erläuternd sei hier noch aus „Märchen und Symbole" von Hans Dieckmann, (S. 259), zitiert: „Animus und Anima sind Begriffe für die Vermittlungsfunktion zwischen Bewußtsein und Unbewußtem. Ihre deutliche Verschiedenheit liegt in dem Unterschied zwischen männlichem und weiblichem Bewußtsein. Die Anima des Mannes hat unter anderem die Aufgabe, das sowieso mehr von der Ratio her bestimmte aktive Verhalten des Bewußtseins abzublenden und auf ein mehr passives

Schauen einzustellen, das es den sonst im Dunkel liegenden Bildern der Phantasie ermöglicht, aufzusteigen. Da dem weiblichen Bewußtsein die passiv-schauende Seite im allgemeinen viel näher liegt, entspricht der Hauptakzent der Animusfunktion weniger dem Wahrnehmen als der Aktivität des Erkennens und der Vermittlung des Sinnes, im Gegensatz zur Anima, die beim Mann mehr die Vermittlung des Bildes übernimmt."

Wenn die beiden divergierenden Aspekte unserer Persönlichkeit nicht integriert werden, kommt es zu Tragödien; wir bleiben auf einer niederen seelischen Stufe stehen. Das Pferd, welches das Animalische und die aufsteigende Triebwelt vertritt, (gleichermaßen aber auch das unbewußt Psychische, das Hellsichtige und Hellhörige); die königliche Heldin (Bruder und Schwester sind nun wieder *eins*) auf dem Pferd als Ausdruck ihres Ich und Selbst und der Star als Verkörperung geistiger Inhalte und ihrer Gedanken, ja, ihrer „inneren Stimme" und Freiheit symbolisieren die Identität der Zwillinge. Ihre Wiedervereinigung ist also ein Symbol für die Integration der gegenläufigen Tendenzen in dem Mädchen. Das wird auch dadurch dokumentiert, daß sie den Vogel hinter goldenen Gittern für den Rest des Lebens in dem Badewännlein gefangen hält und damit symbolisch nicht mehr in infantile Abhängigkeit zurücksinkt.

Nun kann sie auch ihrer Mutter in Gestalt der Königin, nicht mehr Zigeunerin, mit neuem Verständnis begegnen. Im Schloß, als junge Königin, erlebt sie Glück und Harmonie als symbolischen Ausdruck höchster seelischer Ganzwerdung.

Das Märchen endet gut und das Böse wird bestraft: Der Reitersmann durchstößt der Wirtin die Ohren, so daß ihr das Gehör als einem der wichtigsten Sinne, die der Mensch zum Leben braucht, verloren geht. Mit der Überwindung dieser entwicklungshemmenden Gestalt wird angezeigt, daß die zu einer Einheit verbundenen Zwillinge einen Sieg über unreife Triebe errungen haben.

Kinder, die die tiefere Symbolik und Aussagekraft des Märchens ja nur unbewußt begreifen, empfinden diese Strafe als gerecht. So grausam wie bei Schneewittchen, Hänsel und Gretel usw. darf die Bestrafung der Stiefmutter-Wirtin nicht sein: Die Wirtin hat das Kind geraubt, vermutlich aus Sehnsucht nach einem Kind, also nicht aus rein niederen Motiven heraus. Aber sie hat sich schuldig gemacht, da sie Trauer im Königshaus schuf, das Kind aus einer ihm adäquaten Umgebung herausriß und es aus egoistischen Gründen ausgenützt, allerdings nicht wirklich geschädigt hat. Sie hielt es in steter Abhängigkeit und behinderte seine Entwicklung. Vordergründig endet das Märchen also gerecht. Hintergründig aber sagt es uns noch viel mehr: Kein Heranwachsender braucht Angst vor dem Erwachsenwerden zu haben. Manche Impulse und Gefühle werden ängstlich beobachtet, vermieden, verleugnet. Das Märchen aber zeigt, wie erhebend das Erwachen zum „königlichen" Erwachsenen sein kann. Männliches und weibliches Prinzip gehören zusammen wie ein Zwillingspaar. Die beiden Teile sind keine divergierenden Aspekte, sondern notwendigerweise sich ergänzende.

2.3.3 Abbildung 2 und 3

Photogramm: Ritter und Mädchen reiten auf das elterliche Schloß zu

Spielzeugeinsatz: Mit Play-Mobil-Figuren, einer Ritterburg und Topfpflanzen wurden in einer Spielecke Kulissen aufgebaut, in der das Märchen in allen Szenen gespielt werden konnte. Eben verlassen Ritter und Mädchen das Haus im Wald; die Wirtin droht hinter ihnen her.

2.3.4 Spiel- und Gestaltungsvorschläge

❊ *Ein Rollenspiel* (s. v.) ist hier gut durchführbar.

❊ **In eine Pantomime** läßt sich das Märchen ebenfalls hübsch umsetzen, wenn es inhaltlich genügend aufgenommen worden ist.
Die Kinder müssen mit der Darstellungsform der Pantomime bekannt gemacht werden. Bei kleineren Kindern (bis ca. 7 Jahren) übernimmt der Erzieher die ersten Darstellungen (es ist ein Vormachen und Nachahmen). Größere können auch gleich von sich aus agieren.

I. Nonverbale Aktion: Die Kinder sitzen im Halbkreis um den Erzieher herum.

1. *Pantomime:* Der Erzieher (oder ein älteres Kind) holt sich einen Partner oder einen Stuhl als Pferd, reckt sich „stolz" hoch, reitet mit Zungenschnalzen, zieht einen Degen, streicht den Bart glatt, deutet mit schluckenden Bewegungen Durst an, trinkt ... Die Kinder merken, daß es sich um einen Reiter handelt.
2. *Gemeinsame Aktion:* Wortlos, mit einer auffordernden Bewegung, zeigt der Erzieher an: „Alles mitmachen". Die Kinder ordnen sich zu Paaren zusammen und wechseln sich in der Rolle des Pferdes und des Reiters ab.
   Erfahrung: Die Kinder verhalten sich ganz leise und konzentriert.
3. *2. Pantomime:* (s. 1) Schlurfender Gang, mißmutig verzogenes Gesicht, wirres Haar, mit herrischen Bewegungen werden Arbeitsaufträge erteilt: Ein Ab- und Heranwinken, Tragen, Schieben, Zeigen, sich Bücken, Sammeln, Putzen usw. für die Wirtin.
4. *Gemeinsame Aktion:* (s. 2)
   Erfahrung: Bei der pantomimischen Äußerung von Gefühlsausdrücken muß man den Kindern helfen: Die Ausdrucksfähigkeit der Gesichtszüge und Körperbewegungen kann erst im Laufe der Zeit durch immer neue Spiele und Pantomimen geschult werden.
5. *3. Pantomime:* Ruhige, gerade Haltung, hochblicken, Bewegung des Einschenkens, Hochreichens, Trinkens, der Fußwaschung usw. (Mädchen).
6. *Gemeinsame Aktion.*

II. Ausweitung:
Wir suchen weitere Szenen; auch solche, die nicht unmittelbar im Märchen beschrieben sind. Hier können die Kinder bereits von sich aus Versuche starten: Beispielsweise:
Der Star: Mit Flügelschlagen, Fliegen, Kopfnicken, Hüpfen, Schnabelbewegungen ...: Er „spricht" mit dem Mädchen; dieses reagiert verstört, weint, berichtet dem Zwillingsbruder (die Hände drücken die Gefühle der Aufregung und Ratlosigkeit aus).
Diese Szene ist erst ab Schulalter (2./3. Schj.) befriedigend zu bewältigen.
Gut inszenierbar auch: *Die Zigeunerin (Wirtin) entführt das Kind:* Sie schleicht,

blickt suchend um sich, reißt das Kind an sich, das Kind wehrt sich. Die Kinderfrau kommt kurz danach, sucht überall mit Rufbewegungen und Händeringen, berichtet verängstigt dem Königspaar; der König stirbt, die Königin zeigt Trauer, weint und fällt in Ohnmacht...

✻ *In Symbolen* wird das Märchen festgehalten (s. Hänsel u. Gretel). Es erleichtert das Spiel für die Kinder ganz entschieden. Immerhin müssen sie sich an das gehörte Märchen in seiner Gesamtabfolge erinnern und den chronologischen Ablauf pantomimisch wiedergeben, nachdem Schwerpunkte einzeln geübt und gespielt worden waren.

✻ **III. Das ganze Märchen** wird pantomimisch in seinen Zusammenhängen gespielt. Dabei kann das Stück auch mit der Entführung des Kindes beginnen und nicht erst mit der Ankunft des Reitersmannes. Für das Spiel brauchen wir 7 Kinder (Reiter, Mädchen, Wirtin, Eltern, Pferd und Star). Außerdem muß das Badewännlein bereitgestellt werden, u. U. auch Requisiten. Es genügt aber, wenn der Standort von Schloß, Wald, Wirtshaus und dem Kräutergärtlein festgelegt wird.

Pantomimen verlangen so viel Einfühlungskraft in Darstellung und Ausdeutung, daß es sich wiederspricht, wenn die Requisiten zu „realistisch“ ausgebaut werden. Die Pantomime schließt mit ein, daß ihre Deutung auch Rückschlüsse auf die Umgebung zuläßt.

IV. Vor dem Rollentausch mit den zuvor beobachtenden Kindern werden die Eindrücke besprochen.

✻ **Pantomimen – Ratespiel:**

1. *Einzelne Kinder* machen einfache Dinge vor: Naseputzen, essen, schlafen, müde werden, turnen, weinen, Wut bekommen usw. Diese Pantomimen, die sich mimisch und/oder gestisch einfach ausdrücken lassen, bewältigen Kinder im Vorschulalter. Die anderen Kinder versuchen zu raten.
2. *Besonders für Größere:* Einzelne stellen eine Pantomime aus dem Märchen vor (Personen: Wer ist das? Handlungen: Was tut der? Gefühlsmäßiges: Wie fühlt sich der...?), die anderen raten.
3. *Der Erzieher* stellt pantomimische Abwandlungen vor. Wer erkennt die Bedeutung? (Z. B.: Das Mädchen bringt ein goldenes Gitter am Wännlein an und sperrt den Staren ein. Der Reiter bestraft die Wirtin. Die Wirtin behandelt ihre schmerzenden Ohren. Sie muß selber wieder arbeiten... (für Ältere).
4. *Kinder übernehmen* ähnliche Aktionen und lassen raten.

Eine Pantomime ist eine Darstellung durch Bewegung, die mit wachsender Sicherheit auch mimisch und gestisch unterstützt wird. Ohne Sprache werden Handlungen, Personen, Objekte, Stimmungen und Situationen vorgeführt. Im vorliegenden Märchen werden Eigenschaften wie: Traurig, wütend, durstig, verzweifelt usw. symbolisierend mit dem eigenen Körper dargestellt, ebenso Handlungen wie: Reiten, trinken, sprechen, weinen, schelten, suchen, schleichen usw. Durch eine Zusammenfügung von Bewegungen und mimischen Wiedergaben werden Personen vorgestellt. Besonders in altersgemischten Gruppen, in denen die Kinder einen unterschiedlichen Entwicklungsstand aufweisen, bestehen im Rollenspiel und Imitationsspiel mit wenig sprachlichen Elementen besondere Möglichkeiten einer gegenseitigen Förderung. Die Kinder lernen, Spielregeln einzuhalten. Auch in der spontanen Weiterentwicklung des Spiels werden die Situationen zwischen den Figuren vorwiegend durch Gestik, Mimik und Bewegung ausgedrückt – auch, wenn das Märchen in ein Rollenspiel umgesetzt wird. Das Körperbewußtsein mit der Kenntnis der Ausdrucksmöglichkeit von Armen, Beinen, Körperhaltung und Gesicht wird gefördert.

⁂ Spiel: Wohin reitest du mit mir? oder: Wohin führst du mich?

Motivation: Das Mädchen kennt sich im Wald und Schloß nicht aus. Der Zwillingsbruder erklärt ihr, wo sie sich befinden.

1. *Vorübung für jüngere Kinder:* Zwei Kinder halten sich an der Hand; einer ist der Führer, der andere der Geführte. Dieser muß dem Führer überall hinfolgen. Der Führer erklärt: „Ich führe dich *unter* dem Tisch durch, nun *über* den Teppich, jetzt *hinter* den Puppenwagen, *an* der Tafel *vorbei* usw.
2. *Diese Gegenstände werden jetzt umgedeutet,* z.B. auf die Requisiten des Märchens (bes. für größere Kinder geeignet): Diese Ecke ist das Wirtshaus, jene das Schloß, die vielen Stühle sind Bäume, die Türöffnung das Schloßtor, unter den Tischen sind Schloßkeller, auf den Tischen Aussichtstürme, in einem Winkel das Zimmer des Wirtshauses u.v.m. Die Kinder sollen die Umdeutung selbst vornehmen!
3. *Je zwei Kinder in der Rolle von Reiter und Mädchen* gehen wie in 1. im Raum (oder entspr. Freiem) herum. „Wohin führst du mich?“ fragt das Mädchen, und der Reiter antwortet: „Ich führe dich *aus* dem Wirtshaus *heraus*“. Auf die nächste Frage: „Ich führe dich *zwischen* den Bäumen hindurch“ usw.

⁂ Variation: Das Spiel wird im Sinne der Punkte 1. und 3. durchgeführt, wobei dem Geführten die Augen verbunden werden. Kleinere machen dies besonders gerne, bes., wenn sie Gelegenheit haben, nicht nur zu folgen, sondern auch zu führen. Und während die beiden unter Möbeln durchkriechen, hinter Gegenstände rutschen, auf Tische und Stühle steigen, sich durch schmale Öffnungen zwängen usw., läuft das gleiche Rede- und Antwortspiel.

Dieses Führen und Führenlassen hat eine stark soziale Funktion. Die Kinder passen sich dem Partner an, das blinde Kind muß sich völlig dem Führer anvertrauen und sich in seine Idee einfühlen. Der Führer aber muß sich fair mit seinem Partner im Raum bewegen und versuchen, nur das zu tun, was er dem

Blinden ohne Gefährdung und Angst zumuten kann. Dazu gehört auch das freundschaftliche Helfen, Lenken, Festhalten, Hochziehen und das Regulieren des Gehtempos, insbesondere, wenn die Möbel hoch sind oder im Freien zwischen Bäumen, Klettergerüst, Rutsche und Zäunen gespielt wird.
Die Kinder können sich im Raum orientieren und Ortsbezeichnungen (topologische Begriffe) wiedergeben (in, auf, über, unten, vor, neben...)

❊ **Fabulierphase:** (bes. ab Schulalter)

1. *Beispiel:* Das Märchen wird bis zu dem Punkt vorgelesen, wo der Bruder die Schwester erkennt.
   Wie könnte das Märchen noch anders weitergehen? Z.B.: Die Geschwister fliehen sogleich. Das Mädchen glaubt nicht, daß es eine entführte Prinzessin ist. Die Wirtin setzt sich gegen den Ritter zur Wehr. Die Geschwister finden nicht mehr aus dem Wald heraus. Die Wirtin verfügt über Zauberkräfte. Die Königin glaubt nicht, daß das Mädchen ihre Tochter ist...
   Das Weiterfabulieren kann mündlich, schriftlich oder im Bild erfolgen. Schließlich lassen sich spannende Weiterführungen auch im Rollenspiel oder pantomimisch darstellen.
2. Wir einigen uns auf eine Lösung und *spielen das veränderte Märchen* im Rollenspiel oder pantomimisch durch.
3. *Rollenspiel mit Umfunktionierung:*
   Wir spielen in verteilten Rollen das Märchen bis zum Fabulierpunkt. (Es können verschiedene Punkte ausgewählt werden.) Nun bleibt es den Kindern überlassen, wie sie das Spiel weiterführen. Weigert sich z.B. die Wirtin, das Mädchen freizugeben, oder wird der Star am Sprechen gehindert, oder glaubt das Mädchen nicht an seine neue Identität usw., so müssen sich die Mitspieler auf diese neue Idee einstellen.

Das Spiel endet bestimmt anders, als der Erzieher erwartet. In Zaubersprüchen, wilden Verwünschungen und Verfolgungsjagden reagieren sich die Kinder ab.

Bemerkung: Dieses Spiel hat eine therapeutische Wirkung. Für den Erzieher ist die Beobachtung der Kinder im Spiel interessant. Entsprechend wird er den Kindern ihnen gemäße Rollen übergeben. Sinnigerweise muß dieses Spiel als Rollenspiel, verbal, durchgeführt werden. Pantomimen verlangen Konzentration, Beherrschung und gezielte Ausdrucksfähigkeit. Das kann hinderlich wirken. Hier sollen sich die Kinder frei ausspielen – in Bewegung, Worten und mit ihrer ganzen Phantasie.

Die Kinder dürfen ihre Rolle selbständig umfunktionieren – gemäß ihrer Phantasie und inneren Bedürfnisse. Sie greifen Spielideen anderer Kinder auf und haben die Möglichkeit, sich verbal und motorisch abzureagieren. Gleichzeitig finden sie eine soziale Grenze im Spiel, sobald die Interessen anderer verletzt werden (zu grobe Balgerei, persönliche Beleidigung...)

✻ Nachspielen mit Spielfiguren: (s. Abb.)

Jedes Kind besitzt Spielzeuge wie Bauelemente, Tiere und Püppchen. Heute gibt es auch Burgen, Bauernhöfe, Ritterfiguren und ganze Systeme, die sich ergänzen (Play Big, Play Mobil, Lego usw.). Mit diesen Teilen, dazu Pflanzen usw. lassen sich wechselnde Szenen aus dem Märchen gestalten. Auf der Abbildung hat eine 10jährige mit ihren Spielobjekten und Blumentöpfen dramatische Szenen aus „Star und Badewännlein" entwickelt.

Die beweglichen Spielteile ermöglichen ebenso rasche Szenenwechsel und unprogrammierte Einfälle wie versonnenes Spielen, Variieren und Dramatisieren, oft quer über den Boden und in die Zimmerwinkel hinein.

✻ Bildhaftes Gestalten:

1. *Einzelarbeit für größere Kinder:* Neben einer üblichen Szenengestaltung könnte das *Badewännlein* in ornamentaler, dekorativer Weise gestaltet werden: Ein großes, farbiges Wännlein mit einem goldfarbenen Gitter davor, das mit verschieden gestalteten Stäben besonders verziert wird. Hier soll das Ornamentale – neben dem Wappen – mit rhythmisch angeordneten Teilen besonders zur Geltung kommen.
2. Große Phantasie kann an die *Gestaltung des Vogels* verschwendet werden: Als wundersames, sprechendes Tier darf er auch wie ein Wunder gestaltet werden: Als Traum- oder Phantasie- oder Wundervogel. Auch hier spielen Farben und Ornamente, wenn auch weniger streng angeordnet, eine wesentliche Rolle (auch für Kleinere).
3. *Bilderfries als Gemeinschaftsarbeit:*
   In gemeinschaftlicher Einteilung malt die Hälfte der Kinder das Wirtshaus im dunklen Wald und die andere Hälfte das Schloß im lichten Park. Die Symbolik des Märchens drückt sich hier im Farbenkontrast aus: Das Wirtshaus wird klein und dunkel, der umliegende Wald voller dunkler Tannenbäume sein – selbst der Himmel kann dunkel gestaltet werden (grau, dunkelblau, schwarz, wolkig, gewittrig). Beim Schloßmotiv wird das Schloß groß, prächtig, in hellen Farben dargestellt und dazu ein umgebender Park mit hellen Rasenflächen, bunten Blumen und Laubbäumen, die mit Laub, Blüten oder Früchten ausgestaltet werden. Diese Bilder werden als Fries im Wechsel: Hell-dunkel, stimmungsvoll-düster aneinandergereiht, so wie seelische Kontraste nebeneinanderstehen. Das Fries wirkt besonders attraktiv, wenn flächendeckend gemalt wird: Mit Wasserfarben oder Wachs.

Im Malen oder Bildhaften Gestalten werden immer schöpferische Kräfte frei. Die Symbolik des Märchens findet hier bewußt und unbewußt ihren Ausdruck und trägt – neben dem ästhetischen Reiz – zur inneren Befriedigung bei.

❊ **Photogramm:** (s. Abb.)

Jede Märchenszene läßt sich mit dieser Technik ins Bild fassen, und wer die technischen Möglichkeiten dazu hat (Fotolabor zu Hause oder in der Schule, AG), kann damit sehr dekorative Bilder und Folgen herstellen. Das Experimentieren mit Schablonen in Gestalt der Märchenfiguren aus verschiedenartigem Papier, Folien, gepreßten Pflanzen, Stoffen, Gaze, Watte ... ist eine schöpferische Arbeit für ältere Kinder unter Anleitung von Erwachsenen. Geduld, Fingerspitzengefühl und Liebe zum Detail sind nötig; die kontraststarken dekorativen Bilder lohnen es.
In der Abb. hat eine knapp 11-Jährige Pferd und Reitersmann mit Mädchen in einem Stück gemalt, ausgeschnitten und aus dem Pferd die Menschengruppe weiter herausgelöst. Diese Gruppe diente als neue Schablone, um sie auf Folie nachzuschneiden. Mit Filzschreibern (rot kommt bei der Belichtung bes. gut schwarz heraus) wurden die glasigen Flächen strukturiert und die beiden Figuren bei der Montage wieder in das Pferd eingefügt. Dazu kamen gepreßte Blätter und Blumen für Wald und Park und das Schloß aus teilweise beschriebenem Papier (Struktureffekt).
Arbeitsgang:
Die Figuren werden auf Photopapier angeordnet.
Das Arrangement wird belichtet (geht auch mit Sonnen- oder künstlichem Licht), kommt in das Entwicklerbad, bis die bedeckten Stellen hell aus den belichteten, schwarz werdenden Flächen heraustreten; es folgen Zwischenwässerung und Fixierbad, danach die endgültige Wässerung und Trocknung.

2.4 Xandi und das Ungeheuer (ab 4–5 J.)

(Eine Geschichte von Tilde Michels mit Bildern von Johannes Gerber, München 1974)

Schwerpunkte:

- Erzähltechnik
- Vertonung mit Orff-, Körper- und Umweltinstrumenten – Klangerprobung
- Rollenspiel mit Vertonung
- Ungeheuer aus Folie, Farben und Wegwerfmaterial
- Wachssgraffitto
- Pantomimische Darstellung in Variationen; Ratespiel
- Ungeheuer und Tiere aus geleimtem Zeitungspapier
- Rollenspiel mit Größeren unter Verwendung der Zeitungskleisterfiguren
- Spiegelpantomime
- Fabulieren

2.4.1 Xandi und das Ungeheuer

Bemerkung:
Der Text der nachfolgenden Geschichte wird hier abgedruckt, um einen inhaltlichen Überblick und notfalls Ersatz für den Originalband zu bieten. Es muß aber darauf hingewiesen werden, daß erst im Zusammenspiel der sinnvoll aufgeteilten Textblökke mit den sehr packenden Illustrationen des Originalbandes die psychologische Komponente für Kinder voll wirksam wird.

Xandi war ein sehr furchtsamer Junge.
Er fürchtete sich, allein in den dunklen Keller zu gehen.
Er fürchtete sich, durchs kalte Wasser zu schwimmen.
Er fürchtete sich, über Gräben zu springen.
Er fürchtete sich, auf Bäume zu klettern.
Am meisten fürchtete er sich vor dem Ungeheuer, das im Berg wohnte.

Die ganze Stadt wußte, daß das Ungeheuer im Berg war, aber niemand außer Xandi machte sich etwas daraus. Denn das Ungeheuer ließ sich nie blicken; es schlief seit vielen Jahren. Man hörte es nur manchmal schnarchen.

CHRR CHRR CHRr cHRR CHRR

Deshalb taten die Leute recht mutig und sagten: „Es soll nur aufwachen, das Ungeheuer. Mit dem werden wir leicht fertig."

Als das Ungeheuer eines Tages aber wirklich aufwachte, als es aus dem Berg herauskam – riesengroß
Als es in die Stadt stapfte TAPP TAPP TAPP,
da vergaßen die Leute, wie mutig sie geredet hatten. Da rissen sie vor ihm aus und versteckten sich.
Der furchtsame Xandi versteckte sich natürlich als erster. Er kroch in sein Bett und zog die Decke fest über den Kopf. Sein Herz klopfte laut und wild tocktocktocktocktocktocktock.

Das Ungeheuer hörte das Tocken durch alle Mauern hindurch. Es schnüffelte umher, bis es das Haus gefunden hatte, in dem das Herz so ängstlich klopfte.

TAPP TAPP TAPP tocktocktocktocktocktocktock
Es zwängte sich durch die Tür, tappte die Treppe hinauf, und dann entdeckte es den Xandi unter der Bettdecke. „Komm raus!" brüllte es. „Wenn du dich vor mir versteckst, dann freß ich dich."

Da schlug Xandi schnell die Bettdecke zurück. Böse blickte ihn das Ungeheuer an.
„Ich habe lange nichts gegessen", knurrte es.
„Ich habe Lust auf Wein und Wurst und saure Gurken. Schaff mir das sofort her, sonst freß ich dich!"

Der Xandi wußte, daß im Keller viele Weinflaschen waren und Büchsen mit Wurst und Gläser mit Gurken.
„Lieber in den dunklen Keller gehen als gefressen werden", dachte er. Dann holte er tief Luft, stieg in den Keller und brachte herauf, was das Ungeheuer verlangt hatte. Das Ungeheuer schluckte alles gierig hinunter mitsamt Flaschen, Blechbüchsen und Gläsern. Als es fertig war, schüttelte es sich, rülpste und sagte: „Komm mit!"
Es stapfte die Treppe hinab, zum Haus hinaus,
durch die menschenleeren Straßen TAPP TAPP TAPP TAPP
Xandi hinterher mit ängstlich klopfendem Herzen tocktocktocktocktocktock-tock.

Vor dem Fluß hielt das Ungeheuer an. „Ich brauche ein Bad", sagte es und stürzte sich kopfüber ins Wasser. Es plantschte, prustete und befahl: „Schwimm hinter mir her!" Xandi wollte ausreißen, aber das Ungeheuer schrie: „Halt! Du sollst schwimmen, sonst freß ich dich!"

Da entschied Xandi: „Lieber ins kalte Wasser gehn als gefressen werden". Und so schwamm er hinter dem Ungeheuer her quer durch den Fluß... und zurück.
Als sie wieder am Ufer waren, erklärte das Ungeheuer: „Jetzt muß ich mich bewegen, damit ich warm werde. Los mach mit!"
Und es hopste mit mächtigen Sprüngen über einen Graben, immer herüber und hinüber. Aber Xandi wehrte sich. Er wollte nicht springen.
Da wurde das Ungeheuer wütend. Es schnaubte: „Spring sonst freß ich dich!"
„Wenn's sein muß", dachte Xandi. „Lieber über den Graben springen, als gefressen werden."
Er nahm einen Anlauf, sprang – und war drüben. Dann hüpften alle beide so lange hin und her, bis das Ungeheuer außer Atem war.

Obwohl es noch sehr schnaufte vom Springen, überlegte sich das Ungeheuer schon wieder, mit was es Xandi Angst machen könnte. „Paß auf!" schrie es. „Jetzt kommt was Neues."
Aber der Xandi spürte mit einem Mal, daß sein Herz nicht mehr so wild klopfte. Er trat vor und rief: „Du hast genug bestimmt. Jetzt bin ich dran."

Er suchte einen hohen Baum aus und kletterte – erst vorsichtig, dann immer geschickter – bis in den Wipfel hinauf. „Los!" befahl er dem Ungeheuer. „Klettere mir nach!"
Das Ungeheuer lachte gewaltig. „Dir werde ich's zeigen!" Es rannte gegen den Baum und schüttelte ihn, daß sich die Äste bogen. Aber Xandi hatte Mut bekommen. Hoch oben im Wipfel hielt er sich mit aller Kraft fest und rief: „Komm rauf, sonst freß ich dich!"

Das Ungeheuer brüllte nocheinmal. „Dir werde ich's zeigen!" Dann sprang es auf den Baum und stieg von Ast zu Ast, höher und höher. Aber

da – als es den Xandi fast erreicht hatte – da knackte es. Die Zweige krachten und barsten,
und das Ungeheuer plumpste auf den Boden. Plumps – platsch – blamm!
Sein dicker Kopf tat ihm weh,
sein Bauch tat ihm weh,
die Beine taten ihm weh,
und es sah nicht mehr aus
wie ein gefährliches Ungeheuer.
Beschämt schlich es in seinen Berg zurück, kroch tief hinein
und legte sich schlafen.
Als es verschwunden war, wagten sich die Menschen wieder aus ihren Häusern, und bald ging das Leben in der Stadt weiter wie immer. Nur wenn man das Ungeheuer im Berg schnarchen hörte, blickten sich die Leute besorgt an und flüsterten:
„Es wird doch nicht wieder herauskommen?"
Da lachte Xandi und sagte:
„Das weiß man bei einem Ungeheuer nie genau."

2.4.2 Interpretation

So gut wie jedes Kind wird von irgendwelchen Ängsten verunsichert. Manchmal kennen wir die Ursache: Das mag ein Schreckerlebnis sein; eine Situation, die tatsächlich Angst auszulösen vermag: Vor dem angriffslustigen Hund z.B., vor einem Brand, einer heißen Platte, herumbrüllenden, unberechenbaren Menschen, heranbrausenden Autos, tiefem Wasser, dem Arzt – entstanden durch konkrete Erlebnisse wie einem Unfall, einer Feuersbrunst, bösartigen Angriffen durch Tier oder Mensch, durch hilfsloses Versinken im Wasser, schmerzhafte ärztliche Behandlung usw. Solche Realangst, die von außen kommt, ist begreifbar, leichter heilbar und das Kind kann ihr durch Flucht oder Aggression begegnen, besonders, wenn ihm verständige Erzieher wenigstens anfangs hilfreich zur Seite stehen.
Für viele Ängste aber finden wir – vordergründig! – kein Motiv. Sie erscheinen uns grundlos und nicht selten wird das also verängstigte Kind zusätzlich gescholten und für „dumm" oder „albern" gehalten. Diese Verunsicherung und Ablehnung durch Erwachsene fördert die Angst solcher Kinder dann eher als daß sie sie überwinden, denn Rügen und Drohen oder gar Schlagen („die Angst austreiben") können sich in diesem Kind als Liebesentzug eingraben und steigern seine Gefühle des Verlassenseins und damit seiner Angst.
Grundlos mag erscheinen, wenn sich das Kind z.B. plötzlich vor harmlosen Tieren fürchtet, wenn es wieder einnäßt, bei Anforderungen zu weinen, zittern oder stottern beginnt; wenn es immer wieder aus dem Schlaf schreckt. Ratlos stehen wir davor – wir haben es mit einer irrealen Angst zu tun, die aus dem Inneren des Kindes

kommt; oft genug verdeckt und verdrängt, so daß es schwer ist, den Auslöser dieser Ängste zu finden. Liebevolle Zuwendung zum Kind, das besonnene Beobachten und die Beschäftigung auch mit Literatur über Angst- und Erziehungsprobleme können bereits neue Einsichten vermitteln, Verständnis wecken. In schweren Fällen kann der Besuch bei einem Psychologen, Therapeuten, einer Erziehungsberatungsstelle und ähnlichen Berufen und Einrichtungen weiterhelfen.

Es ist schon ein Fortschritt, wenn ein Kind seine diffuse Angst vor dem Unbekannten, Dunklen, vor dem Alleinsein usw. objektivieren kann. Es projiziert seine Angst und Furcht auf eine bestimmte Figur. Gegen einen unsichtbaren Feind zu kämpfen ist schwer; gegen einen sichtbaren, objektivierten Feind aber kann man Maßnahmen ergreifen: Man kann ihn meiden, „in die Irre führen" und ihm mit der Zeit vielleicht sogar begegnen und ihn angreifen. Objektbezogene Angst, Realangst, gibt das Gefühl der Rückenfreiheit, man kann sich deshalb besser auf das Angstobjekt konzentrieren. Da dieses Stadium eine Stufe der Angstbewältigung ist, wäre es sehr ungeschickt, wenn der Erwachsene das konkrete Angstobjekt eines Kindes als Unsinn abtun würde oder gar angstmachende Drohungen als Erziehungsmittel einsetzen würde, um eine Begegnung mit dem Objekt zu forcieren; z.B. dadurch, daß das Kind den gefürchteten Hund streicheln *muß*, daß es gezwungen wird, in den Keller ohne Licht zu steigen, daß es ins dunkle Zimmer eingesperrt oder ins Wasser geworfen wird.

Xandi in dem vorliegenden Märchen (es ist eine „moderne" kleine Geschichte, die aber Märchenkriterien standhält) wird auch von allerlei häufig vorkommenden Ängsten geplagt. Als furchtsames Kind hat er Angst vor dem dunklen Keller – es könnten dort ja böse Geister hausen oder geheimnisvolle Dinge geschehen. Er fürchtete sich vor dem kalten Wasser. Der Kälteschock graust ihn wohl und lähmt seinen Willen und Mut. Er fürchtete sich davor, über Gräben zu springen: Er könnte in die Tiefe stürzen und sich verletzen oder gar den Tod finden! Er fürchtet sich auch, auf Bäume zu klettern – man könnte ja abstürzen: Der Gedanke ist unheimlich, den zuverlässigen Boden zu verlassen und ganz alleine aus schwankender Höhe die nun so entfernten Dinge zu betrachten. Furcht und Angst vor dem Dunkeln und Unbekannten, vor dem Unsicheren, vor Verletzung, Schmerzen und letztlich dem Tod binden Xandis Kräfte. Am meisten fürchtet er sich vor dem schlafenden Ungeheuer im Berg. Dieses Ungeheuer ist die personifizierte Angst, auf dieses werden alle unguten Gefühle projiziert. Xandi hat sich also bereits eine Teilentlastung geschaffen: Die große Bedrohung kommt eindeutig vom Berg! Als gescheiter kleiner Junge kann er dem Ungeheuer als Verursacher seiner Ängste die Schuld geben, wenn er sich vor etwas fürchtet. Gleichzeitig kann er mit seiner im Berg objektivierten Hauptangst umgehen: Er meidet den Berg, fordert ihn in keiner Weise heraus durch Herumspielen, Beklettern, Ansprechen, Höhlengraben, Steinesammeln oder was auch immer. Xandi kann sein Wissen mit der ganzen Stadt teilen – ein wohltuender Gedanke. Zwar haben die Großen keine Angst vor dem Ungeheuer im Berg, aber: Sie wissen davon und Xandi muß sich seiner Ungeheuer-Furcht nicht schämen. (So sollten auch Erwachsene die Sorgen mit ihren Kindern teilen und verstehen.)

Und nun erwacht das Ungeheuer eines Tages und es kommt für Xandi die große Auseinandersetzung mit ihm – so, wie jeder Mensch sich irgendwann mit der Angst auseinandersetzen muß. Alle, auch die „furchtlosen“ Erwachsenen, verstecken sich. Wie schön muß die Vorstellung für das Kind sein, daß auch die alleskönnenden Erwachsenen von Angst und Panik ergriffen werden. Xandis Herzklopfen – tock, tock, tock, – verrät dem Ungeheuer, wo sich der furchtsame Junge versteckt hat. Es findet ihn, brüllt und droht, ihn zu fressen, wenn er nicht tue, was das Ungeheuer will. Und so kommt das Köstliche, das schon kleine Kinder beim Vorlesen packt: Xandi wird *nicht* gefressen, denn er entscheidet sich nun jeweils für die kleinere Angst. Lieber in den dunklen Keller gehen, als gefressen werden. Lieber ins kalte Wasser und über den tiefen Graben springen, als gefressen werden... Die Alternative zur riesengroßen Angst (gefressen zu werden, also eine Todesangst im Grunde) und zur kleineren Angst (in den Keller zu gehen usw.) lassen durch eben diese Todesangst die alltäglichen kleinen Ängste nur noch als Mutproben erscheinen. Und mit der Bewältigung kleiner Übel wächst Xandis Mut: Er geht in den Keller, schwimmt im kalten Wasser, springt über den Graben! Mit wachsendem Selbstbewußtsein (Das kann ich ja!) verschwinden die kleinen Ängste, sein Herzklopfen (somatischer Ausdruck seiner Angst) hört auf und –– er spricht das Ungeheuer an und stellt ihm nun umgekehrt eine Forderung! Mit roher Gewalt versucht dieses wohl, Xandi noch einmal in Angst zu versetzen – es will ihn vom Baum schütteln. Xandi aber, als Krönung inneren Wachsens, dreht alle Regeln um und schreit als Angstmacher seinerseits: „Komm rauf, sonst freß ich dich!“ (Wer z.B. Angst vor Gänsen hat, wird gejagt und muß fliehen. Wer zur Aggression übergeht, jagt umgekehrt die ehemals furchterregenden Gänse in die Flucht.) Nun – das Ungeheuer entpuppt sich als roh und plump. Es stürzt vom Baum. Alles tut ihm weh und es tappt beschämt in seinen Berg zurück. Xandi hat mit wachsendem Mut, Geschicklichkeit und Denken (das großmäulige Ungeheuer kann auch nicht alles ...) das ungeschlachte Angstwesen besiegt. Sein persönlicher Triumph wird dadurch erhöht, daß er das Ungeheuer mit den „ungeheuerlichen“ Mitteln in die Flucht geschlagen hat und nun „von hinten“ sieht. Sein seelisches Wohlbefinden steigert er zudem dadurch, daß die Leute in der Stadt jetzt von Angst befallen sind, während er lachend meint, daß man nie genau wisse, ob das Ungeheuer wieder einmal herauskomme. Wer die Gefahr kennt und besiegt hat, braucht keine Angst zu haben. Xandi hat gut lachen, denn er weiß ja nun mit der Angst umzugehen. Außerdem ist das Erlebnis der Angstbewältigung für den kleinen Kerl noch viel großartiger, wenn er den Abstand zu den vordem angstfreien Erwachsenen betont – die haben nun das, was er vorher hatte! Schließlich hat Xandi recht: Das Ungeheuer kann wiederkommen, täglich, für jeden, man muß sich ihm nur mutig stellen. Wer kleine Nöte besiegt, schafft auch größere.

Und das ist die Botschaft des psychologischen kleinen Märchens an unsere Kinder und an uns Große: Jedes Kind schleppt ein „Ungeheuer“ mit sich herum, das aber besiegt werden kann. Nur: Die Erwachsenen sollten dieses Ungeheuer auch ein bißchen ernst nehmen – dann wird für das Kind vieles leichter.

2.4.3 Abbildung 4: Spiel mit musikalischer Begleitung mit Vorschulkindern

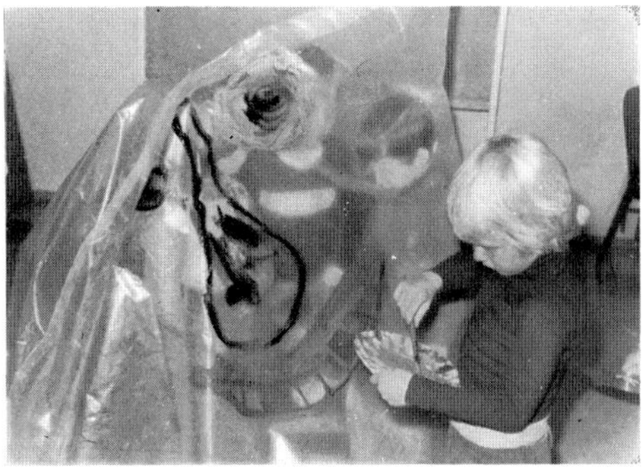

Auf einer großen Folie malen die Kinder wechselweise das Ungeheuergesicht. Wer nicht malt, steht unter der Folie.

Instrumentalgruppe: Sie spielt die Stimmung, wie das Ungeheuer erwacht.

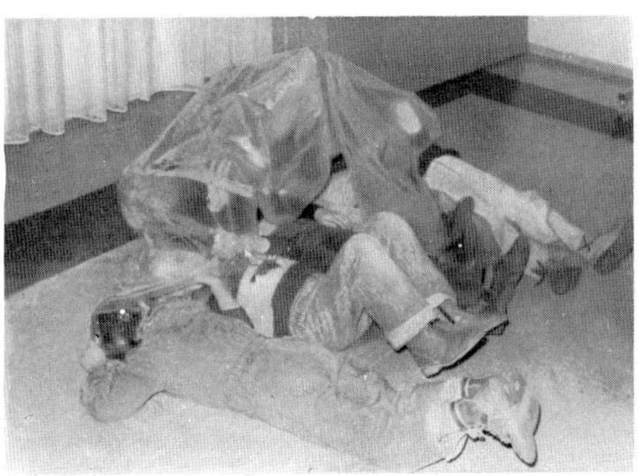

Das Ungeheuer ist vom Baum gestürzt.

Instrumentalgruppe: Sie spielt die Stimmung, wie Xandi mutig und fröhlich wird.

Xandis Herz klopft – mit der Handtrommel – immer ruhiger.

Ein Ungeheuer wird aus Zeitungspapier und Kleister gebastelt

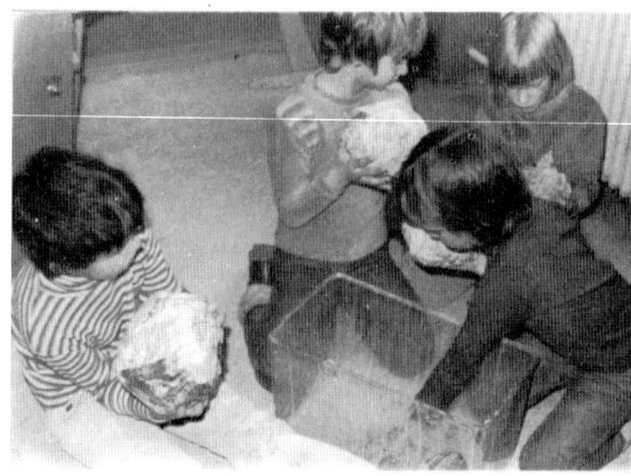

Der feste Zeitungskleisterkern wird hier im 2. Arbeitsgang mit neuem Zeitungspapier und Leim umhüllt, bestrichen und vergrößert (Schulkinder).

Die Kleisterfiguren werden mit Dispersionsfarben angemalt: Lauter bunte „Ungeheuer" und Figuren, die im Berg wohnen.

Spiel: Das Ungeheuer am Berg (Tisch) ist hingefallen. Alles tut ihm weh. Der große Plastiksack mit den bunten Kleisterfiguren fällt auseinander. Nun ist das Ungeheuer klein und machtlos.

2.4.4 Spiel- und Gestaltungsvorschläge

Das kurze Märchen ist besonders für kleine Kinder geeignet. Das erwies sich in der Durchführung mit Kindergarten- und Grundschulkindern und einer Musikgruppe mit 4- bis 6jährigen. Besonders schön ist es, den Originalband zum „Xandi…" zur Hand zu haben, da die Bilder darin von Johannes Gerber sehr eindringlich und anregend sind. Ansonsten muß der Erzieher versuchen, den in diesem Buch abgedruckten Text einprägsam und relativ langsam vorzulesen und besonders aufmerksam dabei auf die Kinder einzugehen.

Möglicher Ablauf, Erfahrungen, Vorschläge:

⁎ Erzähltechnik:

A) *Betrachtung des bebilderten Buches:* Kleinere Kinder brauchen längere Zeit als Große, um sich mit den Inhalten der Bilderfolgen auseinanderzusetzen. Das Buch sollte also erst als „stummes Angebot" griffbereit liegen: Die Kinder betrachten es, denken sich etwas zum Inhalt aus, erzählen, vermuten, kommentieren: Im stillen Betrachten, Selbstgespräch, in Gruppen oder zum Erzieher gewendet. In einer 1. Klasse (GS) war das Angebot durch die Klassenbibliothek stets präsent.

B) *Vorlesen:* Hier gehört der unmittelbare und nahe Kontakt zu den Kindern her: Sie sitzen z. B. in kleinem Kreis (Im Vorschulalter vom einzelnen Kind bis zu 8--12köpfigen Kleingruppen) um den Erzieher herum. Zuhause geht das wie immer besonders heimelig zwischen Eltern und Kindern.

1. *Unterbrechendes Vorlesen:*

   Wenn von Xandis Angst die Rede ist (etwa bis: „Am meisten fürchtete er sich vor dem Ungeheuer, das im Berg wohnte"), kann man unterbrechen und die Kinder fragen, ob sie auch so wie Xandi Angst hätten: Vor dem dunklen Keller, dem kalten Wasser usw. Die Kleinen schauen erfahrungsgemäß recht mutig drein und erklären, daß sie nie so ängstlich wären wie Xandi!

   Erfahrungsaustausch: Warum hat er wohl Angst vor dem Keller? Kinder sind realistisch: Warum knipst Xandi das Licht nicht an? Aber vielleicht sitzt dort ein Einbrecher! (Plastische Vorführung eines Überfalles…) Aber es kommen auch Bedenken: Giftige Spinnen, Mäuse und Ratten (lauter Realängste eigentlich). Vom kalten Wasser bekommt er Gänsehaut und Grippe. Die Fische berühren ihn und das ist glitschig und eklig. Schlingpflanzen könnten ihn runterziehen… Noch realistischer sind meist die Kommentare zum tiefen Graben und hohen Baum: Gefahr des Schwindels, des Abstürzens, Sich-Verletzens und des Todes. Der Transfer zum ängstlichen Versagen vor Anforderungen, vor dem Dunklen, Schwierigen, Erschreckenden kann und soll verbal nicht vollzogen werden. Lassen wir es also erst dabei, daß unsere Kleinen sich ganz furchtlos wähnen – die Einstimmung und Identifikation mit dem Helden Xandi ist noch nicht erfolgt.

2. *Weiterlesen:* Etwa bis: „... Es soll nur aufwachen, das Ungeheuer. Mit dem werden wir leicht fertig." (Fragen können auftauchen: Was ist das für ein Ungeheuer im Berg? Warum scharcht es? Manche akzeptieren das Ungeheuer einfach, besonders sehr junge Kinder; sie spüren das berggroße Unheimliche instinktiv nach. Andere überlegen dennoch: Vielleicht ist ein Vulkan darin? Ein Erdbeben rumpelt [war aktuell], Höhlen stürzen innen ein; viele Tiere leben dort, die hört man ... Realistisches und magisch – animistisches Denken mischen sich hier. Wir bewerten die Vermutungen nicht, sondern nehmen sie als eine von vielen Möglichkeiten jeweils an.)
3. *Weiterlesen:* Unterbrechungen gehen erfahrungsgemäß von einzelnen Kindern aus. Sie erzählen plötzlich auch von erlebter Angst. Das wirkt ermutigend auf die anderen – auf einmal ist es gar nicht mehr schwer, zuzugeben, daß man vor bestimmten Dingen und Vorgängen Angst haben kann oder „einmal ganz arg erschrocken ist." Daraus ergibt sich häufig ein *Gespräch,* dem man sich ruhevoll zuwenden sollte, damit sich alle, die das Bedürfnis haben, aussprechen können. Das Gespräch der Kinder (es ist dem Alter entsprechend fast ausschließlich erzieherzentriert) ist als Bestandteil der Märchenlektüre zu betrachten.
4. *Gemeinsames Weitererzählen:* Die Kinder spüren bald mit Wonne den Rhythmus des Märchens heraus. Sie flüstern „tock, tock, tock... und sprechen monoton bedrohlich mit dem Erzähler: „tapp, tapp, tapp...". Sie brüllen mit „...sonst freß ich dich!" und murmeln wie Xandi vor sich hin: „Lieber in den... als gefressen werden!" usw. – Gemeinsames Durchlesen bis Ende.

C) *Ausblick*

Diese Eindrücke genügen fürs erste. Wir können den Kindern als Ausblick zeigen, was wir mit Xandi und seinem Ungeheuer noch anfangen wollen:

a) Mit Orff-, Körper- und Umweltinstrumenten versuchen wir Geister-, Angst- und Ungeheuermusik
b) Wir können spielen, wie Xandi das Ungeheuer besiegt.
c) Wir können ein großes Ungeheuer basteln.
d) Wer hat noch Ideen?

*** Vertonung:**

1. Bei einem neuen Treffen bringen wir die Geschichte neu in Erinnerung: Durch zusammenfassendes Erzählen, gemeinsames Erzählen oder Betrachtung der Buch-Bilderfolgen im Originalband.
2. *Vertonung:* Für Kleine eine dankbare Sache: Aus einer Fülle von Orff- und Rhythmikinstrumenten versuchen die Kinder:
   Das Tappen des Ungeheuers (z.B.: Füße treten, Fäuste auf dem Tisch, Trommelschläge, Waschkartontrommel, gr. Handtrommel)
   Das Herzklopfen (leise, gleichmäßige Tamburinschläge, Klanghölzer)

Brüllendes Ungeheuer: (Beckenschläge, laute Rasseln, Glockenspiel, Kochlöffel auf alten Töpfen...)
Weitere Vertonungen in gemeinsamer Überlegung: Wie könnte man das Wasserplätschern in Klänge fassen (Xylophon, Gefäße mit Wasser...), die Schritte in den Keller, das Hüpfen, Klettern, Herabstürzen vom Baum (ein Riesenknall!), das leiser werdende Wegtappen in den Berg zurück usw.
Bem.: Bei Orff-Instrumenten sollten einige elementare Kenntnisse im Umgang mit denselben vorhanden sein.

a) Durch Impulse des Erziehers gelenkt, versuchen die Kinder mittels Erprobung der Instrumente und Klangkörper passende Geräusche und Klänge zu finden, bedingt durch die Größe der Klangkörper, durch Material (Holz, Metall...), durch Schaben, Klopfen, Reiben, Schlagen, Streichen, Wischen, Schütteln...
b) Die „Klänge" werden vorgestellt und Märchenmotiven zugeordnet.
c) Bei etwas älteren Kindern (ab ca. 6 Jahren) können wir bei dieser Vorstellung auch ein *„Tonbandprotokoll"* einsetzen, auf dem mehrere „Ungeheuertöne", Herzklopfen", „Wasserplätschern" usw. versucht werden. Hören die Kinder beim Abspielen des Bandes die Klangversuche, ohne dabei das Instrument zu sehen, sind sie noch sicherer im Beurteilen. (Oft erscheinen den Kindern ihre „Produktionen" auch wertvoller, wenn sie zusätzlich über Band festgehalten werden.)

✻ Wir bauen ein Ungeheuer für das Spiel:

Vorschlag: Über eine Kindergruppe wird ein großes Tuch gebreitet. Löcher für Augen und Mund werden hineingeschnitten. Letzteres erübrigt sich bei Verwendung eines Netzes.
Oder: Eine große Folie wird in der Mitte gefaltet und an einer Seite zusammengeklammert. Gemeinsam malen die „Ungeheuerkinder" mit Dispersionsfarben o.ä. ein großes Ungeheuergesicht auf (s. Abb.).

✻ Vertonung und Rollenspiel:
Wir bilden vier Gruppen:

1. Einige Kinder, die sich unter der Ungeheuerfolie bewegen.
2. Xandi mit Hut und Tamburin.
3. Instrumentalgruppe, die Stimmungen und Vorgänge umsetzt.
4. Erzähler und Spielleiter (Erzieher, größeres Kind).

Durchführung:

Der Erzieher erzählt sodann die verbindenden Texte und dirigiert mit Handzeichen die spielenden Kinder: Wenn sich Xandi bewegt, seine Angst mit dem Tamburin klopft, das Ungeheuer sich immer lauter trampelnd aus dem Berg bewegt (im Freien

von einem erhöhten Platz aus, im Zimmer z.B. vom Tisch, Bett, einem Kissenberg o.ä.) und Xandi herausfordert. Beim Brüllen und Drohen hilft die Instrumentalgruppe mit (Sprechen, Spielen), ebenso beim Wassergeplätscher, Geräuschen des Laufens, Springens, der aufkommenden Gefahr usw.
Die begleitende Vertonung des Märchens ist auch, in verfeinerter Form, für größere Kinder geeignet. Hier übernimmt ein Kind das Erzählen und vielleicht sogar das Dirigieren.

Das Spiel gelingt bei Vorschulkindern erst im mehrmaligen Durchspiel. Sie merken dann, worauf es ankommt, gewinnen den Überblick über das Spiel und wechseln auch die Rollen (Xandi braucht eventuell ein Hilfs-Ich).
Die Kinder sollten spontan spielen dürfen, also keine Rollen exakt auswendig lernen müssen. Im mehrmaligen Spiel bei Rollenwechsel kommt dann die wachsende Sicherheit zutage und die Freude kann genossen werden, das Ungeheuer zu besiegen und selbst als Sieger dazustehen.

*** Kreatives Gestalten – Bastelaktion:**

Aus Kartons, Stöcken, Säcken, Tüten, Schaumstoff, alten Matratzen, Eimern, Dosen, Tüchern, alten Kissen, Besen, Tesabändern, Wellpappe und ähnlichem Material kann man gemeinsam ein monströses Gebilde entstehen lassen. Schwerpunkte: Riesiges Gesicht, dicker Bauch und evtl. Arme. Die Beine sind schwieriger zu machen – das Ding kann sonst schlecht stehen. Anschließend wird die Figur mit Scherzliedern umtanzt; jeder sagt etwas nach seinem Herzen zum Ungeheuer; zum Schluß kann das Ungeheuer durch Bewerfen zum Einsturz gebracht werden.

Das übermütige oder haßvolle Abreagieren am personifizierten Angstobjekt mag manchem Kind wohltun.

*** Kreatives Gestalten – Malaktion:**

Wir malen „die Angst". Technik: z.B. Wachsgraffitto:
Die Angst ist ein subjektives Erlebnis und jeder sollte die Möglichkeit haben, dieses in sein Bild einarbeiten zu können. – Der Untergrund wird satt mit Wachsstiften in mehreren Farben ausgefüllt. Darüber wird mit schwarzer Wachsfarbe eine dichte zweite Farbschicht gelegt. Mit einem spitzen Gegenstand (Schaber, Stopfnadel...) werden die einfachen Konturen eines Ungeheuers (bergähnlich) mit Augen und Maul eingekratzt und darin zudem alles, wovor man Angst haben könnte: Wasserwellen, Schlangen, Tiger, Spritzen, Medizin, Feuer, Pistolen, Symbole für Tod, Gift, usw., auch in Worten. Die ausgeschabten Figuren erscheinen in den freigelegten Farben des Untergrundes.

*** Pantomimische Darstellung:** (mit dem unterschwelligen Gefühl: Gemeinsam können wir auch Angst machen!): Kinder bauen sich im Liegen, Knien, Hocken, Stehen, Aufeinanderstehen, in Balancen und komischen Figuren zu einem gemeinsamen „Ungeheuer“ auf. Dabei trägt jedes eine Maske vor dem Gesicht (z.B. übergestülpte Tüten mit Bemalung, Augen- und Mundeinschnitten). Sie machen Droh- und Imponiergebärden u.ä., wortlos. Und dann: Furchtbares Gebrüll, Schreien, Schimpfen und Drohen „wie ein böses Ungeheuer“.

⁂ **Variation:** Die Kinder verwenden keine Masken, sondern drücken das Erwachen, Gefräßigkeit, Wut, Schadenfreude, Schmerz und Kleinmut mimisch aus. (Das Ausprobieren einzelner mimischer Szenen kann mit einem Spiegel erfolgen, einschließlich Grimmassenschneiden.)

⁂ **Variation:** Jedes Kind spielt bei abgedunkeltem Raum „Geist“, „Angstmacher“, „Bösewicht“, „Ungeheuer“ ...

In den drei Ungeheuerdarstellungen wird im Sinne einer Abreaktion nur das starke, böse Ungeheuer gespielt bzw. schwerpunktmäßig seine starke Seite, nicht seine große Niederlage. Da sich die Kinder in diesen Spielen mit der Macht, Angst und Gewalt identifizieren, wäre es sinnwidrig, diese ermutigende Identifikation mit einer Niederlage enden zu lassen.

⁂ **Kreatives Gestalten mit Größeren:** (GS, ca. 1./2. Kl., s. Abb.)
Jeder stellt ein *Ungeheuer aus geleimtem Zeitungspapier her:*

1. *Vorgang:* Zeitungspapier knüllen, mit Leim einkleistern, neues Papier darübermodellieren, neu einleimen usw. Dabei wird die runde oder längliche Kopfform mit Wülsten herausgebildet. In einem 1. Arbeitsgang wird der „Kern“ hergestellt. Nach der Trocknung (nach einigen Tagen) folgen der 2. und entspr. ein 3. Arbeitsgang. Abstehende Gebilde wie Hörner, Nase und Ohren werden gemacht, indem an entspr. Stelle ein Loch in die einigermaßen trockene Kugel gebohrt, länglich gefaltete Zeitung hineingesteckt und diese wieder mit geleimtem Papier herausmodelliert wird.
2. *Nach der Trocknung malt jeder* seinem Ungeheuer ein grinsendes oder böses Gesicht (mit Tempera, Deckfarben, Plaka, Dispersionsfarbe...). Mit dieser Technik lassen sich auch Enten, Igel, Hasen usw. herstellen.

⁂ **Rollenspiel mit den Zeitungsmachéköpfen:**

a) *Vertonung* durch Instrumente, s.o. (bei GS-Kindern bereits etwas differenzierter). Nötig: Gemeinsame Vorübung und Überlegung.
b) *Xandi,* in etwa wie oben, im Spiel wohl etwas selbständiger.
c) *Ungeheuer:* Ein Kind liegt „schnarchend“ auf einem Tischaufbau o.ä. Es erwacht und steigt, unterstützt vom Gebrüll der Instrumentalgruppe, herab. Dabei hat es einen großen Plastikbeutel (oder Netz) über den Rücken geworfen, in dem sich alle Zeitungsmachéköpfe befinden. Wenn es vom Baum stürzt (Tisch o.ä.), fällt der Sack auf den Boden und alle Ungeheuerköpfe rollen heraus. Das Ungeheuer ist nun schwach und tappt alleine in seinen Berg zurück. Dazwischen

liegen die Dialoge und Mutproben, die ähnlich wie oben ausgeführt werden können. Das genüßliche Aufwachen, polternde Herabstürzen vom Baum und dann der auseinanderfallende Ungeheuer-Sack mit den Köpfen macht den Kindern ganz besonderen Spaß, ebenso die rhythmisch artikulierte Gemeinsamkeit im: „... sonst freß ich dich!“ und „Lieber ... als ...“

❊ **Pantomimisches Ratespiel:** (Das auch Kleinere bewältigen):

Erwachendes Ungeheuer,
Brüllendes, protziges Ungeheuer,
Ungeheuer, das „ganz klein“ wird,
Schüchterner, in sich eingezogener Xandi,
Xandi, der sich als Sieger fühlt...
Das Gestische und Mimische wird gemeinsam versucht und nacherlebt: Augenausdruck, Mundstellung, Kopfhaltung, Schulterverziehen, der gerade oder gebeugte Rücken, zusammengekrampfte oder übermütig ausgebreiteten Arme u.dgl.m.

1. Die Kinder können den Erzieher oder einzelne Kinder, die ihren Ausdruck vorführen, nachmachen.
2. Sie kontrollieren ihr Minenspiel im Spiegel.

❊ 3. **Spiegelspiel-Pantomime:** (mit dieser Thematik ab GS, bei einfachen Themen auch früher)
Einer führt bestimmte Ausdrücke und Bewegungen vor, die anderen ahmen (wie ein Spiegel) nach. Dabei kann man kleine Szenen zusammenstellen: Das Ungeheuer betrachtet sich wohlgefällig und probiert furchteinflößende Grimassen aus. – Xandi macht schüchterne Kletterversuche und plötzlich gelingt alles sicher. – Xandi weicht vor dem Wasser zurück, hält sich schließlich die Nase zu und springt hinein. – Das Ungeheuer humpelt und wirft vorsichtige Blicke zu Xandi zurück. – Xandi „flattert“ vor Angst und sucht ein Versteck...

Dies alles mag nur zur Anregung dienen, damit sich die Kinder in unkomplizierter Weise ausspielen, austoben können. Einmal machen sie das Ungeheuer lächerlich, identifizieren sich mit dem tapferen Xandi als dem Sieger; dann identifizieren sie sich mit dem Ungeheuer, demonstrieren Stärke, Kraft, Gewalt (wie sie gerne auch mal wären) und projizieren Gefühle des Hasses und der Aggressivität auf ihre Umgebung. Wichtig ist dabei auch das gemeinsame Erlebnis, daß jeder einmal Angst hat und sich dieser Angst nicht zu schämen braucht. Angst und Furcht ist die Voraussetzung, Sieg und Triumph wie Xandi erleben zu können.

❊ **Ausdehnung (für Ältere): Fabulieren:**

1. *Das unbesiegbare Ungeheuer:* Was kann es alles anstellen? (Erzählen, vormachen-nachmachen, aufschreiben, malen, pantomimisch darstellen)
2. *Der unbesiegbare Xandi:* wie 1.

2.5 Zipfelpeter (ab etwa 7 J.)

(Aus: Karl Gröner, Zipfelpeter und Dummer Hans, Ulm-Donau, o.J.)

Schwerpunkte:

- Vorlesen in Etappen – Fabulierpunkte
- Gemeinschaftsarbeit – Collage in drei Zonen
- Musikalische Untermalung mit Notation als Gedächtnisstützen
- Rätselmalen – additiver Malvorgang
- Verkleidungsspiel
- Abtastspiel

2.5.1 Märchentext

Zipfelpeter

Es war einmal eine arme Witwe, die wohnte mit ihrem Büblein, dem Peterle, in einem kleinen Häuschen am Waldrand. Der Wald sorgte für ein kärgliches Auskommen. Sie sammelten Holz, pflückten Beeren und suchten viele Heilkräuter, von deren Erlös sie Brot kaufen konnten. Für die Milch schließlich sorgte ihre Ziege. So lebten sie bescheiden, aber glücklich und zufrieden und hatten sich mit jedem Tag noch lieber. Als Peter älter geworden war, reichte das Geld aber nicht aus, um ihn ein ordentliches Handwerk lernen zu lassen. Auch hätte er dann seine liebe Mutter verlassen müssen, und das wollte er doch nicht. „Der gütige Wald hat bis jetzt für unser Auskommen gesorgt und wird auch später einen Rat wissen," so dachte Peter, und auch die Mutter hatte ein festes Zutrauen zum lieben Gott.
Da geschah es eines schönen Tages, daß die Mutter schwer krank wurde. Peter war ganz verzweifelt, als er die Mutter so im Fieber liegen sah. Sie atmete mühsam und selbst das Sprechen verursachte ihr Pein. Zuerst saß er einen ganzen Tag an ihrem Bett und machte kühle Umschläge auf die heiße Stirn. Aber es nützte halt nichts, das Fieber wollte nicht nachlassen und der Atem ging immer mühsamer. Ach, wo sollte er sich doch in seiner großen Angst hinwenden? Sein liebes Mütterlein durfte doch nicht sterben, sonst hätte er ja keinen Menschen mehr auf der Welt.
Da lief er in den Wald hinaus, ob er nicht vielleicht ein Kräutlein fände, welches die Mutter gesund machen könnte. Ach wie ganz anders war es doch heute ohne seine Mutter! Er suchte und suchte, sein kleines Herz wurde ihm immer schwerer. Welches war wohl das richtige Kräutlein für seine schwerkranke Mutter?

Mit einem Male hustete es ganz heiser hinter ihm, und als er sich umsah, stand ein kleines braunes Männlein da und guckte ihn von unten bis oben an mit Augen, die wie Feuerrädchen glühten. „Du dummer Zipfelpeter!" sagte es. „Weißt du nicht, was deiner Mutter helfen kann?" Peterle war sehr erschrocken und zitterte am ganzen Leib. So ein komisches Männlein hatte er doch in seinem ganzen Leben nicht gesehen. Aber wer weiß, vielleicht konnte es ihm helfen, und so raffte er sich doch zu einer Antwort auf und fragte: „Wer bist du? Und weißt du vielleicht, was meiner Mutter fehlt?" „Ha ha ha" lachte das Männlein. Aber das Lachen klang so giftig, daß es Peterle durch Mark und Bein ging. „Warum soll ich das nicht wissen? Ich bin das Moormännlein. Dort drüben im Moor ist meine Behausung, und ich bin so gescheit, daß ich auf drei Meilen im Umkreis alles weiß, was geschieht und was geschehen wird." Peterle war erstaunt über so viel Weisheit. „Kannst du mir da wohl einen Rat geben, was ich tun muß, daß meine liebe Mutter wieder gesund wird?" fragte er. „Ja, das weiß ich gut," sagte das Moormännlein und guckte den Peter so sonderbar an, daß er nicht wußte, sollte er nun Angst haben oder sollte er ihm vertrauen. „Du hast Glück, grad heute nacht blüht im Moor eine blaue Blume, die mußt du holen. Im Grunde ihres Kelches funkeln drei Tropfen Tau. Wenn du diese drei Tautropfen deiner Mutter in die Nase streichst, dann wird sie wieder besser atmen können und bald wird auch das Fieber weichen." Da war es dem Peter ganz froh zu Mute. „Sag mir schnell noch, wo blüht denn die Blume, daß ich sie holen kann?" rief er. Aber das Männlein war vor seinen Augen im Nebel zerflossen, und schon schwamm der Nebelstreif in der Ferne und rief: „Zipfelpeter suche!"

Inzwischen war auch der Mond hinter den Wolken verschwunden und es war ganz finster geworden. Peter aber wollte um jeden Preis die blaue Blume finden, die seiner Mutter allein helfen konnte. Und so stolperte er im dunklen Wald voran über Wurzeln und Gestrüpp, immer weiter in Richtung auf das Moor zu. Er konnte fast nimmer laufen; die Dornen hatten ihm die Hände und das Gesicht blutig gerissen und er bekam Angst. Hatte die Mutter ihn nicht schon oft vor dem Moor gewarnt? Es sei heimtückisch und hätte schon so manchen Wanderer in die Falle gelockt. Aber er mußte doch die Blume finden, und das trieb ihn wieder vorwärts. Manchmal war es ihm, als sähe er den hellen Nebelstreif des Moormännleins in der Ferne; aber als er näher kam, erkannte er, daß es nur der schwache Schein von Irrlichtern war, wie sie in der Nähe von Sümpfen die Menschen locken. So lief er wohl über eine Stunde lang den trügerischen Lichtern nach, bis er an dem schlammigen Boden merkte, daß er am Moor stand.

Da sah er mitten aus den Sümpfen einen blauen Schimmer aufleuchten. „Das war gewiß die Wunderblume." Wie glücklich war er doch bei diesem Gedanken und schnurstracks wollte er darauf zulaufen. Aber da war der Schimmer plötzlich in einer anderen Richtung, und er mußte umkehren. Und jetzt leuchtete es auf einmal links von ihm, und nach einer Weile war das blaue Licht rechts. Später wieder erschien der helle Nebelstreif in der Ferne und es rief: „Zipfelpeter suche!“ Peter lief bald rechts, bald links, bald vorwärts und bald rückwärts, und immer war das blaue Licht irgendwo anders und nie so nahe, daß er hätte unterscheiden können, ob das nun die Wunderblume sei. Auf einmal waren es zwei Lichter, nach einer Weile sogar drei und später immer mehr, so daß er schließlich gar nicht mehr wußte, wohin er gehen sollte. Er stapfte durch Binsen und Schilfrohr, und unter seinen Füßen plätscherte das Wasser und immer noch mehr blaue Lichter tanzten vor ihm, und immer noch eifriger lief er ihnen nach, ohne die Gefahr des Versinkens zu beachten. „War denn hier alles verhext? Sollte doch die Mutter recht gehabt haben? Hatte ihn wirklich ein böser Geist ins Moor gelockt? Sollte er hier elend umkommen, wie schon so manch anderer vor ihm?“

Peter war ganz mutlos geworden. Dicke Tränen kollerten ihm die Backen herunter. Was wohl die Mutter daheim machte, während er hier im Moor umherirrte?

Da wurde es auf einmal sonderbar hell um ihn und vor ihm stand in bläulichem Licht das herrlichste Schloß, das er je gesehen. Es war aus durchsichtigem blauen Kristall und seine Säulen und breiten Treppen waren alle von jenem blauen Leuchten, das ihn nun schon die ganze Zeit genarrt hatte. Um das Schloß herum aber war Wasser, tiefes, blaues Wasser. Wie er noch so stand und sich die Augen rief, ob er denn wache oder träume, da kamen zwei dieser Lichter immer näher auf ihn zu. Nun konnte er sehen, daß es kleine Lämpchen waren und daß die schönsten Moormädchen sie trugen. Die Mädchen hatten wunderbare Haare, die umflatterten sie wie lange Gewänder. Peter stand und staunte. Da faßten ihn die Moormädchen bei der Hand und zogen ihn mit sich fort, geradewegs auf das Schloß zu.

„Wohin führt ihr mich denn?“ schrie er voll Angst. „Ich muß ja im Wasser ertrinken!“ „Du ertrinkst nicht, wenn wir dich führen,“ flüsterten sie ihm zu. „Wir bringen dich zu unserer Königin, die kann solche Jungen brauchen, wie du einer bist.“ „Nein, laßt mich, ich muß die blaue Blume suchen, damit meine liebe Mutter wieder gesund wird!“ rief er schmerzlich aus. Aber sie hörten nicht auf sein Klagen, sondern zerrten ihn mit sich fort. Und über ihnen erschien wieder der helle Nebelstreif und es rief: „Dummer Zipfelpeter!“ Das war wieder die höhnische Stimme des grauen Männleins. Ach hätte er ihm doch nicht getraut; aber nun war es zu spät.

Als er meinte, er müsse im tiefen Wasser ertrinken, siehe, da trug es ihn über das Moor wie in einem Schiff. So wurde er vor den Thron der Königin gebracht, der ebenfalls aus funkelndem Kristall kunstvoll gebaut war. Peter war ganz geblendet von all der Pracht. Die Königin erschien noch viel schöner als ihre Dienerinnen. Blaue Schleier umwehten ihre schlanke Gestalt und über ihrer bleichen Stirne glänzte eine goldene Krone, und darin funkelten lauter blaue Lichter. Peter aber wußte nicht, daß sie die Irrlichterkönigin war. Ihre Dienerinnen mußten nachts die Lichter ins Moor tragen, damit die Menschen sich verirren sollten. Die Königin sah den Peter lange schweigend an. Dann sagte sie zu ihren Dienerinnen: „Zeigt ihm seine Arbeit!" Peter aber fing an zu bitten und zu flehen und erzählte ihr, wie und warum er ins Moor gekommen war und daß er die blaue Blume finden müsse, sonst werde seine Mutter nicht wieder gesund. Die Königin aber lachte nur kalt, daß es Peter ganz durchschauerte und streckte die Hand aus zum Zeichen, daß man Peter fortführen solle.

Da nahmen ihn die Moormädchen mit sich und brachten ihn in eine Kammer. Dort mußte er blaue Arbeitskleider anziehen, und dann führte man ihn über viele Treppen und Gänge, bis er in einen riesengroßen Saal kam. Es war aber alles, wohin er sah, aus blauem, leuchtendem Kristall. In diesem Saal waren nun viele Menschen, alle in derselben Kleidung, wie er sie eben hatte anziehen müssen. Was er da erblickte, machte ihn noch trauriger, denn das wollte gar nicht zu der Pracht und Herrlichkeit ringsumher passen. Alle diese Menschen mußten den Palast der Irrlichterkönigin putzen und reiben, damit auch immer alles glänze und funkle. Sie netzten aber das Glas mit ihren Tränen, und so kam die Schönheit des Palastes zustande.

Peter bekam seinen Platz angewiesen, und als er nun inmitten der vielen weinenden Menschen arbeiten mußte, kamen auch ihm die Tränen. Als er vollends noch an daheim dachte, an seine kranke Mutter und an die Ziege, die nun in seiner Abwesenheit von niemand versorgt wurde, da mußte er immer noch mehr weinen, und er hatte fast Mühe, alles richtig blank zu bekommen, was er da mit den Tränen benetzt hatte. Als die Moormädchen wieder gegangen waren, fragte er seine Nachbarn, wie lange sie schon hier wären und ob sie denn nie etwas anderes zu tun bekämen als zu reiben und zu putzen. Da erzählten sie ihm, daß manche schon 50 Jahre und länger hier im Schloß seien, und daß sie außer Putzen nie etwas anderes hätten tun dürfen. Und das Schlimmste sei, sie hätten seither nie mehr die Sonne gesehen. Ins Moorschloß scheine nie ein Sonnenstrahl. Es sei immer so dämmrig und immer so blau um sie her, und von dem Gefunkel und den vielen Irrlichtern und besonders von dem vielen Weinen täten ihnen die Augen ganz weh. Da fragte Peter: „Ja darf man denn gar nie hinaus?" Das war ihm ja so unfaßbar, daß er nun nie mehr die Sonne und die Sterne und den Mond sehen sollte. Da sagten sie ihm, daß einmal im Jahr die Königin ihren Dienerinnen ein Fest bereite. Dann dürften auch sie ins Moor hinaus und mit den Moormädchen tanzen bis zum Morgen. Es würde aber scharf aufgepaßt, daß keiner zu weit gehe und daß am Morgen alle wieder im Schloß seien. „Und wann wird dieses Fest sein?" fragte Peter atemlos. Da wurde ihm gesagt, daß gerade heute nacht alle zum Tanze ins Moor dürften, dann aber müßten sie wieder ein ganzes Jahr arbeiten. Peter konnte kaum mehr etwas tun, so aufgeregt war er. Ach, wenn es nur erst soweit

wäre; vielleicht hätte er doch noch Glück, daß er ungesehen fliehen konnte.
Als nun die Sternlein am Himmel zu leuchten begannen, öffneten sich plötzlich die Tore des Moorschlosses, und alles was darin war, strömte hinaus ins Moor, um zu tanzen. Peter aber schlich abseits und hoffte, er werde den Weg nach Hause zurückfinden. Aber er geriet nur tiefer ins Moor hinein und von einem Weg sah er keine Spur. Als er nun so ganz verzweifelt und allein in den Binsen saß und zum Herzzerbrechen weinte, da stand plötzlich die herrliche Binsenfee vor ihm, beugte sich voller Mitleid zu ihm nieder und fragte ihn nach seinem Leid und Kummer. Und nun klagte er ihr alles, was ihn bedrückte und bat sie, ihm doch zu helfen. „Komm mit, ich will dich aus dem Sumpf führen," sagte sie und faßte Peters Hand. Als sie schon ein Stück Wegs gegangen waren, hörte Peter, durch einen Windstoß hergetragen, das Lärmen des Tanzes um das Moorschloß. Da fiel ihm all der Jammer ein, der sich in diesem Schloß angehäuft hatte und er mußte tief seufzen. „Was ist dir?" fragte ihn die freundliche Fee. „Ach," sagte Peter, „ich muß an die vielen Menschen denken, die im Moorschloß gefangen sitzen. Weißt du nicht, wie man ihnen helfen kann?" „Oh, das wüßte ich sehr wohl," gab ihm die Fee mit süßer Stimme zur Antwort. „Es müßte einer bereit sein, in einer einzigen Nacht Binsen und Schilf im Moor abzumähen, damit am Morgen die Sonne ins Schloß scheinen könnte. Dann würde das Moor austrocknen, so daß es zu durchschreiten wäre. Die Moormädchen aber und ihre Königin müssen dann vergehen, sobald sie von einem Sonnenstrahl getroffen werden." „O, laß mich es tun!" rief Peter, „damit diese armen Menschen wieder an die Sonne kommen."
Da reichte ihm die gütige Binsenfee eine goldene Sichel, denn nur mit einer solchen konnte man die Riesenarbeit tun. Sie wünschte ihm noch viel Glück zu seinem Vorhaben und verschwand in den Binsen. Peter fing an, sofort zu mähen und schnitt Reihe um Reihe in die Binsen und in das Schilf. Der Schweiß rann ihm bald von der Stirn und seine Arme spürte er kaum mehr vor Schmerz. Aber er achtete nicht darauf, denn er mußte noch diese Nacht fertig werden. Da durfte man doch nicht ausruhen! Er hatte ja nicht einmal Zeit, sich den Schweiß von der Stirne zu wischen. Das Klingen seiner Sichel mischte sich in den Klang der Tanzmusik ums Schloß. Als er mit seiner Arbeit immer näher ans Schloß kam, da fürchtete er sehr, die Moormädchen würden ihn entdecken und seine ganze Arbeit wäre umsonst. Die waren aber so dem Tanze hingegeben, daß sie sonst nichts sahen und hörten, während Peter weiter Reihe um Reihe in die Binsen schnitt. Längst hatten seine Hände Blasen und die Arme konnte er bald nicht mehr rühren. Aber endlich gelang ihm unter Aufwendung seiner letzten Anstrengung die Arbeit doch, bevor noch die Nacht herum war.
Als der Morgen dämmerte, mußte wieder alles ins Schloß zurück, auch Peter ging mit. Die goldene Sichel aber versteckte er in seinem Kleid. Von seinen

Händen tropfte das Blut, welches auf den glitzernden Stufen des Schloßes Flecken hinterließ. In seinem Herzen aber hatte er eine solche Fröhlichkeit, wenn er daran dachte, daß er nun mit all den vielen Menschen bald erlöst sei. Alles war wieder so traurig um ihn her, und er sah die vielen betrübten Gesichter, und manche weinten schon wieder, als die Tore für ein ganzes Jahr hinter ihnen geschlossen wurden.
Mit einem Mal drang ein Schrei durch das Schloß. Ein Sonnenstrahl fand seinen Weg durch den Kristall und gerade auf den Thron der Irrlichterkönigin. Sie war es auch gewesen, die den Schrei ausgestoßen hatte. Es war aber ihr letzter Schrei. In der hellen Sonne, die nun mit ihrer ganzen Pracht ins Schloß schien, zerfloß sie samt ihren Moormädchen in Dunst und Nebel. Die gefangenen Menschen standen ganz geblendet von dem vielen Licht und konnten es gar nicht fassen, daß ihnen die Sonne wieder scheinen sollte. Sie freuten sich über alle Maßen, daß sie nun von ihrer schweren Arbeit erlöst waren und wollten sogleich aus dem Schloß fliehen, hinaus in den hellen Sonnenschein. Aber das Tor war verschlossen. Sie pochten mit aller Macht an das Kristalltor, aber es gab nicht nach, und sie waren gefangen wie vordem. O, wie weinten sie nun, als alle Hoffnung so jäh zerschlagen war.
Da fiel dem Peter seine goldene Sichel ein. Mit ihr klopfte er ans Tor und siehe, es sprang auf und alles strömte hinaus in den hellen Sonnenschein. Ach, wie schön war es doch hier draußen am Tage nach den vielen Jahren des Gefangenseins. Sie weinten vor lauter Freude und umarmten und küßten den Peter; denn bald wußten es alle, daß er sie durch seine aufopfernde Liebe befreit hatte. Auch der Weg war inzwischen sichtbar geworden und so wanderte die große Schar hinaus aus dem Moor dem Walde zu.
So sehr sich Peter auch darüber freute, daß nun all die armen Sklaven vom blauen Schloß den Weg in die Freiheit gefunden hatten, so wenig hatte er Lust, zusammen mit ihnen zu gehen. Ihm fehlte ja immer noch das Wichtigste: seine blaue Moorblume. Aber wie sollte er sie nur finden? Es war ja jetzt alles wie verwandelt. Kein Moor, kein Nebel, keine blauen Lichter waren mehr zu sehen. Wie sollte er nun die wundertätige blaue Moorblume finden? Hätte er vielleicht zuerst nach der Blume suchen sollen, bevor er das verwunschene Schloß befreite? Er war ganz verzagt und lief in seinem Kummer quer durch das Dickicht des Waldes. Er wußte ja noch gar nicht, welche Richtung er einschlagen sollte, um wieder nach Hause zu finden.
Den ganzen Tag irrte er so umher, und sein Vorhaben kam ihm schon fast lächerlich vor. Dazu wurde es nun auch schon dämmerig, und er empfand eine große Müdigkeit. Auch plagte ihn der Hunger, denn von den Beeren, die er unterwegs gefunden hatte, war er nicht recht satt geworden. Voller Kummer setzte er sich unter einen großen Baum, und bald war er eingeschlafen. Da, mitten in der Nacht erwachte er plötzlich und glaubte, die Sonne stünde schon so hoch am Himmel. Er fühlte sich von Licht und Wärme umgeben, und es

wurde ihm ganz sonderbar zu Mute. Da legten sich von hinten zwei weiße Arme auf seine Schultern. Als er sich erschrocken umwandte, sah er eine herrliche Prinzessin vor sich stehen. Sie sah wunderschön aus und strahlte wie die Sonne.

„Weißt du auch, du lieber Peter, daß du mich erlöst hast? Erinnerst du dich noch an die Binsenfee? Mit dem Zauber des blauen Schlosses bin auch ich aus meiner Verwünschung befreit und wenn du willst und mich ebenso lieb hast, wie ich dich lieb habe, so kannst du in meines Vaters Schloß mitkommen. Ich weiß, daß der alte König schon seit vielen Jahren nach mir suchen läßt und daß er seit meiner Verwünschung keine Freude auf der Welt mehr hat.“ Dabei nahm sie eine der vielen blauen Blumen, die in ihrem Silbergewand eingeflochten waren, und gab sie Peter. Der wußte nicht, wie ihm geschah, denn es dünkte ihn nicht anders, daß dies die blaue Blume sein mußte, wie sie ihm von dem Moormännlein geschildert wurde. Deutlich sah er auch ganz tief im Kelch die drei Tautröpfchen, vom Mondlicht beleuchtet, in allen Farben schimmernd. So groß war nun das Glück für Peter, daß er es gar nicht fassen konnte.

Lange stand er schweigend vor seiner Prinzessin. Erst allmählich fand er Worte und erzählte ihr nun, wie es gekommen war, daß er sich hier in dem tiefen Wald verloren hatte. Und nun sagte die Prinzessin: „Ich kenne dein gutes Herz. Du hast nicht nur deine Mutter und mich lieb, sondern auch all die armen Menschen im blauen Schloß, deretwegen du die ganze Nacht die schwere Arbeit verrichtet hast. Gehe nun heim, lieber Peter, und rette deine Mutter. Ich werde einstweilen in meines Vaters Schloß alles zur Hochzeit vorbereiten und wir erwarten dich dort.“ Sie legten die Hände zusammen und versprachen sich ewige Treue.

Nur durch den Gedanken an seine kranke Mutter vermochte er sich von seiner schönen Prinzessin zu trennen. Eilig und ohne Rast ging er die Richtung durch den Wald, die ihm die Prinzessin angegeben hatte. Bald erkannte er denn auch den Weg wieder, auf dem er mit seiner Mutter zusammen zum Beerensammeln gegangen war und nicht lange darnach war er zu Hause. Schnell drang er durch die Türen in die kleine Stube seiner Mutter. Sie lag noch im Bett, genau so, wie er sie verlassen hatte. „Mutter, liebe Muter, du darfst wieder ganz gesund werden,“ rief er glücklich aus und eilte auf sie zu. Er zeigte ihr dabei seine blaue Blume.

Aber was war das? Die Mutter blieb stumm und regungslos. Jetzt erst wurde er gewahr, daß sie ja gar nicht mehr lebte. Da kam ihm zum Bewußtsein, daß er zu spät gekommen war. Nun hatte auch die blaue Blume keine Gewalt mehr. Eine ganz große Traurigkeit legte sich auf sein Herz und er ging wieder hinaus in den tiefsten Wald, wo er damals das Männlein gefunden hatte. Ein helles Lachen riß ihn aus seinen düsteren Gedanken in die Wirklichkeit zurück. Es war wieder das Moormännlein. „Deine Undankbarkeit gegen mich ist schuld

daran, daß du nicht rechtzeitig nach Hause gekommen bist und es geschieht dir auch recht so." „Verlange was du willst und sage mir, was ich dir zum Dank tun darf, aber gib mir meine Mutter wieder zurück," flehte Zipfelpeter. „Du kannst nur eines haben, sagte das Männlein, wähle zwischen deiner Mutter und der Prinzessin." O, Schlimmeres hätte er nicht von ihm verlangen können, denn er liebte sie doch alle beide. Er war verzagter denn je.
Ohne Dank und Lebewohl eilte Peter davon, immer weiter, bis er endlich vor einer großen Höhle stand, aus der ein sonderbarer Dampf strömte. Peter zwängte sich durch den engen Schlund und landete in einer gruseligen Hexenküche. Viele Katzen und allerlei sonderbare Tiere sprangen und hüpften umher oder saßen auf großen Kesseln, die über loderndem Feuer hingen. Vor dem größten Kessel aber stand die Hexe selbst. Auf ihrem krummen Buckel hockte ein schwarzer Kater und rollte seine grünen Augen. Dem Peter war es angst und bang. Er versteckte sich rasch unter einem leeren Kessel und horchte, was da die Alte vor sich hinmurmelte, während sie den Hexentrank rührte. Er meinte nicht recht verstanden zu haben, aber sie wiederholte immerfort das Sprüchlein:

„Zehn Jahr' ohne Sprache, zehn Jahr' ohne Ton,
Prinzessin und Mutter gewonnen sind schon."

Wie denn, galt das nicht ihm, dem Peter? Ei freilich, sie hat es ja deutlich ausgesprochen. Je länger er in seiner unbequemen Lage darüber nachdachte, um so sicherer wurde es ihm. Ein neuer Hoffnungsschimmer strahlte in sein verzagtes Herz.
Wie er aus seinem Versteck in der qualmenden Hexenküche wieder so schnell in den freien Wald gekommen war, konnte er nicht sagen. Erlöst atmete er auf. Die giftigen Dämpfe hatten sich ihm in die Nase und auf die Brust gesetzt, und wäre er noch länger geblieben, so wäre er wohl in einen lebenslänglichen Schlaf gefallen. Also gab es für ihn doch noch eine Möglichkeit, beide, seine Mutter und seine allerliebste Prinzessin nicht zu verlieren. Die Bedingungen waren freilich schwer, aber er vertraute auf die große Liebe seiner Prinzessin. Schnell eilte er nach Hause, nahm die blaue Blume aus der Schale, in die er sie vordem gelegt hatte, und er ließ die drei Tautröpfchen auf Mutters Antlitz fallen. Dabei sprach er vor sich hin: „Komm was da will, zehn Jahr schweig ich still." Und siehe da, die Mutter bewegte Augen und Mund und lächelte ihren Peter so dankbar und innig an, wie immer, wenn er ihr einen besonderen Liebesdienst erwiesen hatte. Sie richtete sich auf und stieg aus dem Bette, als ob sie eben vom Schlaf erwacht wäre. Wie freute sich Peter, als er seine Mutter wieder ganz gesund und frisch vor sich sah.
Aber nun kam die ganz schwere Aufgabe für ihn, kein Wort mehr zu sprechen, sonst wäre alles für immer verloren gewesen. Die Mutter bereitete Peter ein herrliches Mittagsmahl, und er ließ es sich schmecken wie nie zuvor. Wortlos

legte er den Löffel weg, nahm seinen Hut, winkte seiner Mutter ein Lebewohl zu und hastete schnell hinaus. Noch ehe ihn die Mutter über sein sonderbares Benehmen ausfragen konnte, war er im Dickicht des Waldes verschwunden.
Als er nach vielen Tagen das Schloß erreichte, war alles schon zur Hochzeit bereit. Die ganze Stadt prangte im Schmuck vieler Fahnen, Wimpel und Girlanden, und im Dom läuteten alle Glocken. Eine goldene Kutsche stand im Schloßhof schon bereit, und der Kutscher mit hohem Dreispitz auf dem Kopf und goldenen Tressen an Jacke und Hose öffnete Peter freundlich die Wagentür. Peter durfte sich neben seine schöne Prinzessin setzen, die kurz zuvor die Kutsche schon bestiegen hatte. Ein Bote hatte ihr die baldige Ankunft des neuen Prinzen rechtzeitig genug bekannt gegeben. Ach, wie freuten sie sich, einander wieder zu sehen. In einem Wagen mit sechs Schimmeln fuhren sie durch die geschmückte Stadt zur Kirche. Das Volk stand dicht gedrängt zur Seite, denn alles wollte den jungen König sehen. Der Jubel nahm kein Ende, als sie sich immer wieder aus dem Wagenfenster beugten und hierhin und dorthin winkten.
Nach der Kirche wurde im Schloß in aller Pracht die Hochzeit gefeiert. Die herrlichsten Speisen und köstlichsten Weine wurden aufgetragen. Der alte König selbst war über die Maßen glücklich und reichte Peter einen großen versiegelten Brief, in welchem er ihn nach seinem Tode zum König über sein weites Land einsetzte. Alle Augen richteten sich nun auf Peter, denn alles wollte die Geschichte erfahren, wie er die Erlösung der Prinzessin zustande gebracht hatte. Peter aber winkte mit der Hand ab und ließ den König und all die Hochzeitsgäste in ihrer Erwartung verharren.
So sehr nun vorher alles den Peter umjubelt hatte, so groß war jetzt die Enttäuschung, und einer nach dem andern verließ beleidigt das Schloß. Der König war in großer Verlegenheit und bat den Peter inständigst, doch wenigstens einige Worte zu reden. Aber umsonst. Die Hochzeitstafel wurde sang- und klanglos aufgehoben. Alles ging verärgert nach Hause und bald war in der ganzen Stadt und im ganzen Land weit und breit bekannt, daß der zukünftige König nicht reden könne. Wer das Gerücht aufgebracht hatte, wußte niemand, aber bald gab es nur noch eine Meinung über Peter: Er müsse ein böser Zauberer sein, der noch das ganze Land ins Unglück stürzen würde. Nun wurden die gelehrtesten Männer und die Ältesten vom Lande zusammen gerufen, und unter großem Beifall der Volksmenge beschlossen sie, daß der junge König hingerichtet werden müsse. Der alte König mußte selbst seine Zustimmung geben, so gern er dem Peter geholfen hätte und so wenig er die Anschuldigung des Volkes für wahr hielt.
Gerade noch im letzten Augenblick konnte die Kammerjungfer der Prinzessin dieses fürchterliche Vorhaben melden. Bei Nacht und Nebel verließ Peter mit seiner Prinzessin, als Kohlenbrenner verkleidet, heimlich das Schloß und flüchtete in den Wald. So innig lieb hatte sie ihn, daß sie alle Not seinetwegen

auf sich nehmen wollte. Tagelang wanderten sie dahin, immer tiefer und tiefer in den Wald hinein. Abends legten sie sich unter einen Baum zum Schlafen. Als der Wald immer dichter wurde, fanden sie eine halbzerfallene Hütte, in der ein alter, tauber Kohlenbrenner hauste. Es war ihm in seinen alten Tagen gerade recht, daß sich die zwei jungen Leute erboten, seine schwere Arbeit zu übernehmen und obendrein auch noch für ihn selbst zu sorgen. Die gebrannten Kohlen wurden von Zeit zu Zeit abgeholt, und dafür wurde Ziegenkäse und Brot gebracht. Im Wald fanden sie dazu manchmal Beeren und Kräuter. Eines Tages wurden ihnen nun zwei herzige Kinder geschenkt, Edeltraut und Reinhard. Auch, wenn sie wenig zu essen hatten, waren sie alle miteinander glücklich und zufrieden.

Als die Kinder dann älter wurden, gingen sie jeden Tag zum Beerensammeln, und meist brachten sie auch ein Rehlein oder Häslein auf Besuch mit nach Hause. „Ich glaube," sagte Edeltraut einmal „die Rehe meinen, wir wären selbst auch Rehe und die Häslein, wir wären ihresgleichen, so zutraulich sind sie und fürchten sich gar nicht vor uns." Bei Nacht schliefen diese Tiere oft sogar bei den Kindern und wärmten sie.

So bescheiden das Leben in der Waldhütte war, so froh und glückselig lebten die Kohlenbrennersleute beieinander. Und die Prinzessin hatte fast gar nicht mehr den Wunsch, eine wirkliche Prinzessin in einem richtigen Schloß zu sein. So vergingen viele schöne Jahre. Da, eines Morgens, hörten sie den Ton eines Jagdhorns in der Ferne und bald auch spurte ein Rudel Hunde an der Waldhütte vorbei. Der königliche Jäger hatte sich im Wald verirrt und entdeckte die Hütte. Er trat ein, um sich zu stärken und war aufs Höchste erstaunt, hier die Prinzessin zu finden. Er erkannte sie sogleich an ihrem warmen Blick und ihrer hohen Gestalt, trotz der ärmlichen Kleidung, die sie trug. Klein-Reinhard begleitete ihn ein Stück aus dem Wald hinaus, bis er wieder auf dem rechten Weg war. Zu Hause erzählte der Jäger seiner Frau die Entdeckung in der Waldhütte, und diese erzählte es ihrer Nachbarin, und bald wurde es in der ganzen Stadt bekannt. Der Jäger mit seinen Gehilfen wurde ausgesandt, um die Prinzessin mit ihrem Peter und den Kindern zu holen, und ohne Gnade verlangte nun das Volk, daß Peter noch in derselben Nacht enthauptet werden sollte.

Der ganze Tag stand im Zeichen der Vorbereitung für dieses schreckliche Unternehmen, und schon in der Abenddämmerung wandelten die Menschen hinaus zum Richtplatz. Ein jeder mußte eine Fackel mitnehmen und in einem weiten Kreise versammelte sich das ganze Volk. Die Prinzessin sollte selbst der Hinrichtung beiwohnen zur Strafe, daß sie heimlich mit ihrem Peter geflohen war. Blutig rot stand der Mond am Himmel und die ganze Welt war in Wehmut versunken, als der Jäger mit seinem traurigen Gefolge an der Richtstätte eintraf. Die Königstochter warf sich dem hohen Rat zu Füßen und bettelte und flehte um das Leben ihres Geliebten. Aber es half alles nichts.

Weil aber ihr Jammer und ihre Tränen so herzzerbrechend waren, fühlte der oberste Richter doch ein wenig Mitleid und gewährte ihr einen Wunsch. Die Prinzessin bat sich aus, ihren Peter noch einmal umarmen zu dürfen. Nach einer langen Verhandlung mit dem König wurde das schließlich erlaubt. Vor dem ganzen versammelten Volk lagen sie sich nun in den Armen, länger schon als man erlaubt hatte.
Vom Dom her schlug es schon Mitternacht, und als der letzte Ton verklungen war, waren die zehn Schweigejahre um, und Peter durfte wieder sprechen. Vor dem ganzen versammelten Volk erzählte er nun alles von Anfang an, wie er die Prinzessin erlöst und die blaue Blume gefunden hatte, um seine Mutter zu erretten, und wie er den Zauberspruch in der Höhle gehört, wie sie im Wald als Kohlenbrennersleute gelebt und wie endlich die Prinzessin in ihrer Treue alle Mühsal auf sich genommen hatte. Die ganze Menge warf sich beschämt vor ihm nieder, und kein Auge blieb ohne Tränen. Der alte König aber war so von Freude und Glück überwältigt, daß er in der Sänfte heimgetragen werden mußte und bald darauf starb.
Nun wurde Peter von allen Gelehrten, von den Ältesten im Lande und vom Volk selbst das ganze Vertrauen entgegengebracht, und das war zu ihrem eigenen Heil. Es wurde weit und breit in allen Landen bekannt, daß es nirgends auf der Welt so viel Gerechtigkeit und Frieden unter den Menschen gebe wie in König Peters Reich. Edeltraut und Reinhard ließen sich an der Stelle ihrer Waldhütte, in der sie geboren wurden, ein kleines Schloß bauen und umgaben es mit einem wundervollen Blumenzaun. Einmal im Jahr wurde dort ein herrliches Tierfest abgehalten, zu dem alle Tiere des Waldes kamen.
Vor dem kleinen Waldhaus, in dem Peters Mutter wohnte, hielt eines Morgens ein königlicher Wagen aus purem Gold mit sechs Schimmeln bespannt. Der junge König Peter und die Königin selbst waren gekommen, um die Mutter abzuholen. Auf diese Stunde hatte sie immer gewartet, denn daß ihr Peter noch einmal kommen würde, das hatte sie sicher gewußt. Daß er aber so sein Glück gemacht hatte, das konnte sie natürlich nicht wissen und hätte es auch jetzt noch nicht geglaubt, wenn sie es nicht mit eigenen Augen gesehen hätte. Sie getraute sich kaum, in den prunkvollen Wagen einzusteigen.
Das Waldhaus überließ sie einem armen, kranken Wanderer, den sie zuvor aufgenommen hatte. Im Schloß durfte sie wie eine Fürstin wohnen bis an ihr Lebensende und sie lebten alle in Glück und Frieden beieinander.

2.5.2 Interpretation

Märchennamen stehen fast immer für die Allgemeinheit; auch „Zipfelpeter" ist ein Jedermanns-Name, der sich dazu noch beschreibend mit einem Kleidungsstück verbindet: Der Zipfelmütze (s. Rotkäppchen!). Zipfelpeters Entwicklung macht in deutlicher Weise den Dreierrhythmus, der viele Märchen auszeichnet, deutlich: Seinen Kampf bzw. seine wesentlichen Begegnungen im Sumpf, Wald und Schloß, psychologisch gesehen also seine Auseinandersetzungen mit dem Es, Ich und Über-Ich. Seine Loslösung vom Elternhaus, seine Entwicklungsschritte vom Kind zum reifen Mann und zum wertvollen Mitglied der Gesellschaft vollziehen sich in Angst und Mühe durch das Versinken in die Natur, das Horchen auf das Naturhafte in sich, das aktive Kämpfen und das unbedingte Einhalten von Gelübden und Vorhaben. Versuchen wir wieder eine Deutung auf dieser Ebene: Sexuell zu reifen, unabhängig zu werden und sich selbständig zu verwirklichen sind die grundsätzlichen Schwierigkeiten auf der Lebensreise des Menschen, des Kindes, des Märchenhelden. Nur durch selbständiges Handeln gelangt man zu dem Platz, der einem zusteht.

Peter lebt, eingebettet in ein echtes Urvertrauen, genügsam und in Harmonie mit seiner Mutter dahin, sinnigerweise am Waldesrand, symbolisch gesehen also in einer Zone nahe dem Unbekannten, Dunkeln (s. Hänsel und Gretel!). Man kann annehmen, daß er sich seiner selbst noch nicht bewußt ist und ganz aus dem Animalischen, Emotionalen und Unreflektierten heraus lebt. Erwachsen will er nicht werden; das Märchen erzählt, daß er kein Handwerk erlernen kann und auch von seiner Mutter nicht fort will. Die Dominanz dieses mütterlichen Elementes wird *noch* behütend und wärmend empfunden, aber in ihr liegt die Gefahr einer liebevoll umklammernden und schließlich versklavenden Unterdrückung.

Peters Problem ist interpretierbar als das Reifen durch Ablösung und Selbständigwerden, wie das für jeden jungen Menschen nötig ist.

Im Pubertätsalter kommt ein erster Versuch der Loslösung; der Impuls erfolgt durch die Krankheit der Mutter: Das Verhältnis zur ihr „krankt" mit Peters Heranwachsen: Sie zieht sich weise zurück. Die Angst um den Verlust von Mutters Fürsorge und die Furcht vor möglicher Einsamkeit treiben ihn nun zur Aktivität. – Als erstes muß er sich, einer Aufforderung des Moormännleins entsprechend, symbolisch seinem Unbewußten stellen. Auf seinem langen und qualvollen Weg zur Selbstfindung tritt dieser kleine Dämon als erster Helfer, als „Wegweiser" auf: Ein vorläufig indifferentes Männlein, das zwar Furcht einflößt, aber auch einen ersten Weg zu höheren Werten im Symbol der heilenden Wunderblume zeigt. Unter Vortäuschung echter Werte wird Peter aber in Unheil verstrickt. Er versinkt im Morast und taucht in das Wasser, symbolisch in sein Unbewußtes ein, das er erst einmal kennenlernen muß. Hier hat er die Grenze zum Magischen überschritten. In diesem Urelement allen Lebens kann er – wie uns schon die Mythologie verrät – hohe Lebenswerte oder aber auch seinen Untergang finden. Verführt durch Irrlichter (eine Erscheinung mit hoher symbolischer Bildkraft) erlebt er eine ihm bis dahin unbekannte, faszinierende, aber auch kalte und grausame Welt. Die gefühlslose Irrlichterkönigin, der kristallene Palast, der keinem warmen Sonnenstrahl standhält und kein dauerhaftes Leben zu bergen vermag; alles Blendwerk und das Leid der Sklaven erschrecken ihn. Peter kann dieser irrealen Welt nur durch harte Arbeit entrinnen. Er kämpft um seine Freiheit und die der Mitgefangenen mit Schweiß, Blut und Schmerzen und einer goldenen Sichel, die magische Kräfte birgt und bei richtiger Anwendung im Moor zum Unterpfand seines Lebens wird. Diese goldene (!) Sichel ist auf Peters Weg ein wichtiges Symbol. Charakterlich ausgedeutet erwirbt Peter (s. auch bei Messern, Schwertern ...) die Eigenschaften männlicher Angriffs- und Verteidigungsfähigkeit. Die Sichel schneidet, trennt, ist scharf. Damit entspricht sie auch dem männlichen Intellekt und der Denkfunktion. Die Symbolik zeigt, wie Peter aus der gefährlichen Abhängigkeit des erst Weichen, dann Erstarrten und Matriarchalen heraus lernt, mit seinem Verstand umzugehen und in mutiger Verantwortung zu handeln. Der Umgang mit dieser goldenen Sichel also und die Begegnung mit der Binsenfee sind erste positive Reifeschritte. Peter ist aus der Passivität erwacht. Er stellt sich nun den Forderungen der „Realität“, die im magischen Raum des Moores beginnt, und denen seines Gewissens. Wohl hätte ihm die Fee gleich den Weg aus dem Moor herausgewiesen, wohl hätte er schnell durch die Wälder zur Mutter flüchten können, aber dann wäre das ganze Erlebnis ja fruchtlos geblieben. Das Opfer und die soziale Befreiungstat heben ihn auf eine höhere Stufe. Die Sklaven (der Irrlichterkönigin), – die dumpfen Figuren seines Unbewußten werden in die Freiheit, auf die Erde, symbolisch also: Ins Bewußtsein entlassen. Das Moormännlein vertritt wohl kaum ein männliches Prinzip, beispielsweise negative Vatervorstellungen. Es wirkt eher wie ein boshaftes, zwergenhaftes Naturwesen, das Impulse gibt, aber keine wirklich positive oder negative Leitfigur darstellen kann. Es führt irre und hilft nicht weiter, sondern führt Konflikte herbei, die Peter so schnell nicht wieder los wird. Jedoch: Er braucht diese Konflikte und märchentypischen Bewährungsproben, um erwachsen zu werden. Nur in ihrer Bewältigung kann er Gutes schaffen (z.B. anderen helfen) und Böses verbannen (Irrlichter der Menschen).

Jeder Schritt in einen neuen Entwicklungsabschnitt ist mit inneren Unsicherheiten, ja Ängsten vor dem Fremden verbunden. Im Märchen erscheinen Figuren, die einen neuen Lebensabschnitt signalisieren, deshalb oft als bedrohliche Gestalten: Als Hexen, Moormännlein, böse Feen und später als mordlustiger Mob. In der Auseinandersetzung mit den neuen Lebensinhalten werden diese Figuren dann verharmlost, vom Helden besiegt oder in sein neues Leben integriert.

Die bisher als rein gütig empfundene Mutter erfährt eine Umwandlung. Man kann in ihr ambivalent die gute Binsenfee und die verführerisch schöne, aber böse Irrlichterkönigin sehen. Letztere wird besiegt; mütterlich versklavende Aspekte verschwinden. Eine positive Begegnung mit der Fee bleibt, die durch die daraus befreite Prinzessin verstärkt wird. (Die Animafiguren werden immer lebendiger und weiblicher). Die Prinzessin überreicht ihm auch die heilende, blaue Wunderblume, wobei die blaue Farbe tiefe Empfindungen und Du-Gerichtetheit ausdrückt. Aber: Peter kommt zu spät heim; er hat den richtigen Augenblick verpaßt, um ein altes, wenn auch weiterentwickeltes Verhältnis zur Mutter herzustellen. Er muß nun neue Wege suchen, der ein weiterer Weg zur Persönlichkeitsbildung wird, symbolisiert durch sein Irren im tiefen Wald. Die „alte" Mutter kann ihm nicht mehr helfen. Statt dessen wird er durch den Dämon vor eine furchtbare moralische Entscheidung gestellt: Mutter oder die Prinzessin, seine Braut, aufzugeben. Durch Mut, Geduld und Klugheit gelingt es Peter, diese große Prüfung durch einen Ausweg zu bestehen und zum Schluß ein harmonisches Verhältnis zu den weiblichen Aspekten in den Gestalten der Mutter und der Gattin zu bewahren. Peter muß leiden, zumal der Dämon ihn des Ungehorsams bezichtigt. Wäre er dem Moormännlein gefolgt, so hätte er den einfachen Weg aus dem Moor gewählt und die Mutter rechtzeitig heilen und „in alter Güte" wiederhaben können. Damit wäre er aber, wohl Sinn der Verführung, in steter Abhängigkeit, ein Kind geblieben. Tugenden wie Mitleid und soziale Gefühle für die Leidenden und Unerlösten im Mooresgrund führen ihn den rechten, wenn auch beschwerlichen Weg zur Selbstbehauptung.

In der Hexenhöhle erlebt Peter vermutlich eine Art „Wiedergeburt": Er zieht sich tief in sich zurück (nach B. Bettelheim könnten die Symbole: Höhle, enger Schlund, Feuer, leerer Kessel... auch auf eine sexuelle Begegnung schließen lassen). Dort gelangt er zu einer lebenswichtigen Erkenntnis: Er belauscht die nicht allzu bedrohlich erscheinende Hexe und erfährt, wie er beide: Mutter und Prinzessin, retten kann. (Der hexenhafte Mutteraspekt gibt in einer Formel den Hinweis zur Rettung – in tiefster Verbundenheit mit ihrem Sohn wirkt sie immer noch helfend.) Wieder macht sich der Held also Kenntnisse aus dem magischen Bereich, aus seinem Gefühl heraus, dienstbar und integriert diese Kenntnisse in sein Bewußtsein.

Mit der Hochzeit ist für Peter das Erwachsenwerden abgeschlossen; aber nur für sich selbst. Im König tritt zum ersten Mal eine Vaterfigur auf: Gütig, aber ohne Selbstbehauptung. Für eine Identifikation ist er nicht geeignet – Peter besitzt bereits ähnliche Wesenszüge, die aber weiterentwickelt werden sollten. Er muß also alle Gefahren aus eigener Kraft bestehen, und er übertrifft sich selbst, als er, der Hexenformel gemäß, trotz tödlicher Bedrohung von außen zehn Jahre schweigt. Die unverbrüchliche Treue seiner Prinzessin, seine eigene absolute Treue zum Schwur und die Geburt der beiden Kinder helfen ihm, stark zu bleiben; ja, sie heben ihn auf eine hohe moralische Ebene. Allerdings muß er sich mit seinem persönlichen Glück tief in den Wald zurückziehen und vor dem Verlangen des Volkes, ihn zu töten, fliehen. – Das zehn Jahre währende naturnahe Glück im Wald, das in sich ruht, aber nicht von der Umwelt anerkannt wird, gerät langsam in Gefahr, in Passivität und genügsamem Gleichmut zu versinken. Das Schicksal hat für Peter etwas anderes bestimmt: Sein ruhiges Leben wird zerstört, aber auch der Vollendung entgegengetrieben, als ein königlicher Jäger die Familie entdeckt. Symbolisch als väterlicher Beschützer deutbar und diesesmal aktiv und kraftvoll, entreißt er die Familie ihrem still versunkenen Dasein. Im Augenblick vor der Enthauptung sind die zehn Schweigejahre um, der Entwicklungsprozeß ist ausgereift: Peter darf sein Schweigen brechen und sein Verhalten dem mißtrauischen Volk erklären. Man kann nun deuten: Seine Persönlichkeit ist unter Integration aller Aspekte auch für die Umwelt zur vollen Blüte gelangt. Sein inneres „Reich" ist auch das Glück der anderen geworden. Mit Mut hat er alle Gefahren bestanden, mit Geduld hat er sein Stummsein ertragen und mit Weisheit regiert er – die drei großen Märchentugenden sind damit erreicht.

Abbildung 5 auf Seite 118

oben

Unheimlich ist das Moor. Hierfür wurden nicht nur das Moormännlein und ein Drachen aufgeklebt, sondern auch Muscheln, Zündhölzer, Wäscheklammern, Fahrradschlüssel, Reißnägel, Styroporflocken, Steinchen, Knöpfe, rostige Nägel, Holz und Papierreste in den gefärbten Kleister eingeleimt.

unten

Moorfeen gehen durch den gepreßten Blätterwald. Für das Schloß hat jedes Kind ein eigenes Bauelement gemalt und nach Gutdünken anderen Elementen angefügt.

2.5.3 Abbildung 5

2.5.4 Spiel- und Gestaltungsvorschläge

❊ **Vorlesen des Märchens:** (bedingt ab ca. 6 J., besser noch ab 1./2. Schuljahr)

„Zipfelpeter" kann von der Länge und inhaltlichen Fülle her nur *in Etappen* vorgelesen werden. Es ist sinnvoll, an einem spannenden Punkt jeweils aufzuhören (den richtigen Zeitpunkt erspürt man aus der Reaktion und der Beteiligung der Kinder). Erfahrungsgemäß wird die Phantasie der Kinder hier sehr angereizt. Sie setzen sich gedanklich und ohne besonderes Zutun des Erziehers mit dem Inhalt und den Figuren auseinander. Dabei rankt sich die Phantasie der Kinder um allerlei Lösungsmöglichkeiten herum – die Kinder gelangen von selbst in eine:

❊ **Fabulierphase:** Wenn nicht weitergelesen wird – um Zeit zum Verarbeiten zu lassen –, stellen Kinder beim Erzieher allerlei Vermutungen an: Wunschgedanken, die jedem Kind gemäß sind. Der Erzieher sollte zu keiner Vermutung, die vielleicht dem inneren Bedürfnis des Kindes entspricht, nur einfach „nein" sagen, sondern lieber vielsagend lächeln oder einige hinhaltende Worte finden („Mal sehen..."). So wird die Erwartungshaltung noch gesteigert. *Günstige Abbruchpunkte sind* z.B.:

- Die Irrlichtermädchen führen Peter ins Schloß.
- Peter verirrt sich beim Fluchtversuch im Moor.
- Das Kristalltor bleibt verschlossen.
- Abschied von der Prinzessin im Wald – Heimkehr.
- Versteck in der Hexenküche.
- P. erregt bei der Hochzeit Ärger durch sein Schweigen.
- Der Jäger holt P. und seine Familie aus dem Waldversteck.
- Durchlesen bis zum Schluß.

  Durch die Fabulierpunkte und das stete kurze Erinnern an vorausgegangene Geschehnisse wird das Märchen intensiv erlebt. Die Kinder können eine angefangene Geschichte weitererzählen. Sie gehen von einer festgelegten Situation aus und fabulieren entsprechend ihrer Phantasie. Das kommt einerseits den individuellen Bedürfnissen entgegen, andererseits drücken sie nun in einem Vorausdenken Handlungen der Figuren aus und kleiden sie, z.T. mit Begründungen, in Sätze. Die innere Auseinandersetzung mit den Symbolfiguren erfolgt mimisch, gestisch, verbal oder einfach schweigend.

Darstellung

Die Erfahrung mit Vorschul- und Grundschulkindern hat gezeigt, daß das Märchen schwer zu spielen ist. Das dürfte erst mit Gruppen ab dem 3./4. Schuljahr gelingen. Eine Darstellung erfolgt günstiger über:

⁂ Das Bildhafte Gestalten:

Vorschlag: Eine Gemeinschaftsarbeit (kann natürlich auch von einem einzelnen Kind gestaltet werden, z.B. zu Hause, mit Eltern oder Geschwistern). Hier wird die Gruppe angesprochen – in der Schule, Jugendgruppe o.ä. Am attraktivsten fiel eine *Kombination aus verschiedenen Techniken* aus:

Collage mit Gegenständen, Kleister, Gemaltem, Gepreßtem usw. Hellblaue oder hellgrüne Kartons (sie können auch eingefärbt sein) werden zu einer etwa 2 qm^2 großen Fläche zusammengeklebt (die Größe ist auch von der Anzahl der Kinder abhängig). Diese Fläche wird von unten nach oben durch eine Moor-, Wald- und Schloßzone dreigeteilt. Das Ausschmücken erfolgt arbeitsteilig.

Das Moor wird mit Kleistermasse dargestellt und mit „Moorfarben" bekleckst (z.B. Dispersionsfarbe). Zweige, kleine Steinchen, Blätter, Muscheln usw. (manche Kinder wählen auch Coladeckel, Papierschnipsel, Schrauben, Reißnägel und Wäscheklammern...) werden in der Moorfläche mit eingeleimt. Lustig und geheimnisvoll wird es, wenn jedes Kind ein dunkles, schattenrißartiges Moormännlein malt, ausschneidet und auf den Moorgrund klebt.

> Das Herummantschen und Streichen im Leim auf großer Fläche mit beiden Händen wird von den Kindern mit vergnügter Hingabe gemacht. Scheuen sich Einzelne, ihre Hände mit dieser Schmiere zu beschmutzen, lasse man sie! Zwang bei solchen auch therapeutisch wirksamen Spielen wär sehr unangebracht. Das Kind würde sich mit Ekel und Angst vor der Anforderung vom Spielen und Gestalten abwenden.

Dann malt jedes Kind einen oder mehrere Bäume oder klebt gepreßte Blätter auf – in der Mittelzone angebracht, ergibt das *den Wald*. Tiere können hinzugefügt werden. Schließlich malt jedes ein verziertes Schloßelement: Türme, Tore, Wandflächen usw. in verschiedenen Größen. Gemeinschaftlich werden alle Teile über dem Wald *zum Schloß* zusammengefügt. Soll es das Kristallschloß werden, müssen alle Teile in blauen, grünen, evtl. violetten Farben gehalten werden; als Königsschloß werden bunte Farben verwendet.

> Die Kinder setzen etwas Gehörtes und innerlich Nacherlebtes in Form, Farbe und Material um. Sie müssen sich bes. um die treffenden Farben Gedanken machen (Moor-, Wald-, Irrlichterschloßfarben...). In einer Gemeinschaftsarbeit ist außerdem eine gegenseitige stete Abstimmung auf die Farbe und besonders die Größe der Motive nötig. Passen die Schloßelemente in der Größe etwa zusammen? Wer macht Laub-, wer Nadelbäume? Hat der rote Fleck im Moor einen Grund? Wieviel Teile sind schon fertig? usw. Diese Abstimmung in der Gemeinschaftsarbeit ist ein wichtiger sozialer Aspekt.

✻ Musikalische Aktion: Untermalung des Märchens:

Das Märchen wird zusammenfassend erzählt. Aus einem Angebot von Instrumenten (Orff-Instr. sind am besten für jüngere Kinder) werden die Figuren mit Klängen und Tönen verbunden: Beispiele:

- *Peters* vieles Wandern wird – je nach Situation – mit sich verändernden Tamburinschlägen angezeigt (ruhig, gehetzt, stockend, schnell, leise usw.)
- *Das Moormännlein* mit dumpfen Trommelschlägen,
- *Das Moor* mit Wasserplätschern, Wischen über das Xylophon und mit Herausziehen von Flaschenstöpseln.
- *Die Binsenfee und Prinzessin* mit dem Glockenspiel,
- *Die Hexenstimme* mit schabenden Tamburingeräuschen oder Hohlblocktrommel, Triangel usw.

  Auch Körperinstrumente und die Stimmen der Kinder werden eingesetzt. Ein Klavier ist immer günstig für Improvisationen.

1. Während der Erzählung werden die Instrumente gemeinschaftlich *vereinbart.* (Das Märchen muß als Ganzes schon bekannt sein.)
2. *Als Gedächtnisstütze* können wieder *Symbole* auf Papier oder Tafel notiert werden, damit Motiv und Instrument in ihrer Zuordnung jederzeit verfügbar sind. Vorschläge, je nachdem, ob die Kinder schon lesen können oder nicht:

3. *Spiel:* Der Erzieher (später Kinder) erzählt, die Kinder setzen begleitend ihre Instrumente ein. Wenn es nur wenige Kinder sind, kann man sie ruhig vor ein kleines „Orchester“ setzen. Man helfe ihnen beim Einsatz durch Zeichen. Bei großen Kindergruppen spielt erst ein Teil, die anderen hören zu und beurteilen evtl. die Darbietung anschließend. Dann Spielerwechsel.

   Die Kinder lernen hierbei, Figuren und Motive gefühlsmäßig zu interpretieren und dann auf passenden Instrumenten in Klänge und Töne umzusetzen. Zudem lernt das Kind, Informationen aus Symbolen, kleinen Zeichen bzw. Stichworten zu entnehmen und den Spielverlauf zwischen Erzähler und Klangerzeugern synchron zu gestalten.

✽ **Rätselmalen:** Die Kinder teilen ein Zeichenpapier durch Faltung in zwei Teile. Auf der Vorder- und Rückseite ergeben sich dadurch vier Teilflächen.
Bem: Der Erzieher sollte unbedingt zwischen den Kindern sitzen und auf einem eigenen Blatt mitmalen.
In einem additiven Malprozeß werden schrittweise Begriffe, Eigenschaften, Gefühle graphisch fixiert, die sich zum Bild summieren.

Vorschlag:

1. Bild: „Rund, schwarz!" – „Struppige Haare!" – „Feurige Augen!" – „Böses Lachen!" – „Tropfende schwarze Finger!" – „Patschige Entenfüße!" (Moormännlein)

2. Bild: „Freundliche braune Augen" – „Kopf" – „Locken" – „Starke Arme"– „Starke Beine" – „Kann schnell laufen!" – „Goldene Sichel" – „Zipfelmütze" …

3. Bild: „Rote Augen!" – „Hakennase!" – „Wilde Haare!" – „Lumpen!" – „Buckel" – „Lange Finger!" – „Krumme Füße!" … (Hexe)

4. Bild: „Blaues längliches Gesicht" (leeres Oval) – „Blaue Augen" – „Lange grüne Haare" – „Hellblaues langes Kleid" – „Schwebende Füße" – „Blaues Licht in der Hand" – „Dünner Mund" – „Kalt" – „Grüne Krone … (Irrlichterkönigin)

Die Kinder greifen verbale Impulse auf. Die Wortpuzzles werden in farbige graphische Spuren umgesetzt und zu einem Einzelbild ergänzt. Es ist wie ein Steckbriefspiel (Phantombild), indem Beschreibungen zum Bild gefügt werden. Die Phantasie des Kindes gestaltet dabei immer mehr mit, je konkreter die Gestalt wird. Der Beschreibungswortschatz (bes. auch Adjektive) wird angewendet, umgesetzt und erweitert.
Ab Schulalter etwa können die Kinder auch Eigenschaften wie „kalt", „böse" usw. graphisch umsetzen, wenn mimische und farborientierte Übungen vorausgegangen sind.

* **Verkleidungsspiel:** Aus einem entspr. Angebot verkleiden sich die Kinder mit typischen Accessoires: Z.B. Krone (aus Papier, Folie), langhaarige Perücke, Ringe und Ketten, helles langes Feen- oder Prinzessinnengewand, Schleier. Lumpen, Maske, Zipfelmütze, Sichel (gebogenes Holz o.ä.) ergänzen die Sammlung. Die verkleideten Kinder bewegen sich frei im Raum, stellen sich vor, agieren für sich oder mit anderen Märchenpartnern.

Die Kinder stellen Einzelszenen dar oder dramatisieren Märchenpassagen, die sie besonders beschäftigen. Sie lernen hierbei und bei allen Märchen, die in dieser Form gespielt werden, ihre Stimme der Person und Handlung entsprechend zu verändern (ein wichtiger phonetischer Aspekt): Freundlich, fragend, herrisch, beschwörend, kalt, gefühllos, ängstlich, zornig, verzweifelt... Lautstärke, Tonhöhe, Sprachmelodie und Gliederung im Sprechen (stockend, Kunstpause, überlegene Pause, erstauntes Schweigen, immer schneller...) werden hier wesentlich, bes. ab Grundschulalter.

Um den Kindern solche Ausdrucksformen zu entlocken, sollten

1. Kleinere Kinder zwanglos nach eigenen Vorstellungen in Aktion treten. Sie können sprechen und spielen, wann und wie sie wollen und sollten sich möglichst frei von Beobachtungen glauben.
2. Größere Kinder können gezieltes szenisches Spiel im oben erwähnten Sinne durchführen: Einzeln, in Gruppen und mit Rollentausch. Ihnen kann man auch differenzierte Ausdrucksweisen wie „beredtes Schweigen", „immer hastiger", „beschwörend", „ungläubig" usw. nahebringen.

* **Abtastspiel:** Einem Kind werden die Augen zugebunden. Es tastet die verkleideten Gestalten ab. Welche Märchenfigur ist es? Woran erkennt man sie? Man kann auch märchenfremde Figuren mit einbeziehen und definieren bzw. zuordnen lassen (Jäger, Rotkäppchen mit Korb, Zwerge mit Wattebart und Zipfelmützen, Prinz mit Krone...).

2.6 Rotkäppchen

(Aus der Märchensammlung der Gebrüder Grimm, Stuttgart 1967)

Schwerpunkte:

- Vorlesen – innere Sammlung
- Rollenspiel
- Requisitenbeschaffung, spieltechnische Details
- Rollentausch, Änderungen, Kritik
- Spiel im Wald
- Rhythmisch – musikalische Untermalung
- Doppelgängermethode, Hilfs-Ich
- Beliebte Einzelszenen
- Bildliche Darstellung
- Nachspüren und Mitmalen verschiedener Körperrhythmen: Atmen, Schnarchen, Herz- und Pulsschlag – Deutung der Notationen
- Bewegungsspiel
- Gelenkigkeitsübung und Körperorientierung
- Spiel: Der Leitwolf befiehlt
- Transparentes Fensterbild

2.6.1 Märchentext

Rotkäppchen

Es war einmal eine kleine, süße Dirne, die hatte jedermann lieb, der sie nur ansah, am liebsten aber ihre Großmutter; die wußte gar nicht, was sie dem Kind alles geben sollte. Einmal schenkte sie ihm ein Käppchen von rotem Samt, und weil ihm das so wohl stand und es nichts anderes mehr tragen wollte, hieß es nur das Rotkäppchen. Eines Tages sprach seine Mutter zu ihm: „Komm, Rotkäppchen, da hast du ein Stück Kuchen und eine Flasche Wein, bring das der Großmutter hinaus! Sie ist krank und schwach und wird sich daran laben. Mach dich auf, bevor es heiß wird! Und wenn du hinauskommst, so geh hübsch sittsam und weich nicht vom Wege ab! Sonst fällst du und zerbrichst das Glas, und die Großmutter hat nichts. Und wenn du in ihre Stube kommst, so vergiß nicht, guten Morgen zu sagen, und guck nicht erst in allen Ecken herum!"

„Ich will schon alles gut machen", sagte Rotkäppchen zur Mutter und gab ihr die Hand darauf. Die Großmutter aber wohnte draußen im Wand, eine halbe Stunde vom Dorf entfernt. Als nun Rotkäppchen in den Wald kam, begegnete ihm der Wolf. Rotkäppchen aber wußte nicht, was das für ein böses Tier war, und fürchtete sich nicht vor ihm. „Guten Tag, Rotkäppchen!“ sprach er. – „Schönen Dank, Wolf!“ – „Wo hinaus so früh, Rotkäppchen?“ – „Zur Großmutter.“ – „Was trägst du unter der Schürze?“ – „Kuchen und Wein. Gestern haben wir gebacken; da soll sich die kranke, schwache Großmutter etwas gütlich tun und sich damit stärken.“ – „Rotkäppchen, wo wohnt deine Großmutter?“ – „Noch eine gute Viertelstunde weiter im Wald. Unter den drei großen Eichbäumen, da steht ihr Haus; unten sind die Nußhecken, das wirst du ja wissen“, sagte Rotkäppchen. Der Wolf dachte bei sich: Das junge, zarte Ding, das ist ein fetter Bissen, der wird noch besser schmecken als die Alte. Du mußt es listig anfangen, damit du beide erschnappst. Er ging ein Weilchen neben Rotkäppchen her, dann sprach er: „Rotkäppchen, sieh einmal die schönen Blumen, die ringsumher stehen! Warum guckst du dich nicht um? Ich glaube, du hörst gar nicht, wie die Vöglein so lieblich singen. Du gehst ja für dich hin, als wenn du zur Schule gingst, und doch ist es so lustig draußen im Wald.“

Rotkäppchen schlug die Augen auf, und als es sah, wie die Sonnenstrahlen durch die Bäume hin und her tanzten und alles voll schöner Blumen stand, dachte es: Wenn ich der Großmutter einen frischen Strauß mitbringe, der wird ihr auch Freude machen. Es ist so früh am Tag, daß ich doch noch zur rechten Zeit ankomme. Und es lief vom Weg ab in den Wald hinein und suchte Blumen. Wenn es eine gebrochen hatte, meinte es, weiter hinaus stehe eine schönere, und es lief danach und geriet so immer tiefer in den Wald hinein. Der Wolf aber ging geradewegs nach dem Haus der Großmutter und klopfte an die Tür. „Wer ist draußen?“ – „Rotkäppchen, das bringt Kuchen und Wein. Mach auf!“ – „Drück nur auf die Klinke!“ rief die Großmutter. „Ich bin zu schwach und kann nicht aufstehen.“

Der Wolf drückte auf die Klinke. Die Tür sprang auf, und er ging, ohne ein Wort zu sprechen, gerade zum Bett der Großmutter und verschlang sie. Dann tat er ihre Kleider an, setzte ihre Haube auf, legte sich in ihr Bett und zog die Vorhänge vor.

Rotkäppchen aber war nach den Blumen umhergelaufen. Als es so viele beisammen hatte, daß es keine mehr tragen konnte, fiel ihm die Großmutter wieder ein, und es machte sich auf den Weg zu ihr. Es wunderte sich, daß die Tür aufstand, und als es in die Stube trat, kam es ihm so seltsam vor, daß es dachte: Ei, du mein Gott, wie bang wird mir's heute zumute, ich bin doch sonst so gern bei der Großmutter! Es rief: „Guten Morgen!“, bekam aber keine Antwort. Darauf ging es zum Bett und zog die Vorhänge zurück. Da lag die Großmutter, hatte die Haube tief ins Gesicht gesetzt und sah so wunderlich aus. „Ei, Großmutter, was hast du für große Ohren!“ – „Daß ich dich besser hören kann.“ – „Ei, Großmutter, was hast du für große Augen!“ – „Daß ich dich besser sehen kann.“ – „Ei, Großmutter, was hast du für große Hände!“ – „Daß ich dich besser packen kann.“ – „Aber, Großmutter, was hast du für ein

entsetzlich großes Maul!" – „Daß ich dich besser fressen kann." Kaum hatte der Wolf das gesagt, so tat er einen Satz aus dem Bett und verschlang das arme Rotkäppchen.
Als der Wolf sein Gelüste gestillt hatte, legte er sich wieder ins Bett, schlief ein, und fing an, überlaut zu schnarchen. Der Jäger ging eben an dem Haus vorbei und dachte: Wie die alte Frau schnarcht! Du mußt doch sehen, ob ihr etwas fehlt. Er trat in die Stube, und als er vor das Bett kam, sah er, daß der Wolf darin lag. „Finde ich dich hier, du alter Sünder", rief er. „Dich habe ich schon lange gesucht." Schon wollte er seine Büchse anlegen, da fiel ihm ein, der Wolf könnte die Großmutter gefressen haben, und sie wäre vielleicht noch zu retten. Er schoß also nicht, sondern nahm eine Schere und fing an, dem schlafenden Wolf den Bauch aufzuschneiden. Als er ein paar Schnitte getan hatte, sah er das rote Käppchen leuchten, und noch ein paar Schnitte, da sprang das Mädchen heraus und rief: „Ach, wie war ich erschrocken! Wie war's so dunkel in des Wolfes Leib!" Und dann kam die alte Großmutter auch noch lebendig heraus und konnte kaum atmen. Rotkäppchen aber holte geschwind große Steine. Damit füllten sie dem Wolf den Bauch und nähten ihn wieder zu. Als er aufwachte, wollte er fortspringen; aber die Steine waren so schwer, daß er gleich niedersank und sich totfiel.
Da waren alle drei vergnügt. Der Jäger zog dem Wolf den Pelz ab und ging damit heim; die Großmutter aß den Kuchen und trank den Wein, den Rotkäppchen gebracht hatte, und erholte sich wieder. Rotkäppchen aber dachte: Du willst dein Lebtag nicht wieder allein vom Weg ab in den Wald laufen, wenn dir's die Mutter verboten hat!

2.6.2 Interpretation (nach B. Bettelheim)

Rotkäppchen: Kein individueller Mädchenname, sondern verfaßt nach einem Kleidungsstück, das von einer verwöhnenden Großmutter geschenkt wurde. Der Nachdruck im Namen liegt auf der roten Farbe. Mit dieser werden nach B. Bettelheim starke Emotionen, besonders sexueller Art, symbolisiert. Das Schicksal des kleinen Mädchens prägt sich allen Kindern besonders ein, denn die Hinterlist und Brutalität des gefräßigen Wolfes läßt ja nichts an Deutlichkeit vermissen, ebenso seine Vernichtung.
B. Bettelheim berichtet, daß dieses Märchen in vielen Varianten auftritt, beginnend mit Perrault, dem großen Märchenschreiber des 17. Jahrhunderts. Dabei reichen Elemente bis in die Mythologie einerseits zurück (der Mythos von Kronos) und auf eine Wolfskind-Überlieferung aus dem 11. Jahrhundert andererseits. Perrault's Rotkäppchen (le petit chaperon rouge) endet mit dem Sieg des Wolfes, des Bösen, als Abschreckung für Kinder, verbunden mit einer Moral. Ein echtes Märchen aber

endet mit dem Sieg des Guten, und so finden wir auch die Grimmsche Version mit der Überwindung des Wolfes märchengerechter. In ihr wird die Phantasie des Kindes aktiviert und es kann dem Inhalt persönliche Bedeutung beimessen. – Das zentrale Thema in diesem Märchen ist, verschlungen zu werden. Es „... greift einige entscheidende Probleme auf, die das Schulmädchen zu lösen hat, wenn seine ödipalen Bindungen im Unbewußten verhaftet bleiben, was dazu führen kann, daß es sich auf gefährliche Weise der Möglichkeit aussetzt, verführt zu werden“[8].
Großmutters Haus im Wald und Rotkäppchens Elternhaus sind der gleiche Ort, der unterschiedlich erlebt wird, da sich die psychologische Situation ändert. Rotkäppchen bewältigt Pubertätsprobleme im Elternhaus ganz gut. In einer veränderten Situation, bei der kranken Großmutter, kann es sich jedoch nicht gegen die Folgen der Begegnung mit dem Wolf wehren, da ihm noch die nötige Reife fehlt. Über orale Fixierungen des kleinen Kindes ist die „Heldin“ hinaus. Sie kann und will den Überfluß, in dem sie lebt, gerne mit der Großmutter teilen. Es fürchtet sich nicht vor dem „Draußen“, dem Weg durch den Wald. Allerdings mahnt die Mutter, daß es nicht vom rechten Weg abgehe. Rotkäppchen empfindet als offenbar normal entwickeltes Kind (man kann schlußfolgern, daß es etwa 10 Jahre alt ist) die Welt draußen als schön, und da es von seinen Eltern scheinbar realitätsgerecht erzogen wurde (s. Mahnung, Zuwendung), ist es der Gefahr ausgesetzt, durch die Reize der Außenwelt dem Lustprinzip zu folgen (alles Verbotene oder Unbekannte reizt besonders!). Es ist der alte Konflikt zwischen dem Wollen und Sollen, zwischen Vergnügen und Pflicht.

Diese Entscheidung, dem Lust- oder Realitätsprinzip zu gehorchen, wird hübsch herausgestellt. Ersteres wird dadurch versinnbildlicht, daß Rotkäppchen Blumen pflückt (auch ein symbolischer Ausdruck für das Selbst und für persönliche Gefühle...), bis es genug hat, und dem Gesang der Vögel lauscht, nachdem der Wolf es auf diese Dinge aufmerksam gemacht hat. Zweiteres kommt in der mütterlichen Mahnung zum Ausdruck, nicht vom Wege abzugehen, die Großmutter ordentlich zu grüßen und nicht in alle Ecken zu gucken (die Geheimnisse der Erwachsenen zu belauschen). R. hat Ähnlichkeit mit einem Kind, das bereits in der Pubertät steckt, für die es aber emotional noch nicht reif ist, da es seine ödipalen Probleme noch nicht ganz bewältigt hat. Eine gewisse Reife zeigt sich dadurch, daß es nicht mehr naiv alles hinnimmt, sondern fragt und neugierig ist (es wundert sich ja über die „seltsame Großmutter“). Bei Rotkäppchen werden in symbolischen Geschehnissen unausgereifte ödipale Konflikte in der Pubertät mit ausgetragen. Die Identifikation mit beiden Elternteilen und seine Rolle zwischen ihnen ist noch nicht gelungen. Im Märchen werden Mutter und Großmutter zu recht unerheblichen, aber schuldbeladenen Figuren (sie sind *eine* Mutter), da sie mit dem roten Käppchen, dem Symbol offen getragener Sexualität, auf das Kind zu früh eine sexuelle Anziehungskraft übertragen (welche der Mutter zusteht; Rottkäppchen ist noch zu jung). Die Ambivalenz des männlichen Prinzips dagegen wird symbolisch im Wolf als dem gefährlichen, vernichtungswilligen Verführer und dem Jäger als der verantwortungsbewußten, beherrschten Vaterfigur aufgetrennt. Wolf und Jäger sind gegen-

8 B. Bettelheim, 1977, S. 161

sätzliche Tendenzen, wie sie in jedem Menschen zwischen dem Es und Ich, dem Destruktiven und Sozialen bestehen. Rotkäppchen versucht offenbar, diese beiden Naturen des Mannes (zu früh!) zu erforschen. Eine sichere Wertung fällt ihm mangels Erfahrung nicht leicht; die liebenswürdige Seite des Wolfes im Wald wirkt ja auch recht verführerisch. Daß der Wolf eine Mutterfigur verschlingen kann, hat er Rotkäppchen und dessen genauen Auskünften über den Weg zum Häuschen zu verdanken. Dies weist einen verbliebenen ödipalen, lustorientierten Konflikt auf. Die Strafe folgt sogleich, da der Wolf nun auch das Kind verschlingt. Rotkäppchen ist psychologisch noch zu unreif für sexuelle Erlebnisse – in solchen Fällen werden nur primitive Gefühle geweckt, die in jedem Menschen stecken und ihn zu „verschlingen" drohen. Rotkäppchens ambivalente Gefühle bei der genauen Beschreibung des Weges kommen wohl darin zum Ausdruck, daß es in instinktivem Selbstschutz den Weg zur erfahreneren Frau (= Mutter/Großmutter) weist, die mit dem Verführer sicher besser fertig wird, und zugleich durch den Wolf eine reifere Nebenbuhlerin vom Hals haben will – Motive der Eifersucht und der eigenen Unsicherheit. Das Märchen erzählt, daß Rotkäppchen mit dieser neugierig-frühen Begegnung und Verführung durch eine männliche Gestalt, die für das Kind nur asozial und animalisch erscheint, beinahe vernichtet wird. Aus der Perspektive des „Wolfes" erscheint es sinnvoll, R. erst zu verschlingen (verführen), wenn er vorher die (Groß-)Mutter beseitigt hat. Aus Rotkäppchens Sicht widerum kann man seine ödipalen Wünsche interpretieren, die die Mutter verbannen und den Vater begehren: Es wünscht, daß sein Vater es mehr liebhabe als alle anderen und daß er solche Liebe auch in seinem Töchterchen wecke.
Es bleibt hier festzustellen, daß dem Kind beim Vorlesen oder Erzählen des Märchens keine Interpretation geliefert werden darf. Sexuelle Zusammenhänge bleiben vorbewußt. Aber es kann erkennen, daß es Dinge gibt, die es gerne tun würde, die aber von den Eltern nicht gestattet werden können. Vom Wege abzugehen, in harmloser Absicht eigenen Wünschen nachzugehen, kann einen teuer zu stehen kommen – so, wie es Rotkäppchen geschah.
Rotkäppchens Vater, nicht als solcher erwähnt, tritt symbolisch – wie bereits erwähnt – ambivalent im Wolf und Jäger auf. Als Jäger ist er eine rettende, beschützende, besonnene Figur, von der das Kind mit Recht erwarten kann, daß er es rettet. Des Jägers Vernunft (sein Ich) siegt über seinen Zorn (sein Es), als er den Wolf nicht erschießt, sondern ihm vorsichtig den Bauch aufschneidet (hiermit werden auch Geburtsvorstellungen wach, die man sogar lebend überstehen kann – wie beruhigend für ein Kind. Der Wolf stirbt ja nicht am Schnitt, sondern stürzt sich in seiner Gier zu Tode). Das grausam erscheinende Aufschneiden wird damit gerechtfertigt, daß es hohen sozialen Zielen dient: Nämlich, zwei Menschen zu retten. Die Heldin aber dokumentiert mit der Idee und eigenen Ausführung, den Wolfsbauch mit Steinen zu füllen, daß es sich aus seiner Schwäche gegenüber dem Wolf (dem Bösen, Verführenden), befreit hat. Rotkäppchen und seine (Groß-)Mutter haben eine seelische Entwicklung auf eine höhere Ebene hin durchgemacht. Diese Wiedergeburt wird in dem Bild des aufgeschnittenen Bauches besonders sinnfällig. Nach diesem Reifungsprozeß kann sich R. auch wieder mit der

Muttergestalt identifizieren, durch sie weiterlernen und erwachsen werden. Durch die Wiedergeburt der (Groß-)Mutter ist schließlich auch diese mütterlicher geworden, denn sie vermag nun neu aktiv zu werden und ihr Kind zu beschützen; vorher war sie hierfür zu schwach. Rotkäppchen fühlte sich im Bauch des Wolfes sehr lebendig: Es erzählt später von seiner vitalen Angst vor der Dunkelheit darin. Sein augenblickliches Scheitern (Verschlungenwerden) entsprang der Tatsache, daß es einer Aufgabe der Reifelage entsprechend emotional noch nicht gewachsen war, wobei der seelische Rückfall übertreibend symbolisch bis in ein vorgeburtliches Stadium („im Bauch") dargestellt wird. Nach seinem Erlebnis wird es eine Begegnung mit dem Wolf nicht mehr fürchten. Rotkäppchens Erkenntnis: „Du willst dein Lebtag nicht wieder allein vom Wege ab in den Wald laufen, wenn dir's die Mutter verboten hat," – zeigt, daß es durchaus gewillt ist, den gleichen Weg durch den Wald wieder zu wagen und eine Wolfsbegegnung zu riskieren; – daß es Problemen nicht ausweicht, daß es aber auch ratsam ist, mütterliche Ermahnungen anzunehmen und sich auf den väterlichen Schutz zu verlassen.

Zur Interpretation allgemein sei hier noch zitiert: „Viele Erwachsene neigen heute dazu, die Dinge, die in Märchen vorkommen, wörtlich zu nehmen, während sie als symbolische Wiedergabe kritischer Lebenserfahrungen zu verstehen sind. Ein Kind begreift das intuitiv, auch wenn es das nicht auszudrücken weiß."[9] Und an anderer Stelle: „... Die gleichen grundsätzlichen psychologischen Konstellationen, die in der Persönlichkeitsentwicklung eines jeden Menschen vorkommen, können zu den unterschiedlichsten menschlichen Schicksalen und Persönlichkeiten führen, je nachdem, wie die übrigen Erfahrungen des Betreffenden beschaffen sind und wie er sie selbst interpretiert. So schildert auch eine begrenzte Anzahl von Grundthemen in den Märchen ganz verschiedene Aspekte menschlicher Erfahrungen; dabei hängt alles davon ab, wie ein solches Motiv verarbeitet wird und in welchem Kontext die Ereignisse sich abspielen ..."[10] Das heißt, Interpretationen sind nie allgemeinverbindlich; jeder entnimmt sich aus dem großen Spielraum, was seinen augenblicklichen Bedürfnissen entspricht; was sein Unterbewußtes, aber auch sein bewußtes Nachdenken (bei Größeren) an Informationen verarbeitet und als bereichernd für das seelische Wachstum und Wohlbefinden akzeptiert.

9 B. Bettelheim, 1977, S. 269
10 160/161

2.6.3 Abbildung 6: Rotkäppchen

Transparentes Fensterbild in 12 Szenen, beginnend links oben. (Arbeit von Zweitkläßlern einer Grundschule)

2.6.4 Spiel- und Gestaltungsvorschläge

❊ **Vorlesen oder Erzählen:** Das weltbekannte Märchen eignet sich ebenso zum Vorlesen wie zum Erzählen und ist auch für kleine Kinder überschaubar. Die altertümliche Sprache wirkt reizvoll – die Kinder können sich vielleicht sogar noch leichter in die Märchenatmosphäre einfinden – eine „Modernisierung" der Sprache ist kaum nötig (wie bei den anderen Volksmärchen auch).
Das Erzählen wirkt immer sehr unmittelbar auf die Kleinen ein. *Größeren kann man das Märchen auch einmal im verdunkelten Zimmer erzählen – oder im Wald.* Das erhöht die Spannung und die Konzentration. Außerdem gehört dazu aber auch eine geschickte Erzählweise, nicht zu viele Kinder und ein gutes Erzieher-Kind-Verhältnis, da die Wirkung bei phantasiebegabten und sensiblen Kindern sehr intensiv sein kann.

Viele Kinder müssen das Zuhören erst wieder erlernen. Sie sind unruhig und können sich nicht über eine längere Zeit konzentrieren. Vor dem Erzählen oder Vorlesen werden wir also die Kinder um uns versammeln, für bequeme Sitzgelegenheit sorgen und erst beginnen, wenn alles still ist. Unruhige Kinder nehme man auf den Schoß oder in den Arm, andere spreche man während des Erzählens direkt an. Es ist günstig, mit relativ leiser Stimme zu sprechen. Das beruhigt und sammelt zugleich.

❊ **Rollenspiel:**

Die Handlung ist hierfür geeignet. Der Inhalt muß gut bekannt sein.

Das Rollenspiel hilft bei der Auseinandersetzung mit dem Inhalt der Märchen. Die Kinder versenken sich in eine Rolle und versuchen, ihr mimisch-gestisch gerecht zu werden und sie in Sprache zu fassen. Sie stellen einen vorgegebenen Ablauf dar, der sie zum Einhalten der Rollen und Regeln anhält, zum Beobachten, zur kritischen Auseinandersetzung und zum Rollenwechsel. Das Spielen der Märchen hat weniger eine Funktion unter literarischem als unter psychologischem Aspekt. Die Kinder identifizieren sich mit Einzelfiguren und Handlungen (Wunschhandeln), spielen sich aus, dramatisieren und wandeln um.

1. *Wir beschaffen Requisiten:*
   Dazu setzen wir uns im Kreis zusammen und halten die Vorschläge der Kinder fest. Nötig sind: Zwei Häuser, viele Bäume, ein Korb mit Wein und Kuchen, ein Bett. In Schulen, Kindergärten und Jugendgruppen – zu Hause ebenso – bieten sich die Stühle als Bäume an. Rotkäppchens Elternhaus und Großmutters Häuschen werden durch vorhandene Spielhütten, Kartons, Bauelemente, Tische oder Raumteiler aufgebaut. Ein Körbchen oder Täschchen ist immer zur Hand, gefüllt mit einer vorbereiteten Flasche Saft und Kuchen oder Keksen. Diese Dinge sollten echt sein, denn die Kinder wollen die Mahlzeit mit Jäger und

Großmutter nicht nur mimen, sondern als harmonische Abrundung wirklich darstellen. Ganz besonders muß überlegt werden, wie die Großmutter im Bett liegt und gefressen wird. Mit einer Decke über dem Wolfsbauch, unter das die Opfer kriechen können, läßt sich das Fressen gut inszenieren. Ebenso das Bauchaufschneiden und Steine-Füllen: Mit einer Jacke z.B., die sich durch Reißverschluß öffnen und schließen läßt und mit Bausteinen gefüllt wird.

Die Kinder deuten Gegenstände des Raumes und Gebrauchsgegenstände entspr. ihrer Spielidee um. Die Vorstellungskraft wird entwickelt.

2. *Verteilung der Rollen:* Rotkäppchen, Mutter, Großmutter, Jäger und Wolf. Das sind nicht viele Figuren, aber auch bei größeren Gruppen können wir alle beschäftigen: Wer keine Rolle hat, mimt als Tier oder steigt auf den Stuhl und spielt mit ausgebreiteten oder hängenden Armen „Baum" (wie bei Hänsel u. Gretel).
3. *Spielverlauf:* Mit einem Durchspiel ist es nicht getan – der Ablauf sollte auf *Rollenwechsel* abgestimmt sein. D.h.: Die „Waldkinder" verfolgen das Spiel der Hauptfiguren aufmerksam, da sie anschließend deren Rolle selber im Tausch übernehmen sollen. Nach dem 1. Spiel kommen häufig Änderungsvorschläge, vor allem auch Kritik an einzelnen Kindern. Besonders die kritischen Stimmen müssen beachtet werden, um Nörgelei und verletzende Äußerungen zu kanalisieren. Jedes Kind soll wissen, daß es mitspielen darf, beobachten und Verbesserungsvorschläge machen kann. Es darf konstruktive Kritik üben, muß solche aber auch ertragen.
4. Es ist herrlich, Rotkäppchen (wie auch Hänsel und Gretel) *im Wald* zu spielen! Durchführung: Ähnlich wie im Raum, nur weitläufiger.

*** Rhythmisch – musikalische Untermalung:**

Die „Bäume" erhalten *Instrumente* wie Rasseln und Schellen, Handtrommeln und Tamburine, Gong und Triangeln usw. Wenn Rotkäppchen im Wald läuft, spielen die Baumkinder leise mit klingenden, rasselnden, schabenden, klopfenden Geräuschen – sie bedeuten das Rauschen des Windes in den Ästen, das Zwitschern der Vögel, das Hämmern des Spechtes...

Sprechrhythmus: Wenn der Wolf kommt, flüstern alle Bäume z.B. rhythmisch und dabei im Crescendo: „Vor-sicht-der-Wolf-kommt!..." Wenn der Übeltäter zur Großmutter läuft: „Vor-sicht-der-Wolf-will-dich-fres-sen!...". Dabei werden auch die Instrumentengeräusche unruhiger, lauter. Einsatz, Lautstärke und Ende wird vom Erzieher mit Handzeichen angedeutet.

1. Diese rhythmisch-musikalischen Einlagen werden geprobt.
2. Erneutes Durchspiel – jedes Kind kommt nun in seiner Rolle und in einer gewechselten Rolle zum Zuge.

❊ Die Doppelgängermethode wird eingesetzt:

Sehr zaghaften Kindern kann man dadurch helfen, daß man ihnen ein „Hilfs-Ich" zur Seite gibt: Der Erzieher oder ein älteres, gewandteres Kind steht hinter dem schüchternen und hilft ihm beim Sprechen.

Wir wollen hier den Doppelgänger auch als echte Rolle einfügen:

Der Wolf wird durch zwei sich haltende Kinder gespielt. Der eine Wolf spricht *laut,* was er zu Rotkäppchen und der Großmutter sagt. Der andere spricht *leise,* was der Wolf denkt.
Z.B.: 1. Wolfsteil, laut: „Rotkäppchen, schau dir die vielen schönen Blumen an! Willst du dir nicht einen Strauß pflücken?"
2. Wolfsteil, leise gemurmelt: „Na, die werde ich nachher fressen!"...

Es ist gar nicht leicht, sich mit *einer* Figur zu identifizieren und die scheinbare Ambivalenz von Freundlichkeit und Gier verbal auszudrücken. Oft fühlt sich das leise sprechende Kind von der Aussage des lautsprechenden Teils zuerst verwirrt. Mit 5- bis 6jährigen muß deshalb die Doppelgängerrolle im Voraus geübt werden. Größere Kinder spielen die Widersprüchlichkeit mit sehr viel Phantasie.

❊ Wir spielen beliebte Einzelszenen:

1. Die Begegnung mit dem Wolf.
2. Der Wolf frißt Großmutter und Rotkäppchen. Die Steigerung im Dialog zwischen Rotkäppchen und dem Wolf, in dem einerseits wachsendes Unbehagen (des Rotkäppchens), anderseits die vier Sinne in den Antworten des Wolfes angesprochen werden (hören, sehen, fühlen, schmecken), wird stets mit großer Begeisterung gespielt.
3. Der Jäger befreit Rotkäppchen und die Großmutter, indem er den Bauch aufschneidet. Rotkäppchen füllt die Steine ein, und der Wolf stürzt sich zu Tode. Sie essen gemeinsam.

   Große Spielfreude kommt hier zutage. Manchen Kindern ist es ein offenbares Bedürfnis, einmal so richtig böse, wild und gefährlich sein zu dürfen – eine legale Möglichkeit, solch verborgene Wünsche im Spiel auszutoben! Manche werden beim Fressen geradezu grob. Wir dürfen sie dann aber nicht prosaisch zurechtweisen und Entwicklungsvorgänge seelischer Art brüsk abstoppen. Vielmehr geben wir dem Kind im Rahmen des Spielens einen Hinweis, der es beruhigt und nicht vor den anderen beschämt, z.B.: „Der Wolf hat das Rotkäppchen nun gefressen. Er hat doch ein solch großes Maul, daß er gleich das ganze Kind schlucken kann!" „Ein echter Wolf ist so stark, daß er es nicht nötig hat, sein Opfer erst herumzustoßen und ihm wehzutun!..."

✻ Bildhaftes Gestalten:

Jedes Kind malt hier gerne für sich, was es am spannendsten findet. Kleinere stellen meist nur den Wolf und/oder das Rotkäppchen dar oder den Wolf mit dem dicken Bauch im Bett. Größere malen auch Handlungszusammenhänge, die über den statischen Bildeindruck der Kleinen hinausgehen, z.B. Szenen wie die Begegnung im Wald und Großmutters Haus in der Ferne. Oder der Wolf frißt gerade Rotkäppchen und draußen taucht eben der Jäger auf usw.

Es gehört mit zur Verarbeitung emotional bestimmter Themen wie dieses Märchen, daß es auch in bildhafte Form gefaßt und farblich ausgedrückt wird. Die Wildheit des Wolfes wird vor allem durch seine im Verhältnis zu anderen Details besondere Größe herausgestellt. Auch Zähne, offenes Maul und Pranken sind oft ausdrucksstark. Wie sehr gerade dieses Untier, das bildlich eine Figur des ungeordneten Unbewußten darstellt, fasziniert und nach Darstellung drängt, wird auch dadurch deutlich, daß im Vergleich die Großmutter fast nie, die Mutter ebenso selten und das kleine Mädchen meist wirklich nur klein und brav ausfällt.

✻ Wir spüren dem Körperrhythmus nach:

Wir horchen auf unseren Atem und bewegen uns rhythmisch mit:

1. *Großmotorisch:* Unsere Hand steigt und fällt mit dem Ein- und Ausatmen – ganz ruhig.
2. *Feinmotorisch:* Wie sieht hierzu die graphische Bewegungsspur aus? Regelmäßiges Auf und Ab mit dem Stift: Wir atmen entsprechend mit:

   Regelmäßiges Atmen: 

3. Rotkäppchen bekommt Angst. Unruhiges Atmen – wie läßt sich dies malen?

   Angst, unruhiges Atmen: 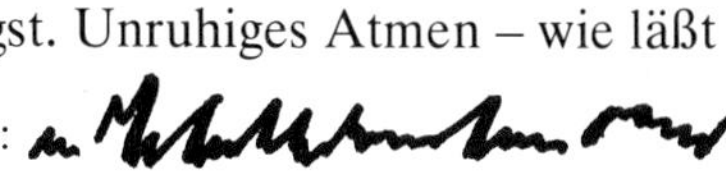

4. Wie schlägt ihr Herz in der Angst? Wer kann den Puls fühlen?

   Herzschläge in Angst: 

5. Der Wolf schnarcht und atmet langsam aus und ein. Im Schlaf schlägt auch das Herz langsamer.

   Schnarchender Wolf: 
   Langsamer Herzschlag im Schlaf: 

✻ Deutung graphischer Notation:

Wir „lesen" vom Papier ab, ob Rotkäppchen ruhig ist, Angst bekommt, der Wolf schläft usw. Mit solchen Notationen kann man ganze Geschichten malen und Stimmungen und Körpervorgänge deuten lassen.

Die Kinder horchen in ihren Körper, spüren einem natürlichen Körperrythmus nach, setzen ihn in große Bewegungen und dann in symbolische graphische Zeichen um. Sie können diese Notationen wieder ablesen.

✻ Bewegungsspiel:

Alle werden in Wölfe verwandelt und bewegen sich im „Zimmerkäfig". Vorher sollten einige *Sachinformationen* geliefert werden: Über Nahrung, Familien- und Rudelleben (soziale Ordnung), Gewohnheiten; dazu Bildbetrachtung in Lexikas und Büchern.
Wir benennen die Teile des eigenen Körpers und deuten auf den Wolfskörper um: Vorder- und Hinterbeine, Pfoten, Rückenform, Kopf und Schnauze, Barthaare, Schwanz, Pelz. Damit können die Wölfe springen, jagen, sich ducken, schleichen, stehen, sich aufrichten, kämpfen usw. –
So werden Grobmotorik und Körperbewußtsein geschult und bewußt eingesetzt.

✻ Gelenkigkeitsübung:

Alle Wölfe putzen sich: Linke Pfote, rechtes Vorderbein, Rücken oben, Bauch unten, Schwanz hinten, rechtes Hinterbein, linkes Ohr...

Dieses Spiel macht Spaß, man muß aber den Kindern bei der Körperorientierung immer wieder helfen. Die Kinder identifizieren Körperteile mit genauen Raumbezeichnungen: Rechts, links, hinten... und bewegen sich in wolfartigen Stellungen auf das „Maul", den Mund, zu. Dabei lernen sie auch, in wechselnden Stellungen das Gleichgewicht zu halten. (Bewußt durchgestaltete Übungen dieser Art nähern sich dem psychomotorischen Training.)

✻ Spiel: der Leitwolf befiehlt:

Jeder darf einmal Leitwolf sein und den anderen befehlen: Alle richten sich nach seinen Ideen: Über Hindernisse laufen, von Tisch zu Tisch springen, rasen und fürchterlich heulen, Gegenstände mit dem Maul packen und dergl. mehr.

Dieses Führen und Führenlassen hat eine soziale Funktion: Jeder darf mal anführen, soll sich aber auch in der Gruppe unterordnen. Jeder darf seine Ideen präsentieren und kann sie und damit sich durch die nachahmende Gruppe bestätigt sehen.

✻ Transparentes Fensterbild: (s. Abb.)

Mehrere Kinder stimmen sich thematisch ab, so daß eine Bilderfolge entsteht. Die Vorschläge sollen frei und je nach Neigung kommen. Z.B.: Rotkäppchen verläßt seine Mutter – es begegnet dem Wolf – es pflückt Blumen – der Wolf frißt die Großmutter usw. Die Bildflächen sollten mit Wachsfarben kräftig und ganzflächig bemalt werden.
Anschließend werden beide Seiten mit Öl (Salatöl o.ä.) bestrichen. Nach der „Trocknung" (das satt getränkte Papier fühlt sich fettig an) erscheinen die Bilder glasig und – thematisch als Folge an das Fenster mit Tesastreifen geklebt – transparent wie ein buntes Glasfenster (Kirchenfenster).

2.7 Hirsedieb (ab etwa 7 Jahre)

(Aus der Märchensammlung von Ludwig Bechstein)

Schwerpunkte:

- Herstellung von Handpuppen, versch. Techniken, Ausstaffierung, Kulissen, Requisiten, Rahmen
- Inszenierung: Gestaltung und Sprache, schrittweises Vorgehen
- Fabulierphase mit Erfinden einer Vorgeschichte und Handlungsänderungen
- Handpuppenspiel mit veränderten Inhalten
- Bewegungsspiele, Pferdchenspiele: Frei, nach Regeln, kodiert, in Variationen
- Märchenerlebnis mit Spielzeugteilen

2.7.1 Märchentext

Hirsedieb

In einer Stadt wohnte ein sehr reicher Kaufmann, der hatte am Haus einen großen und prächtigen Garten, in dem auch ein Stück Land mit Hirse besät war. Da nun dieser Kaufmann einmal in seinem Garten herumspazierte, – es war zur Frühjahrszeit, und die Hirse stand frisch und kräftig – so sah er zu seinem größten Ärger und Verdruß, daß verwichene Nacht von frecher Diebeshand ein Teil abgegrast worden war; und gerade dieses Gartenäckerlein war ihm ganz besonders lieb. Er beschloß, den Dieb zu fangen und dem Gerichte zu übergeben. Daher er seine drei Söhne Michel, Georg und Johannes zu sich rief und sprach: „Heute nacht war ein Dieb in unserem Garten und hat mir einen Teil Hirse abgegrast, was mich höchlich ärgerte. Der Frevler muß gefangen werden und soll mir büßen! Ihr, meine Söhne, mögt nun wachen die Nächte hindurch, einer um den andern, und wer den Dieb fängt, soll von mir eine stattliche Belohnung bekommen.“ Der älteste, Michel, wachte die erste Nacht; er nahm sich etliche geladene Pistolen und einen scharfen Säbel, auch zu essen und zu trinken mit, hüllte sich in einen warmen Mantel und setzte sich hinter einen blühenden Holunderbusch, hinter dem er bald fest einschlief. Wie er am hellen Morgen erwachte, war ein noch größeres Stück abgegrast, als in voriger Nacht. Und als nun der Kaufmann in den Garten kam und das sah und merkte, ward er noch ärgerlicher und schalt und höhnte ihn als einen braven Wächter, der ihm samt seinen Pistolen und Säbel selbst gestohlen werden könne!

Die andere Nacht wachte Georg; dieser nahm sich nebst den Waffen auch noch einen Knittel und starke Stricke mit. Aber der gute Wächter Georg schlief ebenfalls ein und fand am Morgen, daß der Hirsedieb wieder tüchtig gegraset hatte. Der Vater ward ganz wild und sagte: „Wenn der dritte Wächter ausgeschlafen hat, wird die Hirsesaat vollends zum Kuckuck sein, und es wird dann keines Wächters mehr bedürfen!"

Die dritte Nacht kam nun an Johannes die Reihe. Dieser nahm trotz alles Zuredens keine Waffen mit; doch hatte er sich im geheimen mit recht probaten Waffen gegen den Schlaf versehen; er hatte sich Disteln und Dornen gesucht, und diese an seinem Wächterplatz vor sich aufgebaut. Wenn er nun einnicken wollte, stieß er allemal mit der Nase an die Stacheln und wurde gleich wieder munter. Als die Mitternacht herbeikam, hörte er ein Getrappel; es kam näher und näher, machte sich in den Hirsesamen, und da hörte Johannes ein recht fleißiges Abraufen. Halt, dachte er, da hab' ich dich! und er zog einen Strick aus der Tasche, schob leise die Dornen zurück und schlich dem Dieb vorsichtig näher. Als er hinzukam – wer hätte das vermutet? – war der Dieb – ein allerliebstes kleines Pferdchen. Johannes war innerlich erfreut, hatte auch mit dem Einfangen gar keine Mühe; das Tierchen folgte ihm willig zum Stall, den Johannes fest verschloß. Und nun konnte er noch ganz gemach in seinem Bette ausschlafen. Früh, als seine Brüder aufstiegen und hinunter in den Garten gehen wollten, sahen sie mit Staunen, daß Johannes in seinem Bette lag und schlief. Da weckten sie ihn und höhnten ihn mit allerlei Neckreden, daß er der beste Wächter sei, da er sogar nicht einmal die Nacht ausgehalten habe auf seiner Wache. Aber Johannes sagte: „Seid ihr nur ganz stille, ich will euch den Hirsedieb schon zeigen." Und sein Vater und seine Brüder mußten ihm zum Stalle folgen, wo das wundersame Pferdlein stand, von dem niemand zu sagen wußte, woher es gekommen und wem es zugehörte. Es war von zartem und schlankem Bau und ganz silberweiß. Da hatte der Kaufmann eine große Freude und schenkte seinem wackeren Johannes das Pferdchen als Belohnung; der nahm es freudig an und nannte es Hirsedieb.

Bald vernahmen die Brüder, daß eine schöne Prinzessin verzaubert wäre im Schloß, das auf dem gläsernen Berge stehe, zu welchem niemand wegen der großen Glätte emporklimmen könne. Wer aber glücklich hinauf und dreimal um das Schloß herumreite, der erlöse die schöne Prinzessin und bekomme sie zur Gemahlin. Gar unendlich viele hätten schon den Bergritt probiert, wären aber alle wieder herabgestürzt und lägen tot umher.

Diese Wundermär erscholl durchs ganze Land, und auch die drei Brüder bekamen Lust, ihr Glück zu versuchen, nach dem gläsernen Berg zu reiten und – die schöne Prinzessin zu gewinnen. Michel und Georg kauften sich junge, starke Pferde, deren Hufeisen sie tüchtig schärfen ließen, und Johannes sattelte seinen kleinen Hirsedieb, und so ging es aus zum Glücksritt. Bald erreichten sie den gläsernen Berg, der älteste ritt zuerst, aber ach – sein Roß glitt aus, stürzte mit ihm nieder und beide, Roß und Mann, vergaßen das Wiederaufstehen. Der zweite ritt, aber auch sein Roß glitt aus, stürzte mit ihm nieder, und beide, Mann und Roß, vergaßen auch das Aufstehen. Nun ritt

Johannes, und es ging trapp trapp trapp trapp – droben waren sie, und wieder trapp trapp trapp trapp – und sie waren dreimal ums Schloß herum, als wenn Hirsedieb schon hundertmal diesen gefährlichen Weg gelaufen wäre. Nun ging die Schloßtüre auf, und es trat die schöne Prinzessin heraus; sie war ganz in Seide und Gold gekleidet und breitete freudig die Arme gegen Johannes aus. Und er stieg schnell vom Pferdlein und eilte, die holde Prinzessin zu umfangen. Und die Prinzessin wandte sich zum Pferdlein, liebkosete es und sprach: „Ei, du kleiner Schelm, warum warst du mir denn entlaufen, daß ich nicht mehr die einzige Nachtstunde, die mir vergönnet war, unten auf der grünen Erde zu weilen, genießen konnte? Nun darfst du uns nimmermehr verlassen." – Und da ward Johannes gewahr, daß sein Hirsediebchen das Zauberpferdlein seiner himmelschönen Prinzessin war. Seine Brüder kamen wieder auf von ihrem Fall, Johannes aber sahen sie nicht wieder, denn der lebte glücklich mit seinem Engel im Zauberschloß auf dem gläsernen Berge, aber auch zu diesem Berge fand kein Menschenkind mehr den Weg, weil der Zauber gelöst und die Prinzessin von ihrem Bann befreit worden war, durch ihr kluges Rößlein, das den rechten Befreier und Gemahl ihr zugetragen.

2.7.2 Interpretation

In „Hirsedieb" bestimmt der Dreier-Rhythmus deutlich die Szene: 3 Brüder, 3 Nächte, 3 Pferde, 3 Ritte um das Schloß auf dem Glasberg, 3 Versuche, den Berg zu bezwingen. Dazu wird die Dreiheit der Brüder aufgelöst und in eine neue Dreier-Gruppe umgewandelt: In die mit dem Märchenhelden Johannes, der Prinzessin und dem Pferdchen Hirsedieb. Dieses Pferdchen, das eine tragende und die Handlung vorwärtstreibende Rolle spielt, erscheint als ein magischer Helfer – ohne dieses animalische Wesen käme die wesentliche Begegnung zwischen Johannes und der verzauberten Prinzessin gar nicht zustande. Eine Aussage über den Inhalt des Märchens finden wir deshalb gewiß u. a. in diesem Tierhelfer, der als einziger in der Lage ist, aus der reellen Welt der 3 Brüder in das magische Reich im Glasberg einzudringen, und der die Verbindung zwischen Johannes und der Prinzessin herstellt, sobald die Zeit dazu reif ist. Wenden wir uns zuerst den 3 Brüdern zu:
Wie in den meisten Märchen ist es der Jüngste, der schließlich Erfolg hat. Für unsere Kinder beinhaltet diese Information eine große Ermutigung: Obwohl er der Kleinste, Schwächste und Unerfahrenste ist – oft als Dummling geltend –, der nicht ernst genommen wird, ist gerade ihm der Erfolg beschieden. Das ist eine Rolle, die sich jedes Kind wünscht und in die es oft genug in Tagträumen und in seinem Wunschdenken fällt: „Wenn die anderen nur wüßten, was ich eigentlich kann! Die werden staunen, wenn ich erst einmal...". Das symbolische Geschehen im Märchen gibt uns die Auskunft, daß sich Johannes wohl mitten in der Adoleszens befindet.

Offenbar ruhig und geborgen verläuft sein Leben in einem reichen Elternhaus. Eine schicksalhafte Naturnähe wird durch den mit Hirse bebauten Garten angezeigt. Der Vater schließlich, der den prächtigen Garten angelegt hat und ihn gerne betrachtet, gerade auch im Frühjahr, in dem alles sprießt und sich regt, er ist es, der seinen Söhnen den Auftrag erteilt, den Hirsedieb zu fangen. Seine Gestalt bietet sich im übrigen von Natur aus für die heranwachsenden Söhne zur Identifikation an. Um ein Stück Natur und Fruchtbarkeit zu retten, müssen sie nun eine andere Natur in Gestalt des animalischen Wesens bezähmen – sinnigerweise im Frühling, der symbolisch zu den Heranwachsenden paßt.
Einen Schritt zur Reife, zum Erfolg, macht Johannes, als er das Pferdchen fängt: Nicht mit Säbeln und Pistolen wie die beiden älteren Brüder, sondern mit „Naturwaffen" wie Disteln und Dornen. Übertragen gesehen verläßt er sich nach den Fehlschlägen der anderen nicht nur auf seinen Verstand, seine Ratio, sondern besonders auf sein Gefühl. Den unbeholfenen Einsatz scharfer Waffen ersetzt er instinktsicher durch stechende pflanzliche „Waffen". So bedarf es denn auch schließlich gar keiner rohen Gewalt – das „allerliebste kleine Pferdchen" folgt willig in den Stall. Gerade mit den „leichten Naturgeschützen", mit behutsamer, leichter Hand fängt er sich dieses animalische Wesen, das damit – ins Psychologische übertragen – aufhört, im Unbewußten von der wertvollen Substanz zu fressen. Der Schluß des Märchens zeigt sogar, daß es das Tier förmlich mit seiner Graserei darauf angelegt hat, beachtet und eingefangen zu werden.
Doch noch ist Johannes nicht reif für seine große Tat; es dauert seine Zeit, bis die Mär von der schönen, verzauberten Prinzessin auf dem gläsernen Berg zu ihm und seinen Brüdern dringt. Die Versuche, den Glasberg zu erklimmen, endeten bereits für viele tödlich und auch für die beiden älteren Brüder mit einem betäubenden Sturz. – Es wurde an anderer Stelle bereits darauf hingewiesen, daß die drei Brüder (in anderen Märchen auch Schwestern) im Grunde *eine* Persönlichkeit in verschiedenen Reifestadien darstellen, und daß Johannes als Inkarnation seiner gescheiterten Brüder zu verstehen ist. Zweimal setzt er also zu früh zum großen Sturm auf den Glasberg an, um seine „Prinzessin zu erlösen" und – übertragen – mit vollendeter Tat nicht nur ein Erwachsener, sondern insgesamt eine integrierte Persönlichkeit zu werden: Durch den Einbezug animalischer Kräfte, deren Sublimierung, und durch Forderungen von außen her (die Integrierung von Es, Ich und Über-Ich zu einer harmonischen Gesamtpersönlichkeit). Sehen wir nun Johannes als *eine* Person aus drei Brüdern, so verstehen wir: Zweimal versinkt er in Ohnmacht, was symbolisch so interpretierbar ist, daß er erst in Konzentration und Ruhe sein eigenes Ich finden muß. Erst beim dritten Mal ist die rechte Zeit der Tat gekommen. – Dieses Motiv der Konzentration und Versenkung in sich selbst, die dann zu einer großen Leistung führt (den Glasberg zu erklimmen und im magischen Umritt die Befreiung zu vollenden) finden wir öfters in Märchen – es sei nur an so bekannte Märchen wie Dornröschen und Schneewittchen erinnert.
Das Heranreifen durch innere Sammlung bestimmt das Märchen insgesamt, denn mit der Prinzessin geschieht das Gleiche. Der Berg – als ein Symbol der Festigkeit und des Strebens, aber auch als Hindernis und unnahbares Refugium deutbar, ist aus

Glas: Ihn zu erklimmen, bedeutet Reifung und Aufwärtsentwicklung; an seinem Gipfel will ein ideales weibliches Wesen erlöst werden. Das Glas als Symbol der Reinheit und Beständigkeit zeigt uns, aus welch edlem Hort die Prinzessin befreit werden soll. Der Rückzug der Prinzessin in diese gläserne Unnahbarkeit und Entrücktheit mag wieder u.a. an Dornröschens 100jährigem Schlaf und an Schneewittchens Glassarg erinnern. So, wie sich im rechten Moment die Dornenhecke öffnet, so haften zur richtigen Zeit die scharfen Hufe des Pferdchens im Glas und führen zum Schloß. Erst gebändigte Triebe (im Pferd) lassen das Hindernis mühelos nehmen, um am Gipfel zur Vereinigung zu führen. Harmonisch wirkt das „runde" Bild auf uns: Ein in sich befestigtes Schloß auf einem runden Berg, das in drei Umritten entzaubert wird und ein Wesen, symbolisch als Prinzessin, auf höchster Vollkommenheitsstufe entläßt. In diese hohe Mitte gelangt der Held als Gleichnis dafür, daß er sein seelisches Zentrum gefunden hat.
Das Leben, besonders für Heranwachsende, bringt aktive und passive Phasen im Wechsel mit sich. Die Wendung nach innen, die Besinnung auf sich selbst, ist notwendig. Häufig absorbiert sie wesentliche Kräfte, so daß das Kind passiv, verträumt und energielos wirkt. Alle Kinder haben in der Pubertät ihre Schwierigkeiten. Sie wirken abwesend, in sich gekehrt und fühlen sich von aller Welt unverstanden und verkannt. Ebenso heftig können dann Ausbrüche von aggressivem Temperament folgen. Viele Märchen, und dieses auch, zeigen, daß solche Phasen wichtig sind, zur Entwicklung gehören und auch überwunden werden. Sie werden symbolisch in verzaubertem Schlaf, Ohnmacht, Versteinerung usw. einerseits, in Abenteuer und schließlich geglückten Mutproben andererseits deutlich gemacht. In Johannes und der Prinzessin erleben wir eine Ruhephase. Dann wird Johannes schrittweise aktiv und die Prinzessin kommt ihm freiwillig entgegen. Entwicklungspsychologisch gesehen, haben sie damit ihre Kindheit überwunden und ihr Selbst gefunden. Beide zusammen haben in beiderlei Phasen (Ruhe und Aktivität), den Weg gefunden, mit inneren und äußeren Gegebenheiten fertig zu werden. Beide „Helden" sind Projektionen beider Aspekte dieses mehrschichtigen Entwicklungsprozesses. So könnte man annehmen, daß uns das Märchen „Hirsedieb" zwei geglückte Schicksale in Johannes und in der Prinzessin zeigt. Vermutlich soll hier aber nur Johannes' Entwicklung aufgewiesen werden: Wenn schwerpunktmäßig die verzauberte Ruhe der Prinzessin und die abenteuerliche Bewältigung des Glasberges durch Johannes mit Hilfe des schlau eingefangenen Pferdchens betrachtet wird, so erkennen wir im männlichen und weiblichen Helden zwei sich ergänzende Aspekte eines einzigen Prozesses, den jeder während der Pubertät und Adoleszens durchleben muß. Die in Gold und Seide gehüllte Prinzessin ist eine Animafigur, die im Märchen kein Eigenschicksal darstellt, sondern als weibliches Prinzip zum Ziel des Helden wird. Mit Einfühlungsvermögen und Triebbeherrschung gelangt er nun wie von selbst zu ihr, da die Zeit reif ist.
Um die Rolle des Pferdchens als Tierhelfer zu verstehen, muß man eine Verbindung zur animistischen Auffassung des kleineren Kindes herstellen. Die Dinge leben für das Kind und erfüllen Funktionen: Das Wasser fließt, der Sturm heult, die Blumen wiegen sich, die Sonne strahlt und wärmt, das Holz splittert... das Kind unterschiebt

diesen Dingen und Vorgängen einen Willen und glaubt sie von Geistern beseelt, die wie Menschen handeln. So, wie ein Kind an Dinge, die es interessiert, Fragen richtet und Antworten erwartet; so, wie es sich mit Tieren unterhält (mit lebendigen ebenso wie mit Spieltieren) – ebenso wird im Märchen der Kontakt zwischen dem Helden und einem ihm innerlich nahestehenden Tier hergestellt; das Tier fühlt mit dem Menschenkind, mit dem Helden. Im eigentlichen Sinne verkörpert es im Märchen animalische Instinkte, tierhafte Aspekte aus dem „Es". Diese Triebe sind durchaus positiv zu werten. Hilfreiche Tiere erscheinen symbolisch für die natürlichen Energien, die das Chaos und unbezähmte Energien aus dem Es, aus dem Unbewußten bekämpfen und die mithelfen, die Gesamtpersönlichkeit harmonisch zu gestalten. So fängt und zähmt Johannes auch sein Pferdchen, das sich durch Attribute wie „von zartem und schlankem Bau und ganz silberweiß" als besonders edel auszeichnet und symbolisch auch aus der sexuellen Perspektive betrachtet werden kann: Nicht mit roher Waffengewalt, sondern bedachtsam, mit einem klugen Einsatz einfacher Mittel, lernt er, es zu reiten und zu beherrschen. Der Vater, der seinen Sohn symbolisch in die Selbständigwerdung schickt, schenkt ihm deshalb – eine Notwendigkeit – dieses Pferd. Johannes, der jüngste, aber mit Tugenden wie Phantasie und Durchhaltefähigkeit ausgestattet, verkörpert psychologisch das Ich. Er kann jedoch den Forderungen der Realität, (die – auch soziale – Aufgabe, die Prinzessin zu befreien und zuvor den glasigen Berg zu erklimmen), nur erfüllen, wenn er sich von dem Pferdchen, seinem Tierfreund, helfen läßt; das heißt übertragen, wenn er seine animalische Natur akzeptiert und mit seinem Ich und Über-Ich in Einklang bringt: Hier mit seiner Person und der gestellten Aufgabe.
Hat sich der Mensch zu einer solchen integrierten Persönlichkeit durchgerungen, dann kann er – wie die Märchenhelden symbolisch in ihren Taten zeigen – wunderbare Dinge vollbringen. Höchste Krönung im Märchen ist dadurch erkennbar, daß unser Held wie ein „König" in einem „Schloß" mit einer „Prinzessin" lebt (s. Symbolik). Jedem Menschen sind Aufgaben in seinem Leben zugewiesen – jeder hat sein ganz persönliches Schicksal zu meistern. Auch Johannes hat durch Warten, Bedachtsamkeit und Initiative den Weg ins Glück gefunden. Eben dieses ist auch nur ihm zugedacht, denn das Märchen erzählt, daß niemand mehr zum Glasberg findet. Nachdem Johannes als „der rechte Befreier und Gemahl ihr zugetragen" worden war, ist der Zauber gelöst und die Prinzessin befreit.

2.7.3 Abbildung 7

1. *„Hirsedieb" wird mit Spielzeug nachgespielt":* Johannes umreitet eben die Burg, die Prinzessin empfängt ihn juwelengeschmückt am Tor. Am Glasberg (Folie über Hocker) liegen die beiden abgestürzten Brüder und Pferde.
2. *Kopf aus Wellpappe*, s. Technik 1: Der Mund wird eben eingeschnitten. Daneben: *Pferd* aus einem alten Kniestrumpf. Der Fußteil wird ausgestopft und an der Ferse werden 2 Ohren abgebunden. Augen, Nase und Maul entstehen aus aufgeklebten Wolle-, Leinen- oder Filzteilen. *Kasper* (s. Technik 2): Eine Erwachsenenarbeit, die auch Heranwachsende bewältigen können.
3. *Kulisse:* Hellblauer Karton, auf dem Schloß und Berg weiß aufgemalt wurden. *Der Zauberer* (vereinfachte Technik 3 einer 6jährigen) bekam Wellpappemanschetten, unter denen die Hände mit Draht befestigt sind. Das Pferd hat nun auch eine Wattemähne.
4. *Johannes und die Prinzessin* wurden von einer 14jährigen aus Plastiform modelliert (s. Technik 6) und nach der Lufthärtung bemalt. Johannes' Haare sind aus Wolle, die der Prinzessin aus über der Schere gerollten Schmuckbändern in goldgelber Farbe.

   Der Rahmen kann wie beschrieben eingesetzt werden. Hier wurde für eine häusliche Geburtstagsfeier die Durchreiche zwischen Küche und Eßzimmer benützt. Das Schließen mit den kleinen Läden oder einem Schiebetürchen erleichtert den Kulissenwechsel.

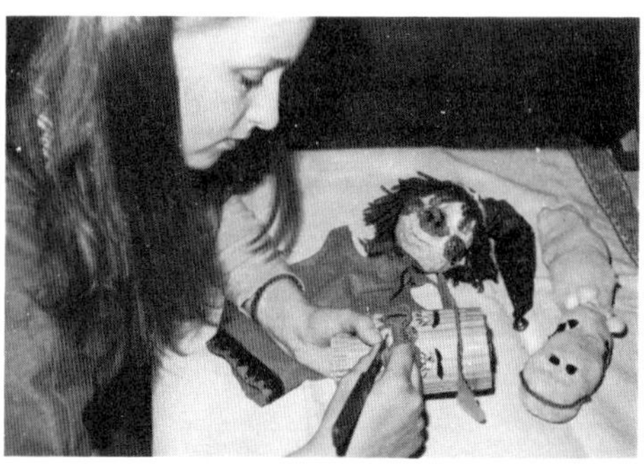

2.7.4 Spiel- und Gestaltungsvorschläge

Das Märchen eignet sich, wie andere Märchen auch, zu verschiedenen Darstellungsformen:

- *Offenes Rollenspiel,* s.v.
- *Szenisches Spiel,* s.v.
- *Pantomime,* s.v.
- *Vertonung,* s.v.
- **Handpuppenspiel:** Das Märchen „Hirsedieb" läßt sich hübsch mit Handpuppen spielen. Eine Hilfe, sich in den Inhalt mit all seiner Symbolkraft zu versenken, ist, daß die Handpuppen selber hergestellt werden.

Am Anfang steht immer das Anhören des Märchens. Die Kinder unterhalten sich – je nach Bedürfnis – darüber. Sie regen Spiel- und Gestaltungsformen entsprechend gemachter Erfahrungen oder ihrer Phantasie an, denen man nachgehen kann.
Der Erzieher kann anregen, *das Märchen wie beim Kasperltheater mit Handpuppen bzw. Marionetten zu spielen.*
Die Kinder dürfen selber wählen, welche Handpuppe sie herstellen wollen: Prinzessin, Pferd, Kaufmann oder einen Bruder.

> Mit der Realisierung ihres Wunsches haben die Kinder Gelegenheit, sich weiter mit „ihrer Figur", die ihnen näher als andere steht, auseinanderzusetzen.

Bemerkung: In größeren Gruppen wird es nun mehrere Pferde, Brüder, Prinzessinnen und Väter geben; das macht jedoch nichts: Das Spiel wird ja mit verschiedener Besetzung und mehrfach aufgeführt. Im allgemeinen wählen die Kinder unter den drei Brüdern immer den Johannes, den Helden. Um die Rolle der beiden anderen Brüder nicht abzuqualifizieren, können die betr. Kinder einfach „einen Bruder" darstellen (oder lauter Johannes). So gibt es dann mehrere, die wechselweise als Johannes und die anderen beiden fungieren. Ebenso verhält es sich mit den Pferden, nur daß „Hirsedieb" durch seine silberweiße Farbe besonders hervorgehoben wird. – Somit kommt jede Handpuppe irgendwann gebührend zu ihrem Recht und bewahrt ihren spezifischen Wert für den Puppenhersteller, da jedes Kind sicher sein Kunstwerk am Ende behalten will.

- **Herstellung der Handpuppen:**

Es gibt verschiedene Möglichkeiten. Die Techniken sind in entsprechenden Werkbüchern nachlesbar (meist erst für größere Kinder ab ca. 9/10 Jahren geeignet).

Kurze Beispiele:

1. *Köpfe aus Wellpappe:* Das Material (ca. 15 × 15 cm) mit der glatten Seite nach außen über dem Zeigefinger zum Röhrchen rollen, dann einen schmaleren Streifen mit der gewellten oder glatten Seite nach außen so oft um den oberen Teil

der Röhre wickeln, bis eine Kopfform entsteht. Etwas eingestrichener Leim macht die Figur haltbar. Augen, Mund und Nase werden aufgeklebt oder aufgemalt oder erst eingeschlitzt und dann plastisch herausgearbeitet: Wellpapperöhrchen für die Nase einkleben, Lippen mit roter Wolle ausfüllen, Wimpernfransen für die Augen ausschneiden, Haare aus Wolle o.ä. aufkleben. Die Bemalung mit Deckfarben in klaren Konturen anlegen. Mit dem Zeigefinger wird die Figur geführt. Als Kleid dient entspr. am Hals geraffter Stoff oder Kreppapier (ab etwa 5 Jahren).

2. *Köpfe aus Zeitungspapier:* Zeitungspapier mit Kleister bestreichen, so daß es weich und modellierfähig wird; dann über einem Rundholz oder dem linken Zeigefinger formen. Einzelne Gesichtsformen werden herausmodelliert; bei markanten Teilen wie Ohren, Nase, Kinn kann man mit Zellstoff unterstützen. Einige Tage Trocknung – dann klebt man zuerst eine Schicht dünnes, weiches Papier in kleingerissenen Stückchen auf und später eine weitere Schicht aus hautfarbenem Seidenpapier. – Der getrocknete Kopf wird mit Wasserfarben angemalt oder Details mit Buntpapier beklebt. Für die Haare: Geknülltes Seidenpapier, Fell, Wolle o.ä. Die Hände werden mit Draht geformt und mit Zeitungs- oder Seidenpapier beklebt. Kleine Manschetten aus Karton werden um die Hände geklebt und am Kittel befestigt. Diesen Kittel kann man wie einen kleinen Sack nähen. Oben in der Mitte wird er einfach mit in das Einsteckloch am Kopf gesteckt, das durch den Zeigefinger oder das herausgezogene Rundholz entstanden ist.
3. *Köpfe aus Papiermaché:* Etwas kleingeschnipseltes Zeitungspapier wird etwa eine halbe Stunde in heißem Sodawasser eingeweicht und das Wasser dann abgegossen. Eine Handvoll Sägemehl wird zugegeben und die Masse gekocht. Nach dem Abkühlen vermischt man sie mit trockenem Kaltleimpulver und etwas Gips zu einer geschmeidigen Masse. Nicht Masse auf Vorrat anrühren – immer nur soviel, wie man augenblicklich braucht. Man modelliert und legt das Einsteckloch an. Sind die modellierten Köpfe fertig getrocknet, können sie noch etwas nachgeschnitzt oder mit Sandpapier abgerieben werden. Danach bestreicht man sie mit Kleister und malt sie, wenn der Kleister angetrocknet ist, mit Plaka-, Tempera- oder deckenden Wasserfarben an. Zum Schluß: Lackieren. Am Halsende sollte ein Wulst sein, damit das Kleid, z.B. durch Gummizug, festhält.
4. *Köpfe aus Holz:* Vom Kraftaufwand, der Geschicklichkeit und von den Werkzeugen her ist die Holzarbeit anspruchsvoll und nur für größere Schüler (ab ca. 12 Jahren) geeignet. Man verwende am besten Lindenholz. Kopfform und Profil werden mit der Säge, feinere Formen mit Hohleisen und Stechbeitel bearbeitet. Die Köpfe werden bemalt und bekleidet, s.o.
5. *Köpfe, die über Ton oder Plastilin modelliert werden:* Zunächst wird der Kopf aus Ton oder Plastilin geformt. Ist der Ton einigermaßen trocken, werden etwa münzengroße Papierstücke gerissen, diese mit Kleister bestrichen und der Kopf damit beklebt – in etwa sechs bis sieben Schichten. Bestreicht man jede zweite Schicht mit Leim zusätzlich, wird der Kopf noch härter. Ist er trocken, wird der Ton oder Plastilin herausgebröckelt. Hierfür sägt man den Kopf am besten

auf, holt die Knetmasse heraus und klebt ihn dann mit Klebestreifen wieder zusammen. Die Naht wird mit kleinen geleimten Papierstücken verklebt. Ist der Kopf trocken, wird er wieder bemalt und ausgeschmückt.

6. *Köpfe, die aus Modelliermasse* hergestellt werden (z. B. Keramiplast). Es gibt sie pulverförmig oder fertig zubereitet zu kaufen.
7. *Köpfe aus Styroporkugeln,* beklebt und bemalt, oder aus *alten Socken:* Ausgestopft, bestickt, beklebt usw.

Hinweise:

Beim Hirsedieb – Puppenspiel müssen wir uns mit den Kindern nun noch entsprechende Gedanken zu den passenden Kleidern und der typischen Ausschmückung der Puppen machen: Krone, lange Haare und feines Gewand für die Prinzessin. Verschiedene Haarfarben bzw. Hüte oder Mützen für die drei Brüder, Markante Nase, Stirn- und Mundfalten z. B. für den älteren Vater. Die Pferdeköpfe sind aus geleimtem Zeitungspapier (2) oder Papiermaché (3) leichter als in den anderen Techniken herzustellen. Das silberweiße Fell wird z. B. aus Stoff um den Pferdehals drapiert, der Kopf silberweiß gefärbt und die Mähne aus Watte angeklebt. Die anderen beiden Pferde können schwarz und braun gemacht werden... Auch aus Socken lassen sie sich gut gestalten.

Kulisse: Die Kinder malen die zwei wesentlichen Orte in Bildern als großflächigen Hintergrund:

1. *Einen blühenden Garten,* als Gemeinschaftsarbeit in verschiedenen Techniken lösbar.
2. *Den Glasberg* mit dem Schloß. Der transparente glasige Eindruck wird günstig durch satt aufgetragene weiße und blaue Wachsfarben erreicht.

   Das Gestalten der Märchenpuppen gehört zur ästhetischen Elementarerziehung. Das Kind erlernt oder vertieft Kenntnisse in der plastischen Gestaltung von knetbarem oder modellierbarem Material. Diese Tätigkeit verhilft zu einer grob- und feinmotorischen Schulung der Hände. Das Kneten, Mantschen, Drücken, Quetschen, dann Formen und Gestalten, schließlich das individuelle Bemalen, Schmücken und Bekleiden der Figuren kommt elementaren Bedürnissen entgegen und hat eine ebenso psychisch entspannende wie ästhetische Wirkung auf das Kind. Dabei muß es sein Werk im Voraus planen und eine klare Vorstellung von seiner Schöpfung haben. Je älter das Kind, desto genauer gelingt es ihm, seinen Ideen konkrete Gestalt zu geben und materialgerecht zu arbeiten.

Requisiten zu den Puppen dürfen nicht vergessen werden: Ein Strick, dazu Degen, Gewehre und Pistolen, z. B. aus Stöckchen geschnitzt oder in Knetmasse (Fimo, Plastilin...) geformt. Puppenmesserchen, Dornenzweige und Disteln, Rosen, Berberitzen, dazu offene Sicherheitsnadeln, Kochlöffel, Kuchengabeln usw. sind verwendbar – je nach Alter der Kinder und zur Größe der Puppen passend.

Als Rahmen wählen wir ein vorhandenes Kasperletheater oder eine Tischkante; ein offenes Erdgeschoßfenster (die Zuschauer sitzen draußen) oder einen Aufbau aus Möbeln und Kartons.

*** Inszenierung:**

Bemerkung: Kinder im Vorschul- und Erstklaßalter sind oft unerfahren im Handpuppenspiel und sprachlich gehemmt, wenn sie in einer festen Rolle die Sprache für einen anderen festen Gegenstand gebrauchen. Die Texte sollten wieder nicht wortgetreu auswendiggelernt werden, sondern von jedem Kind nach seinem Vermögen dem Sinne nach formuliert werden. Bei mehrfachem Durchspielen mit wechselnder Besetzung schleifen sich durch kindliche Sprachvorbilder dann auch bestimmte Redensarten ein.

Spracherziehung fließt in alle Spiele mit ein, selbst, wenn sie stumm verlaufen (Nachahmung, Pantomime...), denn auch die Signalsprache und der mimisch gestische Ausdruck gehören zu der Entwicklung der Sprache. Sie zu beherrschen, bedeutet innere Freiheit, denn mit ihr findet die direkte Kommunikation mit dem Du statt und das Denken wird hörbar gemacht. Sie beeinflußt den gesamten Lern- und Erziehungsprozeß, in dem weitervermittelt und agiert, gefragt, geantwortet und reagiert wird; Körperäußerungen wie die Motorik und die Sinneswahrnehmung finden sprachlichen Ausdruck bzw. werden durch Sprache wieder in sinnesgerechten Gebrauch umgesetzt. In einem langjährigen Vorgang werden Begriffe gebildet, sinnvolle Sätze unter Verwendung richtiger Grammatik gebaut und die Artikulation gefördert. Der richtige Gebrauch der Sprache im Sprechen, in der Signalsprache, in Schrift, Bild und symbolischen Zeichen stellt den lebensnotwendigen Kontakt des Kindes zu Umwelt und Gesellschaft dar.

1. Die Kinder führen die Handpuppen am Tisch sitzend den anderen vor und sprechen als Puppe (Vorstellung: Ich heiße... mache... bin...)
2. Sie führen ihre Puppe im Raum herum und unterhalten sich mit ihrer Puppe.

   Rede und Widerrede werden von *einem* Kind geführt, gerne mit verstellter Stimme. Es denkt für zwei Personen, für zweierlei Argumente, in Frage und Antwort, auf zwei verschiedenen Erlebnisebenen.
3. Die verschiedenen Puppen unterhalten sich miteinander (am Tisch, Begegnung im Raum): Der Bruder mit dem Pferdchen, der Vater mit den Brüdern, die Pferdchen untereinander, Johannes mit der Prinzessin usw. – nun schon dem Märcheninhalt nahekommend.
4. Wir versuchen zusammenhängende Szenen aus Hirsedieb.
5. Wir spielen das ganze Märchen im Theater-Rahmen.

   Die Spieltechniken wie Rollentausch (Spieler-Zuschauer) mit Diskussion und das Doppel-Ich für Zaghafte (einer führt die Puppe, einer spricht für sie) kommen hier sinnvoll zur Geltung. Die Diskussion, in der Eindrücke verbalisiert und konkrete Vorschläge gemacht werden, bereichern das

Sprechvermögen, besonders, wenn Details kritisch unter die Lupe genommen und Verbesserungsvorschläge mit Begründungen angebracht werden. Z.B.: Wie kann man das Einfangen des Pferdes zeigen? Sein Fesseln und Abführen in den Stall? Den Sturz der beiden Brüder am Glasberg usw.? Es ist oft sinnvoller, solche Probleme erst im Spiel genauer zu diskutieren, da eine theoretische Vorauserörterung nur bei größeren Kindern (ab ca. 8 Jahren) einen sofortigen Erfolg zeitigt. Bei Kleineren erfolgt eine Aktualisierung durch die Schwierigkeiten, die während des Puppenspiels auftauchen.

* **Fabulierphase:**

1. Wir regen an, *die Vorgeschichte zu erfinden.* Warum verbannte der Zauberer wohl die Prinzessin auf den Glasberg?
2. *Die Handlung wird verändert,* z.B. der Glasberg zerbricht. Oder der Zauberer entführt die Prinzessin, während Johannes den dreifachen Umritt vollführt. Oder die Prinzessin tritt einfach nicht aus dem Schloß heraus. Oder auch Johannes kann das Pferd nicht einfangen – dieses richtet immer größeren Schaden an und wird zur Plage...
   Dramatisierungen dieser Art regen die Phantasie der Kinder sehr an. Wir können der Fabulierphase einen breiten Raum einräumen.
   Die Aussprache über die Darbietung (s.o.) ebenso wie das Fabulieren regt die Sprachfähigkeit an. Dabei kann unter einem pragmatischen und syntaktischen Aspekt z.B. der verfügbare Schatz an Satzbauplänen erweitert werden, so daß es lernt, sich sicher auszudrücken und auf Zwischenfragen anderer hin seine Ansichten zu begründen (bes. ab Schulalter). Soziokulturell bedingte Differenzen in der Sprach- und Ausdrucksfähigkeit, wie sie in fast jeder Spielgruppe vorkommen, erfahren so bei regelmäßiger Übung im Spiel (nicht nur bei Spielprojekten, sondern natürlich auch bei Umwelterfahrungen, in der Rhythmik, bei Sachdiskussionen, in der freien Aussprache, bei Bild- und Filmbetrachtungen, aktuellen Ereignissen, schulisch auch in der Mathematik usw.) eine Förderung. Das Kind beginnt die Sätze z.B. mit „vielleicht hat... ist..." oder mit einer gängigen Wendung wie „Ich stelle mir vor, daß...".
3. Die veränderten Märchengeschehen und Dramatisierungen werden mit Handpuppen gespielt (oder in neuem Rollenspiel, Pantomime usw. vorgeführt)

* **Bewegungsspiel:** Wir spielen das silberweiße, zauberische Pferdchen.
1. Alle bewegen sich wie Hirsedieb im Raum – nach eigener Vorstellung.
2. Jeder führt den anderen vor, wie er als Pferdchen läuft.
   Die Kinder werden motorisch schöpferisch und lernen, ihre Bewegungsabläufe nach Vorstellungen zu kontrollieren.

3. Einer (anfangs der Erzieher, später wechselweise Kinder) spielt Prinzessin oder Zauberer. Er gibt den Kindern Anweisungen, z.B.: „Das Pferd geht langsam, läuft schnell, schreitet stolz, trabt eilig, schlägt wild aus, geht rupfend und kauend schrittweise vorwärts...“

Es bedarf wohl einer Vor- bzw. Nachbesprechung, wie Eigenschaften motorisch sichtbar gemacht werden können, z.B. eilig, wild, stolz, genießerich kauend: In einem langsamen Heben des Kopfes, Recken des Halses, zögerndem oder wildem Heben und Absetzen von Beinen und Armen usw.

✻ **Übertragung:**

Die Anweisungen werden kodiert wiedergegeben. Z.B.:

1. Auf wilden Trommelschlag rennen alle Pferde, auf leise, gleichmäßige Schläge gehen alle gemessen, auf Rasselbüchsen schlagen alle wild aus, auf Triangelklänge verbeugen sich alle usw.
2. **Variation:** Signale durch Anzahl der Pfiffe (1-, 2-, 3mal, 2 lange, 2 kurze Pfiffe...); durch Reizworte (hü! hot! hopp! auf! usw.) oder durch Präsentieren von Farbkarten (z.B. Weiß bed. ruhiges Gehen, gelb: rupfen, sich neigen, rot: Schnell rennen, schwarz: wild ausschlagen...).
3. **Variation:** Kontrollierte Fortbewegung nach Anweisung: Rechtes Vorderbein, linkes V., rechtes Hinterbein, l. H. und so fort.
   Dann: l. V. – r. H. – r. V. – l. H. usw.
   Dann: „Bockend“: r. + l. V. – r. + l. H....
   Alles mit offenen, dann geschlossenen Augen.

Diese Übungen gehören in den Bereich des psychomotorischen Trainings und wirken konzentrierend, sammelnd und zugleich spielerisch entspannend. Sie stärken das Körpergefühl.

✻ **Spiel:** „Hirsedieb“ ist wieder, wie „Star und Badewännlein“, „Rotkäppchen“, „Hänsel und Gretel“, „Zipfelpeter“ u.a. mit herumschiebbaren *Spielzeugteilen* nacherlebbar. (Manche „Brüder“ hatten keine Pferde, sondern Autos.) In der Abb. hat ein Kind seinen Glasberg gebaut, indem es eine Plastiktüte über einen Hocker zog und seine Ritterburg daraufstellte.

2.8 Die Buschhexe (ab etwa 6 Jahre)

(Ein südwestafrikanisches Märchen, erzählt von Wilhelm Kellner, Kapstadt 1976)

Schwerpunkte:

- Worterklärungen und Bildbetrachtungen als Vorbereitung und Vertiefung des Märchens
- Warm – up, u. a. Tierspiele
- Bildbetrachtung an Tierbüchern, Lexikas und Filmen zur Bildgestaltung
- Erfahrungen mit Licht und Schatten, Schattenrisse,
- Arbeitsaufteilung, Gruppen- und Einzelbesprechung
- Vorentwürfe, Pausen, Reinarbeit, Anordnungen
- Wachsschmelztechnik
- Herstellung von Schattenfiguren (Märchenmotive)
- Umsetzung in Pantomimen, Ratespiele, Bildbeschreibungen unter Einbezug fremder Kinder
- Schattentheater

2.8.1 Märchentext

Die Buschhexe

Friedrich war seiner Eltern einziges Kind und ihr ein und alles. Aber er bereitete ihnen viel Kummer, weil er oft in den Busch lief und lange fortblieb. Eines Abends hörte Friedrich vom Rivier herauf seinen Namen rufen. Die Stimme klang seltsam und verlockend zugleich, so daß er an nichts anderes dachte und hinunterlief. Er erblickte aber niemanden. Nur ein Dornbaum, den er noch nie gesehen hatte, stand am Ufer, und was er hörte, war der Wind, der leise in den Ästen klagte.

Friedrich wußte nicht, daß sich die Buschhexe im Baume verborgen hatte. Er wunderte sich, als er eine feine Stimme hörte, die sagte: „Wenn du unter diesem Baume gräbst, findest du zwei Zwiebeln, eine große und eine kleine. Nimm die große, zerreibe sie und bestreiche mit dem Saft deine Stirn, so wirst du in einen Schakal verwandelt und verstehst die Sprache aller Tiere. Hebe aber die kleine gut auf; wenn du sie verschlingst, wirst du wieder ein Menschenkind."

Da grub Friedrich unter dem Baum, bis er die Zwiebeln fand, tat, was die Hexe ihm geheißen, und fühlte sogleich, daß ihm die Nase lang und die Ohren spitz wurden und wie er sich über und über mit einem Fellchen bedeckte. Auch konnte er nicht widerstehen, sich auf die Erde niederzulassen und auf allen Vieren zu gehen.

Er sprang um den Baum herum schnupperte in die Luft und roch den Bock, den sein Vater geschossen und im Hofe aufgehängt hatte. Schon wollte er sich auf die Hinterläufe setzen und zu heulen anfangen. Doch besann er sich, sprang zu dem Loche, wo er die Zwiebeln ausgegraben hatte, verschlang die kleine und stand sogleich wieder in seiner Menschengestalt unter dem Baum. Da wurde ihm ängstlich zumute, denn es war auch schon dunkel geworden; er rannte zum Haus hinauf, hörte aber hinter sich noch rufen: „Komm morgen wieder, Brüderchen!"

Von nun an lief er täglich zum Rivier hinunter, fand jedesmal die Zwiebeln und verwandelte sich in einen Schakal. Das dünkte ihm kurzweiliger als alle Spiele, die er bisher gespielt hatte.

Mit der Zeit hatte die Hexe Friedrich ganz sorglos gemacht. Seine Mutter aber bangte sich, weil er an jedem Abend verschwunden war. Eines Tages lief sie ihm heimlich nach und sah beim Dornbaum am Rivier einen Schakal aufrecht stehen, der hob seine Vorderläufe und einen Hinterlauf, als ob er tanzen wollte. Aber von ihrem Sohne sah sie nichts. Sie rief ihn ängstlich, der Schakal drehte sich um, erblickte sie und wollte schnell die zweite Zwiebel verschlingen. In diesem Augenblick fegte die Hexe, die sich in einen heftigen Wind verwandelt hatte, die Zwiebel durch die Luft davon.

Jetzt wurde Friedrich von einer solchen Angst ergriffen, daß er vor seiner Mutter in den Busch davonlief. Bald besann er sich und wollte zurückkehren, sei es als Mensch oder Tier. Da trat ihm die Hexe in ihrer wahren Gestalt in den Weg, drohte ihm mit ihrem dürren Finger, sagte, daß er nun immer im Busch bleiben müsse und nie wieder zu seiner Mutter zurückfinden werde. Als aber Friedrich an ihr vorüber nach Hause laufen wollte, kicherte sie hinter ihm drein und veränderte Busch und Klippen so, daß der arme Schakal bald nicht mehr wußte, wo er war, sich unter einen Dornbaum legte und die ganze Nacht weinte.

Am anderen Morgen schien ihm die Gegend fremd. Er lief und lief und dachte bei sich: Ich muß meine Mutter suchen – und lief doch nur immer mehr in die Irre. Mit Mühe fing er sich zwei Mäuse, die an einem Grasbusch spielten. Vor lauter Kummer schmeckten sie ihm nicht. Um sich besseres Fressen zu fangen, fehlte ihm die Übung.

Eines Tages traf er ein Rudel Schakale, die umkreisten und beschnupperten ihn, und Friedrich stand mit gesträubtem Fell zwischen ihnen. Der Führer des Rudels fragte: „Woher kommst du?" „Vom Farmhaus", antwortete Friedrich. Darauf blickten sie sich zuerst untereinander an und betrachteten dann verächtlich das fremde Tier. Der Anführer aber sagte: „Er scheint für uns zu vornehm zu sein, auch ist sein Geruch nicht unser Geruch." Da sammelten sie sich eilig und trabten davon.

Und vor Friedrich stand mit einem Male die Buschhexe und kicherte: „Wie geht es, Brüderchen?" Aber ehe er etwas antworten konnte, war sie verschwunden, nur ein dürrer Kameldornbaum stand ihm im Wege.

Er lief auf eine Fläche zu, ihn plagte der Hunger. Als er an eine Farm kam,

versteckte er sich bis zum Abend hinter einem Felsblock, dann schlich er sich an den Kral. Er hörte die alten Schafe zu ihren Lämmern sagen: „Schmiegt euch dicht aneinander, die Nacht ist dunkel, da geht der Schakal im Busch herum.“ Friedrich dachte: Mir tun die armen Schafe leid, aber es koste, was es wolle, ich muß meinen Hunger stillen – kroch durch ein Loch in den Kral und packte ein Lämmchen am Fell.
Aber die Schafe blökten so kläglich, daß der Farmer mit einer Laterne und einem Knüppel aus dem Hause kam. Friedrich fand das Loch nicht wieder. Schon traf ihn des Farmers Stock. Friedrich dachte, sein letztes Stündlein sei gekommen, er fühlte einen heftigen Schlag an seinem Kopf – da hielt der Mann mit einem Male inne, beugte sich zu dem winselnden, am Boden liegenden Tiere nieder und rief entsetzt: „Da blickt ein Menschenohr aus des Schakals zerschlagenem Löffel heraus, das geht nicht mit rechten Dingen zu!“ trieb seine Schafe in eine Ecke, machte das Kraltor weit auf und jagte den Schakal in die Nacht hinein.
Im Velde fegte ein kalter Wind, und als Friedrich eine freie Stelle erreichte, begegnete ihm die Buschhexe, die mit ihren dürren Gliedern gespenstisch in die Nacht aufragte und kicherte: „Wie geht es, Brüderchen? Dein Ohr will ich schon wieder heilen, wirst noch manches Abenteuer erleben!“ Friedrich wollte ihr mit letzter Kraft an die Kehle springen, aber er stieß sich die Schnauze an einem Felsblock wund, und von der Hexe war keine Spur mehr zu finden.
Da wurde dem Schakal so elend zumute, daß er lieber sterben als ein solches Leben führen wollte. Am anderen Morgen fühlte er sich jedoch wieder frisch und dachte sogleich: Wenn ich wieder zu Menschen komme, will ich es klüger anfangen.
Am Abend erblickte er abermals eine Farm. Doch als er in der Dunkelheit über den Hof lief, um zum Hühnerstall zu kommen, stürzte ein Hund auf ihn los. Friedrich wollte zur Seite springen und im Busch verschwinden, aber er stolperte am Rand des Brunnens und fiel in die Tiefe hinunter.
Als er aus dem kalten Wasser auftauchte und darin herumzappelte, sah er über sich Menschengesichter und spürte, daß jemand an der Brunnenwinde drehte; da kletterte er in den Eimer und ließ sich emporziehen.
Er war fast am Rand, als ihn jemand mit einer Laterne anleuchtete und rief: „Geh, Johanna, und hole einen Sack!“ Nach kurzer Zeit sah er den Farmer und neben ihm seine Tochter, ein bildhübsches Mädchen, das ihn mitleidig betrachtete. Schon wollte sich Friedrich von Herzen freuen, da ward es schwarz vor seinen Augen, er steckte im Sack, der wurde zugebunden und arg zur Erde geworfen.
„Wir wollen den Hühnerdieb totschlagen,“ hörte er in seiner dunklen Höhle den Farmer sagen. Aber Johanna rief: „Laß, Vater, er ist noch so jung, gib ihn doch mir!“ Der Farmer meinte, es sei nicht gut, ein wildes Tier im Hause zu

haben. Da bat Johanna so lange, bis er es erlaubte.

Am anderen Tage wurde ein Käfig gebaut; der Schakal war jedoch so zahm und gut, daß er bald frei herumlaufen konnte, und jeder verwunderte sich, daß er seiner Herrin nicht von der Seite wich. Er durfte sogar nachts neben ihrem Bette schlafen. Auch die Hunde schlossen mit ihm Freundschaft, und der Farmer war nicht mehr böse auf ihn.

Friedrich begann Johanna von Herzen lieb zu gewinnen, und er wurde traurig, weil er doch ein Schakal bleiben mußte. Er dachte: Wenn ich eine solche Zwiebel fände, wie sie mir die Buschhexe zeigte, wäre alles gut. – Jetzt schlich er sich oft abends aus dem Hause und grub unter den Bäumen, aber er fand keine Zwiebel.

Nun merkte Johanna, daß ihr Schakal nicht im Zimmer war. In einer warmen, hellen Mondscheinnacht ging sie hinaus und sah ihn nicht weit vom Hause im Busch wühlen. Sie eilte in ihrem weißen Hemdchen zu ihm hin und fragte: „Was tust du hier, kleiner, lieber Schakal?“ Da sah er sie so traurig an, daß sie sich neben ihm hinkniete und graben half.

Sie stieß auf etwas Hartes und hob eine große Zwiebel heraus. Da winselte das Tier und schlug ihr die Zwiebel aus der Hand, denn es meinte nichts anders, als daß ein Unglück geschehen könne und Johanna werde auch in einen Schakal verwandelt.

Das Mädchen war so erschrocken, daß es weinend zurücklief und sich in seinem Kämmerlein einschloß. Friedrich aber fand nur die eine Zwiebel, so viel er auch grub. Er dachte: Johanna hat mit mir gesucht, und ich habe ihr Schmerzen bereitet. Ich muß die kleine Zwiebel finden, damit ich erlöst werde und alles gutmache.

In der nächsten Nacht schlich er wieder hinaus. Draußen lauerte die Buschhexe und sann Böses. Freilich durfte sie nicht zu den Wohnungen der Menschen, aber sie wollte Friedrich doch verderben.

Sie hatte das Schakalrudel, das Friedrich einst getroffen hatte, gerufen und den Tieren aufgetragen, so laut zu heulen, wie jedes nur vermochte. Da klagten und wimmerten ihre Stimmen über den mondhellen Busch, während sich Friedrich in großer Angst die Pfoten blutig grub.

Der Farmer fuhr aus dem Schlafe auf und dachte: Die Schakale werden mir die Schafe holen, erhob sich, griff zum Gewehr und sah draußen einen Schakal sitzen.

In diesem Augenblick hatte Friedrich endlich die kleine Zwiebel zwischen den Wurzeln einer mächtigen Akazie gefunden. Freudig verschlang er sie, da krachte es, er fühlte einen starken Schmerz in seiner Pfote und stürzte getroffen zu Boden.

Als er aufsah, erblickte er Johanna über sich. Sie beugte sich zu ihm nieder und rief: „Da liegt ja ein Menschenkind!“ Erschrocken kam der Farmer herbei, nahm den Knaben auf seinen Arm und trug ihn ins Haus.

Draußen aber setzte ein Sturm ein, daß es in den Lüften johlte und schrie. Friedrich war der Buschhexe glücklich entronnen, nun schimpfte sie ohnmächtig hinter ihm drein.
Friedrich erzählte Johanna und ihrem Vater alles. Seine Wunden waren nicht gefährlich, bald waren sie geheilt. Der Farmer und Johanna brachten ihn zu seinen Eltern zurück, die vor Freude über ihren wiedergefundenen Sohn laut weinten. Später hat Friedrich Johanna zu seiner Frau genommen, und sie lebten glücklich und zufrieden bis an ihr Ende.

2.8.2 Interpretation

Im animistischen Denken des kleinen Kindes kommt der Geist, der nach der kindlichen Vorstellung jedem Ding innewohnt, als gemeinsame Eigenschaft auch im Menschen und Tier vor. So kann sich der Mensch in ein Tier bzw. das Tier in einen Menschen verwandeln, wie das z. B. im „Froschkönig", „Der arme Müllerbursch und das Kätzchen", in den „Sieben Raben", den „Sechs Schwänen" oder in „Brüderchen und Schwesterchen" vorkommt; und auch in dem Märchen aus Südwestafrika: „Die Buschhexe", in dem sich der verspielte Junge Friedrich in einen Schakal verwandelt (symbolisch mit dem Hund verwandt). Teils arbeitet Friedrich aktiv daran mit: Er sucht und benützt die kleine und große Zwiebel, die ihn in einen Schakal bzw. in einen Menschen zurückverwandelt. Teils aber wird er gezwungen und verhext durch den bösen Geist der Buschhexe, die Friedrich in ihre Gewalt bekommen und ihn in der Tierhaftigkeit halten will.
Mag sein, daß das Märchen von der „Buschhexe" auch vor dem Hintergrund von ortsgebundenen Legenden und Mythen zu sehen ist; daß es durch Elemente von Phantasieprodukten der Eingeborenen bzw. der Weißen, die auf entlegenen Farmen von der Einsamkeit geprägt werden, mitgestaltet wurde. In Grundzügen finden wir jedenfalls wieder klassische Aspekte der Märchenpsychologie: Den Konflikt zwischen Sohn und Mutter, seine Verwandlung zum Tier, zum Leidenden und Geschundenen, der schließlich durch eigenes Suchen (nach der kleinen Zwiebel), durch seine Auflehnung gegen die Hexe und durch die Zuneigung des Mädchens Johanna seine Menschengestalt wiederfindet und in einem glücklichen Ausgang zum gereiften Menschen wird.
Schon kleine Kinder suchen nach ihrer Identität, sie wollen sich in ihrer Einzigkeit bestätigt sehen. Sie fragen nach dem Woher und Warum in ihrem Leben und nach ordnenden Mächten, auf die man sich verlassen kann. Antworten darauf vermag es infolge seines unreifen Verständnisses für astrakte Vorgänge weit besser auf emotionaler Basis und durch subjektive Erfahrungen zu verstehen als durch wissenschaftlich korrekte Erklärungen. – So steht auch Friedrich vor Problemen der Identitätssuche – es geht um seine Ablösung von der Mutter und um das Selbständigwerden. Man könnte ihn deshalb hier als in der ödipalen Phase befindlich

sehen (er ist verspielt, ein Knabe, einer, der die Mutter noch braucht, der nach allen Abenteuern nochmals in die elterliche Fürsorge zurückkehrt und erst später seine Johanna heiratet). Friedrichs zwischenmenschliche Probleme und seine innere Not, der seelische Rückfall und sein inneres Reifen der Persönlichkeit wird unseren Kindern, die immer wieder vor ähnlichen Problemen stehen, auf märchenhafte Weise nahegebracht: Durch dramatische Handlungen und Bilder, wobei Symbolfiguren sehr reizvoll mit der afrikanischen steppenartigen Landschaft verbunden werden: Die Buschhexe mit dem stachligen Kameldornbaum und Sturm, die magische Verwandlungskraft mit den fruchtbaren Zwiebeln; der dort heimische Schakal, der die Nähe menschlicher Siedlungen sucht, mit der endlosen Weite einer Landschaft, die durch Klippen (Felsen), Akazien, den Busch und Riviere (meist ausgetrocknete Wasserläufe) gestaltet wird.
Im Mittelpunkt des Geschehens steht ein Menschenkind, das seine dualistischen Wesenszüge (die jeder Mensch besitzt) miteinander in Einklang bringen soll. Friedrich ist ein Kind, das seinen Eltern Kummer bereitet, da es oft in die Natur hinausläuft und lange wegbleibt. Übertragen könnte man sagen: Es entzieht sich dem elterlichen Einfluß immer wieder durch einen Rückzug ins Naturhafte, hinein in sein kleinkindhaftes verwobenes Innenleben, das sich noch nicht deutlich nach „außen" abhebt. Dieser wechselhafte Zustand zeigt u.a. den undifferenzierten Zustand des unreifen kleinen Kindes, aus dem sich das Es, Ich und Über-Ich erst herausentwickeln muß; wo das Bewußtsein und übergeordnete Funktionen wie die des Gewissens und sozialen Verhaltens vom Unbewußten abgegrenzt werden müssen. Die Zwiebeln, die nahe dem Wasser (beim Rivier) und „unter der Erde" – einer Zone also unterhalb des bewußten Wahrnehmens – liegen, also zum Reich des Unbewußten, zum Es und zum Matriarchalen gehören: Sie bewirken jene Verwandlung in den Schakal, also in jenen tierhaften Aspekt, der nicht verleugnet, sondern bewußt gemacht und in die Gesamtpersönlichkeit des Menschen integriert werden soll. Friedrich entzieht sich also dem Einfluß elterlicher Autorität und einer Unterordnung und Anpassung an Forderungen und reine Realität, indem er sich aktiv (entwicklungsgerecht) zurückzieht. Viele Märchenhelden müssen ihr Heim verlassen, um ihr eigenes Ich zu finden! Der Schritt ins magische Reich vollzieht sich mit der Wunderkraft der beiden Zwiebeln und der verführerischen Stimme der Hexe. Dabei hat sich Friedrich durchaus noch in der Kontrolle; immer wieder verzehrt er auch die kleine Zwiebel, die ihn zum Menschen und in die Realität zurückführt. Der Hinweis, „Das (die Verwandlung) dünkte ihn kurzweiliger als alle Spiele, die er bisher gespielt hatte", ist nicht nur realistisch vor dem Hintergrund der Einsamkeit eines Einzelkindes auf einer entlegenen Farm zu sehen, sondern auch psychologisch: Ungeheure Faszination übt die Begegnung mit der Natur, mit den Kräften aus dem Unbewußten auf das Kind aus, das plötzlich die Wildheit eines Schakales und die Sprache aller Tiere kennenlernt – das mag beispielhaft für Begegnungen mit Inhalten aus dem Unbewußten sein, die geheimnisvoll, aufregend, schöpferisch, erdrückend, grausam oder erhebend erlebt werden. Dieser Entwicklungsprozeß kommt notgedrungen, und die psychologischen Gefahren innerhalb dieses Prozesses werden in märchenhafter Art in den gefahrvollen Abenteuern des

Schakales geschildert, die ihn vereinsamen, hungern und irren lassen; in denen er verletzt wird, aber auch durch eine liebevolle Begegnung gerettet wird. Der Verzehr der Zwiebeln unterliegt etwa dem gleichen „Gesetz“ wie das Trinken aus dem Bach in „Brüderchen und Schwesterchen“: Wer der alsbaldigen Wunschbefriedigung aus dem Es erliegt (hier: zu trinken bzw. zu fressen), gibt hemmungslos animalischen Tendenzen nach und wird von seinen Instinkten geleitet. Das Leben „als Tier“ (als Rehkälbchen hier, als Schakal dort) symbolisiert ein Leben auf der Ebene primitiven Seins. Aber so, wie sich das Rehkälbchen zwei Mal beherrscht und nicht mehr zum Tiger oder Wolf, sondern „nur“ zum Reh verwandelt wird, so ist Friedrich „nur“ ein zahmer Schakal, dem der Geruch der Menschen anhaftet, der deshalb von dem wilden Rudel abgelehnt wird, und der sich zahm den Menschen zuwendet. Der teilweise Gehorsam gegenüber den zurückhaltenden Aspekten unseres menschlichen Wesens läßt dies in beiden Märchen möglich werden: Brüderchen hat sich zwei Mal beherrscht und Friedrich hatte den Wunsch zur Rückverwandlung und den Willen zur Rückkehr zu seinen Eltern, die in diesem Stadium sein Ich und Über-Ich verkörpern. Seine Eigenkontrolle entgleitet ihm dort, wo die Hexe als Wind die kleine Zwiebel durch die Luft davonwirbelt. Damit wird die ganze frühere Ordnung zerstört. Wir können nun die Ambivalenz der Muttergestalt in ihrer mütterlichbesorgten, liebevollen Art einerseits erkennen, ihre hexenhafte Art andererseits: Diese böse, hexenhafte weibliche Figur (Mutter) droht jetzt in ihrer „wahren Gestalt“ und „mit ihrem dürren Finger“, daß Friedrich nie wieder zu seiner (guten) Mutter zurückfinden werde (ein subjektives Empfinden von Friedrich). Sie ist auch die Urheberin völliger Desorientierung: Verändert Busch und Klippen und versperrt ihm damit symbolisch den Weg zum bewußten, vom Verstand geleiteten Leben. Übertragen auf die psychologische Situation mag das bedeuten: Die Mutter verhindert eine Ablösung ihres Jungen. Sie will ihn, vielleicht aus übertriebener Liebe heraus, in kleinkindhafter Abhängigkeit halten, im „tierhaften Stadium“ – damit wird sie zum Hindernis einer gesunden Persönlichkeitsentwicklung und zur bösen Mutter.

Die Begegnungen im Tierstadium (übertragen in den Tiefen seiner Persönlichkeit, deren Verbindung zum Bewußtsein unterbrochen ist) verlaufen nun quälend: Die Schakale lehnen ihn ab, denn „sein Geruch ist nicht unser Geruch“ – Friedrich gehört nicht zu den wilden Tieren. Durch seine desorientierten Instinkte beherrscht er nicht die Technik, gezielt für sein Überleben zu sorgen: Ungeschicklichkeit und (menschliches) Mitleid mit den Lämmern verraten ihn, so daß der Farmer ihn schwer verletzt. Doch dieser Schock rettet ihm das Leben: Etwas Menschliches blickt aus seinem zerschlagenen Schakalohr – es ist der Anlaß, das Tier, das doch nirgendwo hingehört, am Leben zu lassen und es nur fortzujagen. Auf der nächsten Farm, immer auf der Suche nach Nahrung und menschlicher Nähe, stürzt er in den tiefen Brunnen (s. Symbolik „Wasser“, „Erdloch“) – symbolisch vollzieht sich hier die Wende seines Schicksals und Werdens.

Von nun an zeichnen sich in einem zügigen Entwicklungsprozeß persönlichkeitsintegrierende Geschehnisse ab. Johanna als ein neues Symbol mütterlicher Fürsorge und auch Symbol höherer geistiger Funktionen freundet sich mit dem Schakal an und gibt ihm Sicherheit. Durch ihre Fürsorge und Zuneigung findet er die Energie und Möglichkeit, die kleine Zwiebel doch noch zu finden. Für sie gräbt er sich die Pfoten blutig; bewußt aber meidet er die große Zwiebel, die ihn in der Tierhaftigkeit halten und Johanna womöglich auch zum Schakal verwandeln könnte. Die Hexe verliert – trotz aller Widerstände, die sie noch in Szene setzt – immer mehr die Macht über ihn. Da sie die Wohnungen der Menschen meiden muß, der Schakal Friedrich aber immer mehr in die menschliche Gemeinschaft zurückintegriert wird, vergrößert sich die Distanz zwischen ihm und der Buschhexe zu seinem Heil immer weiter.

Die Zwiebeln verkörpern Fruchtbarkeit, Energie, Wachstum und schöpferische Kraft. Aber sie können ebenso asoziale Tendenzen, Wucherungen und Wildheit erzeugen wie bewußte Aspekte im Bereich des Denkens, Wollens, Planens und sozialen Verhaltens fördern. Friedrich hat gelernt, die Verschiedenartigkeit der Zwiebeln zu unterscheiden und zu werten – er beherrscht ihren rechten Gebrauch. Die Buschhexe „schimpfte ohnmächtig hinter ihm drein“: Friedrich hat in seiner Persönlichkeitsentwicklung sein Bewußtsein herausdifferenziert und die animalischen Instinkte zu beherrschen gelernt. Gleichzeitig geht die negative Muttervorstellung verloren. Der heranwachsende, gereifte Sohn tritt in ein neues, waches Verhältnis zu seinen Eltern und findet eine (märchenübliche) Krönung seiner integrierten Persönlichkeit in der späteren Heirat mit Johanna. „Und sie lebten glücklich und zufrieden bis an ihr Ende“: Die klassische Märchenversion rundet den Prozeß ab.

Abbildung S. 157
(oben)

Friedrich ist durch die große Zwiebel in einen Schakal verwandelt worden. Die Buschhexe im Dornbaum verhöhnt ihn und wirbelt die kleine Zwiebel davon, die den Schakal in einen Menschen zurückverwandeln könnte.

(unten)

Die Buschhexe zeigt sich in ihrer wahren Gestalt. Friedrich irrt einsam und hungernd als Ausgestoßener durch Busch und Steppe, immer auf der Suche nach der rettenden Zwiebel.

2.8.3 Abbildung 8: Die Buschhexe

2.8.4 Spiel- und Gestaltungsvorschläge

* **Voraussetzung** zum rechten Verständnis dieses Märchens aus SWA ist folgendes:

1. *Die Erläuterung einiger Begriffe*, z.B.: *Rivier* (trockene Flußbetten, die nur zur Regenzeit Wasser führen (Begriff aus dem Africaans, Endung als langes *ier* gesprochen) *Schakal* (hundeartiges Raubtier, nächtlicher Laufjäger und Aasfresser südlicher Wüsten und Steppen, etwa zwischen Wolf und Fuchs stehend betr. Lebensweise, Größe und Körperbau, gesellig, Vorfahre des Dackels.) *Kral* (Viehhürde), *Busch* (Vegetationsform mit Büschen, Sträuchern und vereinzelten Bäumen auf den trockenen Steppenböden), *Veld* (offenes Steppenland, Wildnis, Ausdruck aus dem Africaans) *Farm* (Bauernhof), *Klippen* (Felsen, Gesteinbrokken, Africaans).
2. Um in die im Märchen vorkommende afrikanische Landschaft einzuführen, ist es günstig, *Bilder und/oder Filme zu zeigen:* Von typischen Tieren und Pflanzen, von Steppe und Wüste, Gebirgslandschaften, Sonnenuntergängen, Eingeborenen usw. Entsprechende Bildbände, Lexikas, Reisebeschreibungen, Filme oder Posters gibt es überall. Nach einer beschaulichen Einführung über Bilder und Erklärungen erfolgt das

* **Vorlesen:** Das Märchen ist überschaubar. Wie bei vielen Vorlesestoffen bleibt es dem Erzähler wieder überlassen, einprägsame Vorgänge durch Wiederholung wichtiger Wörter, kleine Ausschmückungen usw. zu intensivieren.

Vertiefungen und Betonungen ergeben sich sinnvoll aus dem Kontakt mit dem Kind, und das ist im allgemeinen möglich, wenn man auch erzählt statt nur vorliest, oder aber den Märchentext an wichtigen Stellen ergänzt, wiederholt. Die daraus gewonnene Flexibilität kommt der kindlichen Erlebnisfähigkeit und dem Erzieher/Kind-Verhältnis zugute. Kinder schicken deutliche Impulse aus (aufgerissene Augen, unruhige Hände, sprachliche Einmischung mit Vermutungen, Abwehr usw.), die dann aufgefangen werden.

Abbildung S. 158
(oben)

Friedrich bricht vor Hunger in einen Schafkral ein, obwohl er menschliches Mitleid mit den Lämmern hat. Aber der Farmer verprügelt ihn. Dabei sieht aus dem verletzten Ohr Friedrichs Menschenohr heraus. Der entsetzte Farmer jagt ihn zum Tor hinaus.

(unten)

Nach mancherlei Abenteuern hilft ihm die Farmerstochter Johanna bei der Suche nach der kleinen Zwiebel. Endlich findet er sie. Friedrich wird wieder ein Mensch. Er kehrt zu seinen Eltern zurück und heiratet Johanna später. Die zornige Buschhexe aber, die die Nähe der Menschen meiden muß, rast als Sturmwind davon.

✻ **Rollenspiel** (s.v.): Das Märchen ist hierfür geeignet, zumal die Gestalten des irrenden, grabenden, jagenden, fliehenden Schakals, der drohenden Buschhexe, des wütenden Farmers und der zärtlichen Johanna recht plastisch sind.
✻ **Pantomime:** (s.v.): Die Verwandlungsvorgänge und dramatischen Ereignisse lassen sich mimisch und gestisch gut interpretieren. *Im Raum* werden wieder Möbel zu Kulissen umgedeutet: Farmhaus, Dornbusch, Rivier, Kral, Brunnen, Steppe...), *im Freien* können Objekte wie Zäune, Büsche, Sandkasten, Planschbecken, Baum, Spielhütte usw. phantasievoll ausgedeutet werden.
✻ **Handpuppenspiel und szenisches Spiel** (s.v.) sind weitere gute Möglichkeiten, während sich eine musikalische Auslegung als schwierig erwies.
✻ **Mit einem „warm – up“** kann man Spielaktionen beginnen,

a) Zur Auflockerung für Kleine,
b) wenn zwischen dem Vorlesen und der spielerischen Vertiefung ein Zeitabstand liegt, z.B. bedingt durch festgelegte Unterrichtseinheiten, Stundenplan; um eine Überfülle von Eindrücken zu vermeiden...

Die „warm – up“-Funktion besteht darin, daß die Kinder „aufgewärmt“, spielbereit gemacht werden. Hemmungen und augenblickliche Ängste können dabei abgebaut werden. Älteren Kindern wird in einem solchen Spiel z.B. auch ein Problem bewußtgemacht, indem sie sich spielerisch hineinbegeben – sie werden aus der Passivität geführt. Jüngere Kinder werden durch anregende Vorschläge aktiviert; ihre Spielfreude wird geweckt – sinnvollerweise mit Inhalten, die eine Brücke zum anschließenden Spielprojekt darstellen. Gerade scheue Kinder werden körperlich und psychisch aufgelockert, wenn sie in Simultanspielen das gleiche zu gleicher Zeit wie alle anderen tun, wenn also keine Einzelanforderung an sie herantritt. Im allgemeinen drängen allerdings kleine Kinder (bis zu 8 Jahren) schnell zum Spiel; – „warm – ups“ im Sinne psychischer Auflockerung sind damit weniger nötig als dazu, unkompliziert ins Thema hineinzuführen und Spielfreude zu wecken. Ältere und Erwachsene sind oft anfangs verkrampfter. Warm – ups geschehen z.B. durch Bewegungsspiele als Tiere, Nachahmung von Mensch- und Tierlauten, Rhythmikspielen, kleinen Pantomimen, Nachahmen von mimisch und gestisch betonten Kurzszenen usw.

Beispiel: Die Kinder verwandeln sich in Tiere:

a) *Alle spielen auf Anweisung* oder auf abgestimmte Kindervorschläge gleiche Tiere: Alle galoppieren als wiehernde Pferde; kriechen als zischende Schlange, trampeln als schnaubende Büffel, tappen als ruffelnde Schweine, hüpfen als quakende Frösche usw.
   1. Vereinbarung von typischen Lauten und Bewegungen
   2. Alle gemeinsam durchführen
   3. Besonders gute Leistungen können hervorgehoben werden, um andere zu korrigieren oder zu ermuntern. Aber: Nie zwingen!

b) *Kinder stellen sich als Tier nach Wunsch vor;* die anderen ahmen nach und ordnen sich in die Spielidee ein.
c) *Wir spielen „Afrikatiere“.* Wer kennt welche? Erwähnt werden meist Löwen, Elefanten, Tiger (auch wenn es in Afrika keine Tiger gibt: Als exotisches Wildtier reizt es, ist Identifikationshilfe und damit therapeutisch auch u.U. wirksam), Krokodile, Affen, Leoparden, Schlangen, Nilpferde, Giraffen ... Laute und Bewegungsarten werden vereinbart, vor- und auf Signale durchgeführt. Hier macht sich wieder großes kindliches Bewegungsbedürfnis breit und Temperamente zeigen sich von disziplinierter Imitation bis zu zügellosen Ausbrüchen und Aggressionen.
1. *Freies Bewegungsspiel,*
2. *Auf Signale:* Gehen (z.B. Tamburin), stehen (z.B. Schellen), niederlegen (z.B. Klanghölzer), jagen (z.B. Rasseln) usf. Erst nur 2 Signale, dann langsam steigern! (auch im Vorschulalter)

✻ **Märchenbezogenes warm-up: Alle spielen Schakale:** In Meinungsaustausch kommen z.B. zur Darstellung: Laufen, schnüffeln, jagen, graben, fressen, trinken, schleichen, niederhocken, sich putzen, kämpfen...

Tierspiele lockern u. a. deshalb auf, weil nur wenig sprachliche Kommunikation verlangt wird. Das spielerische Miteinander liegt im körperlichen, mimisch-gestischen und lautlichen Bereich. Eine Kontaktaufnahme auf nichtsprachlicher Basis mit anderen Kindern wirkt auf die meisten erleichternd: Sie müssen sich nicht durch individuelle Leistung hervortun und dürfen sich als Tiere in einer Weise darstellen, wie sie für Menschen nicht gestattet wäre. Tierspiele ziehen sich in freien Spielgruppen oft über Wochen hin und erleichtern auch die Kontaktaufnahme mit fremden Kindern.

Im weiterentwickelten Tierrollenspiel werden Rollen auch zugewiesen: „Du spielst jetzt...“, „Ihr werdet nun miteinander...“ Solche Szenen haben eine Handlung und einen Sinn. Wesentliche Fähigkeiten werden dabei geschult: Kinder deuten ihre Rolle und sprechen darin. Sie versetzen sich in die Rolle der Mitspieler; sie teilen sich ihre Spielideen, auch spontane Einfälle, mit und versuchen, sie in die Tat umzusetzen (Sie jagen sich. Tiere werden gefangen und Käfige gebaut. Der Tierdoktor kommt. Verschiedenartige Tiere lernen sich kennen: Eine Giraffe und ein Eisbär; ein Papagei und ein Fisch: Jeder erzählt aus seinem Lebenselement...) (Letzteres ab Schulalter möglich). Agiert der Erzieher mit, erhält das Spiel auch lenkende Impulse. Beobachtet er „nur“, kann er oft zudem interessante Hinweise auf eventuelle Verhaltensauffälligkeiten eines Kindes bekommen.

✻ **Vorschlag zum kreativen Gestalten:**
Gemeinschaftsarbeit: Wir stellen Schattenfiguren auf Wachsschmelzgrund her. (Bildl. Darstellung der Schmelztechnik: s. „Wundersame Schildkröte“.)
(Ab Grundschulalter möglich; für ältere Kinder besonders geeignet, um ausgesprochen künstlerische Arbeiten zu erreichen; paßt wie alle in diesem Buch aufgeführten

Techniken im Rahmen des Bildungsplanes für Grundschulen zum Kunstunterricht und in diesem Fall auch zum Sachkundethema: „Erfahrungsbereich: Wärme/Licht, Themenbereiche: Schattenentstehung, natürliche und künstliche Lichtquellen, Kl. 1.) Bem.: Die Kinder, die die hier abgebildeten Bilder herstellten, machten über zwei Wochen hinweg Erfahrungen zu Licht und Schatten in der Sachkunde. Sie spielten Finger- und Schattentheater, malten sich gegenseitig Schattenprofile im Lichtkegel des Projektors, markierten Schattenwanderungen im Schulhof und entwarfen eigene Schattenfiguren. Diese Erfahrungen waren Voraussetzung für die folgende Kunstarbeit.

Ablauf:

1. Nochmals umfassende *Bildbetrachtungen* von Wüsten, Steppen, Gesteinsmassiven, Gebirgen, Trockenflüssen, Gegenlichtaufnahmen vor leuchtendem Sonnenuntergang usw. Es geht um die Vermittlung des Eindrucks: Gelb, braun, orange, rot ... als Ausdruck von Dürre und Hitze, gegen die Figuren wie Palmen, Tiere, Kakteen, Häuser usw. schwarz als Schattenfiguren abstechen. Ebenso: Nächtliche Stimmungen und ferne Gebirgszüge, die lila und bläulich erscheinen: Für Ferne und tropisches Halbdunkel. Figuren werden hier umgekehrt um des Kontrastes willen weiß gemacht.
2. Das Märchen kann noch einmal vorgelesen werden.
3. *Einteilung der Szenen:* Hier: 1. Der Schakal begegnet der Buschhexe und findet die Zwiebeln (Tagesbild), 2. Er sieht die Hexe in ihrer wahren Gestalt und verbringt die Nacht einsam im Busch (Nachtbild), 3. Er bricht in den Schafkral ein und wird vom Farmer geschlagen (Nachtbild), 4. Er lebt mit Johanna befreit und glücklich, ihr eigenes Haus steht im Hintergrund, die Hexe braust als Sturm davon (Tagesbild).
   Wichtig: Der Erzieher muß sich einen Vorentwurf machen,
   um klar einteilen zu können.
4. *Vergabe der Einzelfiguren:* Im vorliegenden Fall befaßten sich je 6 Kinder mit einer Einzelszene. Nach Wunsch und Abstimmung (und ihren Fähigkeiten!) werden Figuren angeboten: Wer macht die Hexe im Busch? Wer den Schakal? Wer eine Palme? Johanna? Den Farmer? usw. Weniger begabten Kindern gibt man das Haus, den Zaun, Pflanzen als Füllwerk...
5. *Hintergrund:* Auf großen Bögen Elefantenpapier (in Buchbindereien erhältlich) werden Horizontlinien festgelegt, und zwar je zwei Blätter spiegelbildlich so, daß sie später einigermaßen deckungsgleich mit den Bildseiten nach innen aufeinandergelegt werden können. Bis zum Alter des 2./3. Schuljahres muß der Erzieher dabei noch mithelfen, größere Kinder bewältigen das Problem spiegelbildlichen Malens schon besser.
6. *Grundierung mit Wachsfarben:* Man bespricht mit zwei entspr. Kindergruppen die „Tagesfarben" (s.v.) für Steppe, Himmel, Hitze... und mit den beiden anderen Gruppen die „Nachtfarben" (s.v.) für Weide, Berge, Himmel... Je etwa 6 Kinder können, ohne sich gegenseitig zu behindern, intensiv die Flächen dick mit Wachsmalstiften bedecken. (Format hier: 100 × 70 cm)

Bem.: Nicht alle Wachsfarben schmelzen später. Der Erzieher muß vorher Farbproben anfertigen. Im vorliegenden Fall wurden Kreuzer- und Pelikanstifte verwendet. – Am günstigsten schmelzen Stockmar-Wachsstifte. – Das Format oder eine Verminderung bzw. Ausdehnung der Szenen entspr. Anzahl der Kinder ist selbstverständlich möglich. Die Verausgabung beim Einwachsen ist übrigens relativ groß. Die Kinder brauchen dazu Kraft und Ausdauer, aber sie waren am Ende sehr angeregt und zufrieden, denn auch ohne Abschmelzen sahen die Bilder schon leuchtkräftig und gut aus.

7. *Abschmelzen:* Die beiden jeweils in Linien und Farben passenden Bilder werden mit der Wachsseite nach innen aufeinandergelegt. Man geht mit dem heißen Bügeleisen darüber und zieht sofort danach die Flächen wieder auseinander. Das geschmolzene Wachs erstarrt und bildet Krusten und Schlieren. Zudem pressen sich Farben auf der Gegenfläche ab (bei den Abbildungen am Mond gut sichtbar), wenn die Konturen nicht ganz deckungsgleich liegen. Man muß es also um dieses Reizes willen nicht allzu genau beim Einwachsen nehmen.
8. *Herstellung der Schattenfiguren:* Die Einzelmotive sind schon verteilt. Der Erzieher muß einzelne Kinder noch gesondert beraten, z.B. über den Schakal, Kakteen, Palmenwuchs, Kameldornbaum usw. Im vorliegenden Fall durften die Kinder Bücher als Anschauungsmaterial verwenden. Abzeichnen war erlaubt, abpausen dagegen nicht. Die Schakalfigur wurde bei einem Kind vom Wolf, bei einem anderen vom Hund aus „Mein erster Brockhaus" übernommen. Dabei zeigten sie eine erstaunliche Beobachtungsgabe. Kakteen und Palmen wurden nicht nur als Bilder, sondern auch in Natur als Topfpflanzen gezeigt. Zwei feinmotorisch besonders geschickte Kinder übernahmen den Dornbaum und die Buschhexe. Dabei wurde in einer gemeinsamen Besprechung ein Dornbaum an der Tafel in eine Hexe umgewandelt: Die Kinder malten am Baum so herum, daß aus den Zweigen und Wurzeln Arme, Finger, Füße und Haare wurden. Der entspr. Schüler übernahm dieses Muster weitgehend.
   a) *Der Vorentwurf* wird auf einfachem Papier hergestellt und dann
   b) *mit Kohlepapier* auf schwarzem Tonpapier bzw. festem weißem Papier *durchgepaust* (durchgepauste Linien glänzen auch auf dem schwarzen Papier!)

   Mit der Übernahme von Abbildungen lernen Kinder, Informationen – auch selbständig – aus Büchern, Bildern, gegenständlicher Anschauung (und ggf. auch Filmen) zu beschaffen und verarbeiten.
9. *Die Figuren werden ausgeschnitten und* auf die passenden Bildflächen *geklebt.* Die Kinder entscheiden zusammen mit dem Erzieher über den passenden Platz. Dabei geht es um die Kontrastwirkung, die Stellung verschiedener Figuren, die zueinander in Bezug stehen und darum, besonders interessant geschmolzene Stellen nicht zuzukleben.

   Bem.: Die vorliegenden Arbeiten einer 1. Grundschulklasse sind als sehr gelungen zu betrachten. Neben einer ausgiebigen Beschäftigung mit dem Thema muß erwähnt werden, daß es in dieser Klasse einige künstlerisch und manuell sehr geschickte Kinder gab. Im übrigen genossen alle Kinder eine recht kreative Vorschulerziehung. Um zu einem erfüllenden Ergebnis zu kommen, muß man sich, wie bereits erwähnt, Zeit und Muße lassen: Für die sachkundliche Seite ebenso wie für die Bildbetrachtungen, Beschreibungen und die Gestaltung selber. Etwa fünf Stunden waren für die vier Bilder nötig (Informationen, Hintergrund, Vorentwürfe, Entwürfe, Ausschneiden und Kleben). Manche schnitten ihre schwierigeren Figuren auch zu Hause aus. Andere korrigierten ihre Arbeiten mehrfach. Nett war auch die Resteverwertung ausgeschnittener Kakteen: Die Negative ergaben neue Kakteen! Das wurde ausgenützt. Mehrere Kinder malten zuhause ähnliche „Afrikabilder". Der Tip, statt Elefantenpapier Butterbrotpapier zu verwenden, fand ein gutes Echo, zumal auch Eltern z. T. interessiert mitmachten.

❊ **Spiel:** *Umsetzung der Bildinhalte in Pantomime (mimisch, gestisch,* großmotorisch) *oder Bildbeschreibung* (verbal): Andere Kinder (Nachbarschaft, Spielkameraden, andere Kindergarten- oder Vorschulgruppen, andere Klassen in der Grundschule...) betrachten die Wachsschmelzbilder mit den Schattenrißfiguren.

a) Die neuen Kinder kennen das Märchen nicht. Sie erzählen frei, was sie *in die Bilder hineindeuten.* Sie setzen dies in Worte und/oder Bewegungen um.
b) *Sie werden mit dem Inhalt des Märchens vertraut gemacht* und deuten nun in Worten oder mimisch-gestisch einzelne Bildsituationen (Das ist der Schakal. Er sucht ... Er ist wütend auf die Buschhexe ... Er wollte ein Schaf fressen und wurde vom Farmer geschlagen ... Hier hat sich die Buschhexe im Dornbaum versteckt. Aber nun ist sie ein Sturm geworden...)
c) *Ratespiel:* Einige Kinder wählen eine bestimmte Bildsituation aus und stellen sie pantomimisch dar. Andere Kinder raten, welche Situation gemeint ist.

❊ **Schattentheater:** Es kann von älteren Kindern (ab 12 bis 14 Jahren) unter Anleitung hergestellt werden und hat in der Auseinandersetzung mit dem Märcheninhalt weniger therapeutischen Wert im Sinne freien Ausagierens, da diffizile Planung und Handarbeit nötig sind. Andererseits besitzt das liebevolle Herstellen von hübschen, bizarren, furchterregenden oder lustigen Märchenfiguren (Z.B.: Prinzessin, Zwerg Nase, Hexe oder Bremer Stadtmusikanten...) einen eigenen Stellenwert in der inneren Auseinandersetzung mit märchenhaften Inhalten.

Als Scherenschnitte müssen alle Glieder frei sichtbar sein; gute Scherenschnitte leben ganz in der Fläche. Sie werden aus dünnem oder dickem Karton oder – bei dauerhaften Figuren – aus Preßspan hergestellt. Nicht alle Teile der Figur müssen bewegliche Glieder haben; sie könnten die Figur leicht unproportioniert erscheinen lassen. Die Gelenke werden mit Bindfaden und Knoten oder aus gedrehten Drahtenden gemacht. Bewegt werden die Glieder und andere Details mit dünnen Stahldrähten. Die Bewegungsmechanismen müssen bei jeder Figur neu erprobt werden. Das Austüfteln raffinierter Mechanismen macht Jugendlichen oft besonderen Spaß, da sie mit Erfindergeist und Logik an die Probleme herangehen können. Zum Bewegen gehören auch Pappstreifen, welche größere Gliedmaße wie Arme,

Beine, Kopf usw. unsichtbar aus der Körperfläche heraus steuern und in Führungsstegen gleiten. Bühne, feste Ausstattungsstücke wie Häuser und Bäume, Blumen und Brunnen usw. und die Beleuchtungsanlage gehören ebenfalls wesentlich zur Planung. Besondere Übung erfordert die Spieltechnik. Die Gesetze des Schattenspiels erlauben z. B. nicht, daß die Figuren von der Leinwand wegtreten oder Kehrtwendungen machen, da die Konturen sonst unscharf oder verzerrt werden; das würde beim Zuschauer Illusionen zerstören.
Wer ein echtes Schattentheater aufbauen will, möge sich bei diesem umfangreichen und sorgfältig zu planenden Unternehmen noch mit passenden Werkbüchern befassen.

2.9 Die wundersame Schildkröte (ab etwa 8 J.)

(Aus: Märchen aus aller Welt, ausgewählt und bearbeitet von Willi Fehse, W. Fischer Verlag, Göttingen 1976)

Schwerpunkte:

- Rückenmuster von Schildkröten abmalen und eigene Muster erfinden
- Modellieren – Plastisches Gestalten von Schildkröten und anderen Figuren
- Verwandlungen durch Kneten
- Bilderbuchgestaltung mit Wachsschmelztechnik, Wasser- und Plakatfarben
- Hörspiel
- Tonbandprotokoll
- Trickfilm

2.9.1 Märchentext

Die wundersame Schildkröte
(Märchen aus Japan)

Ein guter Sohn erinnert sich seiner
alten Eltern – auch, wenn er in
Herrlichkeit und Freuden lebt

Es war einmal ein frommes Ehepaar. Das wohnte hart an der Küste und nährte sich vom Fischfang.
Das einzige Glück der beiden Alten war ein Sohn; und da er wohlgeraten und brav war, klagten sie nie über ihr hartes Tagewerk, sondern verbrachten ihre Lebenstage in Zufriedenheit.
Der Sohn hieß Uraschimataro. Das bedeutet soviel wie: Sohn der Meeresinsel. Er wuchs zu einem schönen Jüngling heran und half dem Vater beim

Fischfang. Täglich sah man ihn bei Wind und Wetter auf die See hinausfahren. Niemand im Dorfe, das wegen seiner Fische in der ganzen Gegend berühmt war, wagte sich so weit hinaus, und manchmal sagten die Nachbarn zu seinen Eltern:

„Wenn euer Junge so tollkühn bleibt, erlebt ihr noch einmal ein Unglück."

Doch Uraschimataro kümmerte sich nicht um diese Reden, und da er seinen Kahn kraftvoll zu lenken verstand, waren auch seine Eltern ohne Sorge.

Als er nun eines Morgens seine Netze aus dem Wasser zog und in sein Boot entleerte, fand er unter den wimmelnden Fischen eine kleine, allerliebste Schildkröte. Er freute sich sehr darüber und warf das Tier in einen Holzbottich. Plötzlich begann aber die Schildkröte zu sprechen.

„Schone mich!" sagte sie. „Was kann ich dir nützen? Ich bin ja so jung und klein und möchte gern noch leben. Wenn du mich freigibst, soll es später dein Schade nicht sein. Das verspreche ich dir."

Uraschimataro rührten diese Worte. Er hätte in seiner Gutmütigkeit niemandem einen Wunsch abschlagen können, und deshalb setzte er denn auch die Schildkröte sofort ins Meer zurück. –

Seitdem waren mehrere Jahre verflossen. Der Sohn der Meeresinsel fuhr nach wie vor Morgen für Morgen mit seinem Boot hinaus. Da überraschte ihn eines Tages draußen ein gewaltiger Wirbelwind, ein Hurrikan, der die Wogen haushoch aufwühlte und seinen Kahn zertrümmerte. Trotzdem verzagte Uraschimataro nicht. Er konnte gut schwimmen und hoffte das Ufer zu gewinnen. Plötzlich näherte sich ihm eine große Schildkröte. Sie redete ihn an, und er verstand trotz des Sturmgeheuls ihre Worte.

„Ich bin", sagte sie, „die Schildkröte, der du einst das Leben geschenkt hast. Jetzt ist für mich der Tag gekommen, daß ich meine Schuld abtrage. Soviel du dich auch abmühen magst, das Ufer würdest du nie erreichen. Darum steige auf meinen Rücken! Ich bringe dich, wohin du willst!"

Doch kaum saß der junge Mann auf ihrem Rücken, da machte sie ihm den Vorschlag, für heute nicht an den Strand zurückzukehren.

„Laß dich dahin tragen, wohin *ich* will!" sagte sie. „Es wird dich nicht gereuen."

Uraschimataro war zwar erstaunt über ihre Worte. Aber dann willigte er ein, und im nächsten Augenblick tauchte die Schildkröte in die Tiefe des Meeres hinunter. Sie schwamm wohl drei Tage lang, bis sie endlich bei einem riesigen Palaste haltmachte. Er war aus Korallen und Kristall erbaut und schimmerte von Gold und Perlen.

Der Jüngling erstaunte. Er verwunderte sich aber noch mehr, als ihn die Schildkröte in den Palast hineinführte. Die Wände ringsum strahlten von Edelsteinen. Manche waren aus Perlmutt und Fischschuppen, und die Schuppen glänzten und erleuchteten alles mit einem wundersamen Licht.

„Wohin hast du mich gebracht?" fragte Uraschimataro.

„In den Palast Riugu", entgegnete die Schildkröte. „In das Haus des Meeresgottes, dem wir alle untertan sind. Ich meinerseits bin die Dienerin seiner Tochter, der schönen Prinzessin Otohime, die du gleich sehen wirst."
Damit empfahl sich das Tier für einen Augenblick, um ihrer Herrin die Ankunft des Jünglings zu melden. Die Prinzessin hatte von ihrer Dienerin schon viel über ihn gehört. Neugierig trat sie ihm entgegen. Sie fand ihn noch schöner, als die Schildkröte ihn beschrieben hatte, und entbrannte auf den ersten Blick in Liebe zu Uraschimataro.
„Bleibe bei mir", sagte sie schmeichelnd. „Du wirst nie und nimmer altern und dich hier unten ewiger Schönheit und Jugend erfreuen."
Da Otohime selber so schön wie die Sonnenkönigin war und so reizend bat, konnte ihr der Jüngling den Wunsch nicht abschlagen. Er blieb bei ihr und führte mit der Prinzessin das glücklichste Leben. Die Zeit verging in eitel Freude und Wonne. Wie lange das war? Uraschimataro wußte es nicht und fragte auch nicht danach.
Plötzlich aber überkam ihn inmitten seines Glückes eine große Sehnsucht nach seinen Eltern. Er kämpfte vergebens dagegen an. Aber eines Morgens saß er so traurig da, daß es auch der Prinzessin auffiel. Sie fragte nach seinem Kummer, und Uraschimataro sagte ihr die Wahrheit.
Da erschrak Otohime. „Wir werden uns niemals wiedersehen", klagte sie unter Tränen.
Aber Uraschimataro gelobte ihr mit heißen Schwüren, zurückzukehren.
Doch Otohime blieb traurig. Ihr machte eine böse Ahnung das Herz schwer. Weinend überreichte sie dem Freund eine kleine goldene Büchse.
„Nimm sie an dich!" sagte sie. „Und versprich mir, sie auf Erden gut zu bewahren und unter keinen Umständen zu öffnen! Wenn du die Bedingung erfüllst, brauchst du nur meine Dienerin, die Schildkröte, zu rufen. Sie wird dich wieder herbringen, und es kann vielleicht doch noch alles gut werden."
Uraschimataro versprach, sich streng an ihr Geheiß zu halten. Dann nahm er Abschied und setzte sich auf den Rücken der Schildkröte, die ihn nach drei Tagen und drei Nächten glücklich an der heimatlichen Küste absetzte. Ledig ihrer Last, verschwand sie in den schäumenden Wellen.
Der junge Mann näherte sich raschen Schrittes seinem Dorfe. Er sah Schilfdächer aus den grünen Gebüschen hervorlugen. Er sah den Rauch aufsteigen, hörte den fröhlichen Lärm der Kinder und vernahm auch wohl die Klänge der Koto, eines Saiteninstruments, aus mehreren Hütten.
Aber sonderbar, wie alles dennoch verändert erschien! Die Menschen, die ihm begegneten, waren ihm unbekannt, und als er voller Hast seinem Elternhaus entgegenstrebte, stand das wohl noch auf seinem Fleck; aber es war bis zur Unkenntlichkeit umgebaut. Der Sohn der Meeresinsel klopfte an die Tür. Fremde Menschen öffneten ihm. Verdutzt fragte er nach seinen Eltern. Sie schüttelten nur die Köpfe und kannten nicht einmal deren Namen.

Aufgeregt lief Uraschimataro zum Friedhof. Er hatte sich nicht getäuscht: Hier fand er ihre Gräber, und die Steine zeigten eine Jahreszahl, die ihm wohlbekannt war. Man schrieb sie, als er in den Palast der Meeresprinzessin gezogen war. Nachdem er an den Ruhestätten der Eltern gebetet hatte, sah sich der Jüngling auf dem Friedhof um. Da entdeckte er auf anderen Gräbern jüngere Daten, und schließlich begriff er, daß dreihundert Jahre verflossen sein mußten, seitdem er damals vor Ausbruch des Orkans aufs Meer hinausgefahren war.
Er verließ den Friedhof und ging auf die Dorfstraße zurück. Die Menschen, die er nun fragte, konnten ihm nur bestätigen, was er bereits wußte. Wilde Verzweiflung packte ihn. Ohne lange zu überlegen, holte er die Büchse der Prinzessin hervor. Vielleicht enthielt sie einen Zauber, der ihn aus der Verwirrung des Herzens reißen konnte? Er drehte daran. Der Deckel sprang auf, und ein purpurner Rauch stieg aus der Büchse empor. Sonst war sie leer.
Während er die Büchse noch betrachtete, bemerkte er plötzlich, wie seine Hand zusammenschrumpfte, bis sie faltig und knochig wie die eines steinalten Mannes war.
Entsetzt blickte er in den klaren Spiegel eines Teiches: Ein mumienhaftes Greisenantlitz sah ihm daraus entgegen.
Da schleppte er sich müde aus dem Dorfe fort, und niemand erkannte in dem erschöpften Alten den Jüngling, der erst vor einer Stunde zurückgekommen war. Am Strand des Meeres ließ sich Uraschimataro nieder. Mit dünner, zitteriger Stimme rief er nach der Schildkröte, damit sie ihn in den Palast Riugu, in das Schloß des Meeresgottes, zurückbringe. Aber seine Stimme verhallte ungehört in dem Winde.
Am Abend fanden ihn einige Fischer. Das Haupt war ihm auf die Knie gesunken. Er war tot.
Es ist lange her, seitdem sich die Geschichte Uraschimataros zugetragen hat. Aber noch heute erzählen die Fischer von dem guten Sohn, der die Wunder des Meerkönigs und die Liebe der Prinzessin verließ, um seine Eltern aufzusuchen; wenn er auch zu spät kam, wie das so oft in unserer Welt der Fall ist.

2.9.2 Vergleich mit europäischen Sagen, Legenden und Märchen

Der eigene Reiz, den das Märchen auf unsere jungen Zuhörer ausübt, rührt neben dem seltsamen und erschütternden Ende offensichtlich auch vom fremdartigen Motiv der Schildkröte her. Als ein allen wohlbekanntes Tier besteht ein natürliches Verhältnis zur Schildkröte; andererseits kommt sie in europäischen Märchen kaum vor. Die wundersame Schildkröte wird im vorliegenden Märchen zu einer Mittelpunktfigur und zum magischen Helfer, der den „Sohn der Meeresinsel" aus seiner realen Welt in ein magisches, traumhaft schönes Reich unter das Meer trägt und auch wieder von dort aus heimführt. Im europäischen Märchen übernehmen – nun bekanntermaßen – Raben und andere Vögel, Katzen, Pferde oder bisweilen Fische diese Funktion.

Einige Fragen drängen sich nun auf: Was bedeutet wohl die Schildkröte, das Altern des Helden um 300 Jahre und der märchenuntypische, traurig wirkende Tod des Helden?

Die Schildkröte spielte insbesondere in der Mythologie Indiens, Chinas und Japans eine große Rolle. Die Zeichnungen auf ihrem Rückenpanzer wurden u. a. als Muster kosmischer Strukturen gedeutet; die Wölbung des Rückenpanzers als Abbild des Himmels; oder ihre Füße bzw. ihr ganzer Körper als Stütze des Universums, der Urgewässer oder des himmlischen Throns. Uraschimataro, unserem Märchenhelden, wird offensichtlich eine bedeutsame, sehr positive Rolle zugewiesen, wenn eine Schildkröte, symbolisch als Mittlerin zwischen Himmel und Erde, ja, z.T. als Sinnbild des Universums überhaupt, ihn in die reichen Tiefen ihres magischen Reiches entführt. Gerade auch in Japan, wo der Schildkröte eine unwahrscheinlich hohe Lebensdauer nachgesagt wurde (12000 Jahre!), galt sie auch als Symbol der Unsterblichkeit. Hohes Alter und die als geheimnisvolle Schriftzeichen gedeuteten Rückenmuster ließen sie zudem zum Symbol für Weisheit werden.

Dies alles gilt, neben anderen großen Bedeutungen, für den fernöstlichen Raum, während die Symbolik im Orient und im von dort beeinflußten Abendland auch negative Aspekte aufweist, u.a. als Sinnbild eines dämonischen Tieres, das mit dunklen Mächten im Bunde steht; und die Kirche sieht in der im Schlamm lebenden Schildkröte auch gerne ein Symbol für die Niedrigkeit bloßer Sinneslust.

Da das Märchen von der „wundersamen Schildkröte" jedoch ein japanisches ist, wenden wir uns wieder der Schildkröte als Trägerin besonderer Eigenschaften wie Weisheit, Unsterblichkeit und magischer Kraft schlechthin zu.

Im Märchen erkämpft sich der Held in absoluter Zeitlosigkeit sein Glück: Schneewittchen z.B. altert nicht im Sarg und Dornröschen sieht nach 100 Jahren so schön und frisch aus wie eh und je. Alles andere als märchenhaft wirkt dagegen das Zusammenschrumpfen und körperliche Zerfallen, das sich in wenigen Augenblikken vollzieht und aus dem jungen Helden eine Mumie macht. Als junger, schöner Mann hat er ein jenseitiges Reich betreten, in dem er als Gast Schönheit, Glück, Vollendung, Unsterblichkeit und ewige Jugend auskosten durfte. Doch nun, da er ins Irdische zurückkehr, altert er rasch um die im Jenseits verbrachten 300 Jahre und

stirbt. Er kann die wunderbaren Gaben des Jenseits nicht in seine Menschenwelt hinübernehmen – das Hier und Dort bleibt geschieden; die Jenseitsgaben werden zu keinem inneren Besitz. Diese Elemente gehören daher nicht dem Märchen, sondern der Sage an, und so haben wir es hier auch sicher nicht mit – psychoanalytisch deutbaren – Reifungsprozessen des Helden zu tun wie in europäischen Märchen. Eher können wir einen Schwerpunkt in einer Erkenntnis und Belehrung erkennen; und so trifft der Untertitel zum Märchen wohl den wesentlichen Punkt des „Märchens" aus Japan, das für europäische Begriffe kein echtes ist: „Ein guter Sohn erinnert sich seiner alten Eltern – auch, wenn er in Herrlichkeit und Freuden lebt."
Märchenhaftes Geschehen auf dem Meer und in seinen Tiefen, mythische Gestalten wie die Schildkröte, der allmächtige Meeresgott und seine Tochter Otohime im Palast Riugu einerseits, irdisches Altern und Sterben, aber auch die Vollendung eines moralischen Gebotes andererseits (die Eltern müssen von der nachkommenden Generation geehrt und versorgt werden; ohne diese Grundhaltung würde mangels sozialer Sicherheiten die Gesellschaftsordnung geschädigt), lassen es naheliegend erscheinen, daß das Märchen von der „wundersamen Schildkröte" noch ein ungeschiedenes Ganzes aus Märchen, Mythos, Sage und Legende ist (wollen wir von unseren abendländischen Ordnungsprinzipien ausgehen).
Das Altern in dieser Erzählung ist besonders märchenuntypisch und seltsam. Während ja im Märchen das Jenseitige keine ganz andere Dimension ist und Gegenwart und Vergangenheit ohne Spannung nebeneinanderstehen, wird in der Sage derjenige, der ins Jenseitsreich eingegangen ist, nicht wieder Mensch: Er verändert sich, verfällt, vergreist oder stirbt – wie Uraschimataro. In der europäischen Sage entfaltet sich die Wesenheit der Zeit in ihrer vollen Realität und in ihr zeigen sich Angst, Staunen, Erschütterung und Erkrankung der Seele (s. hierzu auch M. Lüthi, Literaturverz.). Wer aus einem unterirdischen Reich zu den Menschen zurückkehrt oder hunderte von Jahren geschlafen hat, wird in der Sage zu Staub und Asche zerfallen oder zusammenschrumpfen – dies aber erst, wenn man ihn auf die inzwischen verflossene Zeit aufmerksam gemacht hat. Nun wird er sich urplötzlich der ganzen abgelaufenen Zeit bewußt und erlebt in einem einzigen Augenblick seelisch und körperlich jene Macht der Zeit, die er im „anderen" Reich, in dem keine menschlichen Gesetzmäßigkeiten gelten, nicht miterleben konnte: Der Körper holt das jahrelang Versäumte unvermittelt nach. Dies ist auch das Schicksal vom „Sohn der Meeresinsel", der auf dem Friedhof durch den Vergleich der Jahreszahlen auf den Grabsteinen mit Entsetzen erkennt, wie lange er fort war, und der in der Verwirrung seines Herzens das einzige Unterpfand der ewigen Jugend und des Glücks in der goldenen Dose verspielt: Er öffnet sie und die Zeit fliegt als purpurner Rauch heraus – und mit der verrauchten Zeit auch sein Leben. Sage und Legende stehen nahe beieinander. Beide erzählen von übernatürlichem Geschehen. Allerdings bleibt die Sage relativ unbestimmt, während die Legende von einem festen religiösen System aus gedeutet wird. Übernatürliches und Wunder kennzeichnen Sage und Legende. In der Sage als nicht oder nur teilweise bewältigter Einbruch des Numinosen – das Heilige, von Gott Bewirkte in der Legende.
Bekannt ist die noch als Sage deutbare Walliser Erzählung vom Prior Evo, der nach

dem Essen für eine vermeintliche halbe Stunde im Wald spazieren geht, einem Vogel lauscht und darüber einschläft. Als er ins Kloster zurückkehrt, erkennt ihn niemand. Der (jetzige) Prior entdeckt schließlich in einer Klosterschrift den Namen des vor 308 Jahren verlorengegangenen Paters Evo. „Als Evo das hörte, sank er lautlos um und zerfiel zu Staub und Asche", heißt es dann. Die einfache Darstellung des unbegreiflichen Vorgangs verschiebt sich nun in der rheinischen Erzählung, die mit der wallisischen verwandt ist, zur Legende: In ihr meditiert der Abt Erpho vom Kloster Siegburg über die Worte des 90. Psalms: „Tausend Jahre sind vor Gottes Augen wie ein Tag, der gestern vorübergegangen." Voller Freude lauscht er im tiefen Wald dem Gesang eines wunderschönen Vogels. Danach eilt er ins Kloster zurück; auch er wird nicht mehr erkannt, auch er findet alles verändert vor und erfährt, ehrfurchtsvoll vom Abt und Konvent behandelt, aus der Klosterchronik, daß er vor 300 Jahren verschwunden sei. Er erzählt nun, was ihm geschah, alle preisen Gottes Wunder, er nimmt das Abendmahl und lobt Gott mit lauter Stimme. Danach sinkt er tot nieder. Diese Legende will nun uns eher belehren und durch ein Wunder eine religiöse Aussage bekräftigen. In der Sage von Abt Evo bricht eine andere Welt in unbegreiflicher Weise in das Diesseitige ein (er bricht darüber erschüttert zusammen), bei Abt Erpho wird dagegen, Sinn der Legende, ein höherer Sinnzusammenhang sichtbar gemacht (und er lobte Gott mit lauter Stimme). Ziehen wir nun Vergleiche zur wundersamen Schildkröte, so finden wir neben märchenhaften Motiven auch solche aus Sage und Legende (wie wir sie aus der abendländischen Perspektive verstehen). Auch Uraschimataro hat 300 Jahre in einem unterirdischen Jenseitsreich gelebt und zerfällt und stirbt, als ihm die Zeitspanne bewußt wird. Unheimlich und traurig wird der numinose Einbruch, wenn es heißt, daß er sich müde aus dem Dorf fortschleppt und niemand in ihm den jungen Mann von eben zuvor erkennt, wenn er zum mumienhaften uralten Greis wird und mit dünner, zittriger Stimme nach der Schildkröte ruft: „Aber seine Stimme verhallte ungehört in dem Winde. Am Abend fanden ihn einige Fischer. Das Haupt war ihm auf die Knie gesunken. Er war tot." Das mag an die Sage von Abt Evo erinnern. Aber Uraschimataros Tod ist nicht sinnlos, er wird sogar zum erzieherischen Vorbild, denn die Fischer erzählen noch heute „... von dem guten Sohn, der die Wunder des Meerkönigs und die Liebe der Prinzessin verließ, um seine Eltern aufzusuchen; wenn er auch zu spät kam, wie das so oft in unserer Welt der Fall ist." Prosaisch könnte man auch sagen: Endlos lang erschien ihm die Zeit des Glücks bei seiner Prinzessin; darüber vergaß der pflichtvergessene Sohn sogar seine Eltern. Als er sich endlich wieder auf sie besann, waren sie längst gestorben – das kurzweilig erscheinende Glück wurde den betroffenen Eltern zur endlos empfundenen Trauer, bis sie starben. Doch mag diese düstere Perspektive nicht gefallen. Die mythische Gestalt der Schildkröte, die in Japan kein Lustprinzip darstellt, ist zu eindrucksvoll. Märchenhaftes, Mythisches und Sagenhaftes; Resignation, aber auch Moral und Mahnung sprechen aus dem japanischen „Märchen". Lassen wir es vor dem Hintergrund des japanischen Mythos stehen; lassen wir uns von Elementen faszinieren, die wir verstehend auf uns einwirken lassen könen, ohne sie in die auseinander entwickelten Literaturgattungen des Abendlandes zu pressen:

Von dem schönen, mutigen, wenn auch waghalsigen Helden, der aus tugendhaftem Herzen heraus der kleinen Schildkröte das Leben läßt (wie in Märchen wundert er sich nicht, daß sie spricht, und wenn er sich im Palast „erstaunt" und „verwundert", so ist das im Sinne der Bewunderung gemeint). Vom Helden, der mit der ausgewachsenen Schildkröte (ein Tierhelfer mit magischer Kraft) in die Tiefe taucht (wie im Märchen: Ohne physische Not), und drei (!) Tage dazu braucht; der in der Tiefe des Wassers (Symbolik) seine Prinzessin (Symbolik) im herrlisch schimmernden Schloß (Symbolik) findet und in Glückseligkeit lebt. Nun treten die für unsere Begriffe mehr sagenorientierten Momente auf: Seine Heimkehr, Veränderung von Ort und Menschen, sein Entsetzen und Zusammenschrumpfen zum uralten Mann; sein Tod. Tröstend steht am Schluß der für alle späteren Generationen erzählenswerte Zusatz, daß er ein wunderbares Reich verlassen hat, weil er als guter Sohn und in Sehnsucht nach seinen Eltern die über alles stehende Pflicht erfüllt hat, sich um diese zu kümmern und Sitte und soziales Gesetz zu bewahren. Zu spät besann er sich; unzulänglich und schwach wirkt der Mensch – „ wie das so oft in unserer Welt der Fall ist" – und doch siegte der gute Wille. Sieg – und nicht Tod – stehen am Ende des Märchens.

2.9.3 Abbildung 9: *Die wundersame Schildkröte:*

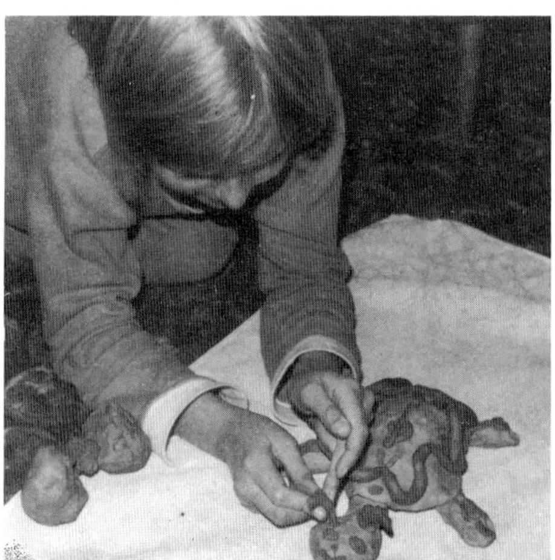

Mit Fingerspitzengefühl werden die Einzelheiten der wundersamen Schildkröte modelliert.

Arbeitsgang zur Wachsschmelztechnik: (s. „Buschhexe“ und „wundersame Schildkröte“)

Das Elefantenpapier wird kräftig eingewachst. Je 2 deckungsgleiche Wachsbilder werden mit der bemalten Fläche nach innen aufeinandergelegt. Sofort nach dem Abbügeln mit mäßig heißem Bügeleisen werden die geschmolzenen Flächen auseinandergezogen.

Auf diesem Hintergrund wird mit Wasser- und Plakafarben das Motiv gemalt.

2.9.4 Spiel- und Gestaltungsvorschläge

✻ *Rollenspiel,* s.v.
✻ *Pantomimen,* s.v.
✻ *Handpuppenspiel,* s.v.
✻ *Spiel mit vertonender Begleitung,* s.v.
✻ *Fabulieren und Rollenverwandlung,* s.v. Diese Phase gibt durch ihre rätselhaften und unbestimmten Märchen- und Sagenvorgänge besonderen Spielraum.
✻ *Spielfigureneinsatz:* s.v.
Für diese Spiele, und um des Gestaltens selbst willen kann man

✻ **Eine Schildkröte aus Ton, Plastilin oder anderer Knetmasse modellieren (s. Abb.)**

I. Information und Vertiefung:

1. Kinder kennen Schildkröten von daheim, vom Zoo, von Filmen und Bildern. *Eine gezielte Betrachtung* wird auf Interesse stoßen: Am lebenden Tier und an Abbildungen aus Tierbüchern, Tierfilmen, Lexikas. Schon das reine Beobachten und Vergleichen löst freie Kommentare und neue Erkenntnisse aus zur Unterscheidung von Wasser- und Landschildkröten, Gliedmaßen, Kopf und Haut, Färbung, Größe, Vorkommen in tropischen und kühleren Zonen und ihren verschiedenen Panzerzeichnungen.
   Die Kinder beobachten kritisch. Sie beschreiben und benennen, sprechen wieder in Vermutungen und spontanen Ausrufen und beim Zusammenfassen wichtiger Ergebnisse auch in klaren Sätzen. In diesem Alter (ab etwa 8 Jahren) reagieren sie nicht nur auf Fragen und Kommentare des Erziehers, sondern auch auf die Beiträge ihrer Kameraden. Diese Sachinformation trägt im übrigen zur Umwelterfahrung bei.
2. *Die Rückenzeichnungen* werden Ton in Ton oder farbig (je nach Vorlage) abgemalt. Die Kinder sind oft richtig fasziniert von der geometrischen Ordnung und ornamentalen Art dieser Panzermuster.
3. *Es können eigene Schildkrötenmuster entworfen werden.*

II. Die Kinder kneten eine Schildkröte

Kleineren gebe man verschiedenfarbiges Plastilin o.ä., Größere formen z.B. aus Knetmasse, die sich hinterher brennen läßt oder durch Lufttrocknung hart wird und sich danach bunt bemalen läßt. Die Schildkröte in der Schwarz-Weiß-Abb., von einer Zehnjährigen gestaltet, bekam einen grünen Körper, blauen Panzer und rote und gelbe Zehen-, Gesichts- und Rückenmusterungen. Diese Muster wurden nicht ornamental, sondern als „geheimnisvolle Zeichen“ aufgefaßt: In Gestalt von Notenschlüssel, Wellen, Monden usw.; dazu Fühler.

Beim Modellieren gestaltet das Kind plastisch. Bei Kindern im Vorschulalter werden erst einfache Grundformen entwickelt wie Kugeln, längliche „Würste“, Zylinder, Kubus, schalenartige Formen usw., die zu Gesamtformen zusammengesetzt werden: Zu Schlangen, Obst, Körbchen, Männchen... Ältere gestalten dann schon differenzierter: Schweinchen, Vögel, gegliederte Menschenfiguren, Fische, Schildkröten, Hunde, Vasen u.a.m.
In Verfeinerung werden diese Figuren verziert: Durch geknetete Bänder mit anschließender Trocknung oder durch Brennen bzw. Lufttrocknung und anschließender Bemalung.
Kneten ist körperliche Arbeit, bes., solange die Masse noch hart ist. Durch Körperwärme und Gestaltungskraft der Handflächen und Finger entstehen Plastiken, mit denen sich die Kinder durch das kräftige Mitarbeiten verbunden fühlen. Es tut ihnen gut, die Masse zu drücken, zu quetschen und zu klopfen, übermütig herumzuklatschen, zu formen und zu korrigieren und einer Idee Gestalt zu geben. Nebenbei wird dabei die Grob- und Feinmotorik geschult.

III. Verwandlung durch Kneten: (Für Ältere)

Eine „junge“ Figur wird modelliert. Danach läßt man sie „altern“, indem umgeknetet wird: Rippen herausmodellieren, Material abnehmen für knochige Arme; Augenhöhlen, Hohlwangigkeit usw. Auch in weiterem Sinne läßt sich Verwandlung durchführen: Eine Giraffe reckt stolz den Hals und läßt ihn dann traurig hängen. Eine Katze (Tiger) faucht (Augen, Maul), reckt sich angriffslustig – nun ist sie wieder locker und friedlich usw. (Diese einfacheren Umwandlungen sind auch für Kleinere geeignet.)

✻ Gestaltung eines Bilderbuches: (s. Abb.)

Die in der Abb. gezeigten Illustrationen wurden mit einer Spielgruppe von 10- und 11jährigen Mädchen gemacht. Die Entwicklung lief so ab (und bewährte sich auch an ähnlichen Vorhaben):

1. *Das Märchen wurde erzählt* und einiges zur Veranschaulichung erklärt: Japanisches Dorf, Sitten, Fischfang, Schildkröten, Meeresgott... Die Kinder zeigten viel Einfühlungsvermögen bei der Erörterung der märchenhaften und magischen Vorgänge, bes. für das Abgleiten des Helden in das jenseitige Reich, das plötzliche Altern, die Hilflosigkeit des geschrumpften Helden; die Erkenntnis, daß „die Zeit“ in der magischen Dose aufbewahrt war und unwiederbringlich entflogen ist. Warum kehrte er überhaupt zurück? Was wäre geschehen, wenn er sein Heimweh überwunden oder die Dose nicht geöffnet hätte? Wenn ihn die Schildkröte am Strand (nach der Umwandlung) doch noch gehört hätte?...
2. *Das Märchen wurde ohne Unterbrechung vorgelesen* (zur weiteren geistigen Auseinandersetzung und wegen des Wortlautes).

3. *Szenenvorschläge:* Sie wurden von den Kindern gemacht, gemeinsam notiert, in Reihenfolge gebracht und dann verteilt. Z.B.: U. beim Fischen – U. stürzt im Sturm ins Meer – Er schwimmt auf der Schildkröte durchs Meer – U. im Schloß mit Prinzessin – Heimkehr mit Besuch der Gräber – Skelett.
4. *Untergrund bereiten,* hier im Wachsschmelzverfahren mit Stockmarstiften (s. Buschhexe), auf Elefantenpapier (geht auch wieder auf Pergamentpapier). Es bildeten sich Zweiergruppen, die ja immer einigermaßen deckungsgleiche Wachsflächen schaffen, später aber verschiedene Motive darüber malen. Es kam automatisch zu Absprachen: „Ich möchte das Meeresschloß kreisförmig machen, kannst Du das in Deinem Dorf mit dem Friedhof verwenden?" „Ich mal hier einfarbig, auf Deinem Gegenstück preßt sich ja dann sicher das lila und grün ab." Sehr positiv war der ständige Ideenaustausch der Mädchen untereinander. Sie berieten sich gegenseitig. Als Erzieher brauchte man nur noch präsent zu sein, um konkrete Fragen zu beantworten.
5. *Das Abschmelzen* ist immer spannend; jeder freut sich über die ästhetischen Gebilde der Wachskrusten. (Wie Algen! Wie Moos und Pflanzen! Die laß ich sichtbar und male drumherum! Da passen Ammoniten und Seesterne rein...). Damit war ein Nachmittag vorbei.
6. Bei einem weiteren Treffen wurden *die Bilder gemalt,* nachdem alle zu Hause ihre *Vorentwürfe* angefertigt hatten, die gemeinsam durchgesehen und aufeinander abgestimmt wurden. Abperlende Motive wurden mit Wasserfarben, dichte Farbflächen mit Plakat- oder Deckfarben gemalt. Die Idee, an dem verfallenden Mann ein Skelett als den in ihm steckenden Tod zu malen, war ein Einfall der Malerin!
7. *Die Rückseite* jedes Bildes wurde mit weißem Papier bezogen, auf das in wenigen Sätzen das jeweilige Märchengeschehen der rechten Seite beschrieben wurde. Danach wurde das Buch gebunden.

✻ **Hörspiel:** (ab ca. 9/10 J.) Es sollte geklärt werden:

1. *Wie lauten die Texte des Sprechers?* (Erzählers). Gemeinsame Besprechung und schriftliche Fixierung.
2. *Wie und was soll vertont werden?* (Wasserplätschern, Rudergeräusche, Netzwerfen, Sturmgebraus, Schwimmen unter dem Meer, Atmosphäre im Schloß, Schritte bei der Rückkehr, Klopfen an Haustüren, Deckelöffnen, Lufttrauschen, knisterndes Schrumpfen, tappende Greisenschritte, eintöniges Wasserrauschen...)
   Notierung als Gedächtnisstütze mit Symbolen oder Schrift.
3. *Welche Gesprächsgruppen haben wir?* (Eltern untereinander, Eltern – Sohn, Dorfleute – Eltern, Sohn – Schildkröte, Sohn – Prinzessin, Sohn – Dorfbewohner, Sohn im Selbstgespräch...)
   Notierung wie oben: Personen und Texte.
4. *Proben mit Tonbandprotokoll:*

Die Klänge und Geräusche von 2. sollten mit verschiedenem Material versucht, abgehört, verglichen und in der Bestform für die endgültige Vertonung notiert werden. Dabei geht es um

a) *den Instrumentaleinsatz,* mit Glockenspiel und Xylophon, Klanghölzern und Stäben, Schellen, Triangeln, Tamburin, Trommeln und Pauken, auch Flöten, Melodika, Klavier und Streichinstrumenten, falls vorhanden.
   Ergänzend (oder ausschließlich) eignen sich: Wassergefüllte Gefäße, Steine und Dosen, reis- und sandgefüllte Blechdosen, raschelnde Stoffe, knisternde Papiere, Hölzchen, Möbel, dazu Summen, Pfeifen ...
b) Versuche, um die *Stimmungen* festzuhalten: Heiter, forsch, mahnend, besorgt, traurig, glücklich, erstaunt, verwirrt, gebrochen, klagend... Mit Stimme und Instrumenten werden über das Tonband die Ergebnisse geprüft, hier zur Eigenkontrolle des Klang- und Geräuschverursachers.

5. *Zusammenhängende Proben,* Kontrollen, Nachbesprechungen.
6. *Durchspiel,* Abhören und Vorführen in anderen Gruppen.

❋ **Trickfilm:** (ab ca. 10 J., mit Eltern, Schul-Ag, Arbeitskreisen)

Material: Papierbahn, Farben, Einzelfiguren zum Ausschneiden, Seidenfäden, Super-8-Film.
Eine längliche Papierbahn (etwa 1 m auf $2^1/_2$ m) wird von links nach rechts mit Fischerdorf, Friedhof, Strand, Meer und unterirdischem Schloß bemalt. Dazu werden die wichtigsten Märchenfiguren entworfen und ausgeschnitten (aus festem Zeichenkarton, damit sie beim Verschieben durch ihr Eigengewicht am Bildgrund haften). Dann befestigt man an Armen und Beinen Seidenfäden und zieht damit der Handlung entsprechend die Figuren über die Fläche. Mit der Kamera werden die jeweiligen Bildausschnitte gefilmt.

Zu beachten ist dabei besonders:
1. Die Figuren müssen genau geplant werden, z.B.: Ein aufrechter Uraschimataro und einer, der im Boot sitzt (Boot und U. aus einem Stück), das im Sturm heftig schaukelt usw.
2. Nicht den ganzen Bildstreifen oder gar umliegende Gegenstände mitfilmen, sondern nur Bildausschnitte und die Kamera auch wandern lassen. Sonst wird die Illusion zerstört.
3. Wichtige Figuren wie Held und Prinzessin können wie liegende Marionetten mit beweglichen Armen, Beinen und Taillenknick ausstaffiert werden: So lassen sich Gehen, Bücken, Sitzen, Begrüßung usw. darstellen. Sparsame Bewegungen genügen, wenn der Untergrund malerisch gehalten ist.
4. Um perspektivische Verzerrung zu vermeiden, ist es ideal, die Kamera über der gemalten Fläche zu montieren oder zumindest dort mit der Hand zu führen. Unter diesem Aspekt böte sich auch ein mehr quadratischer Untergrund an, auf dem die Motive verteilt werden: Nach links/rechts, oben/unten verteilt, oder mehr konzentrisch mit dem Schloß in der Mitte.

5. Der kleine Märchenfilm sollte wohlüberlegt synchronisiert werden: Mit Erzähler und Geräuscheinlagen wie beim Hörspiel, oder durch ein durchgehendes Erzählen mit Musikbegleitung im Hintergrund. Stimmen und Musik werden synchron zum laufenden (fertigen) Film auf Band aufgenommen. Damit ist der Ton zum Film stets parat.

2.10 Die Geschichte von dem Jungen, der keine Geschichte kannte (Kindergeschichte aus Irland, ab etwa 6/7 J.)

(Aus: Frederik Hetmann: Weißes Pferd, schwarzer Berg, Weinheim 1971)

Schwerpunkte:

- Verkleidungsspiel
- Spiel im Dunkeln
- Geisterstunde
- Fabulieren
- Rollenspiel mit Umfunktionierung
- Rollenspiel mit musikalischer Untermalung
- Wunschkonzert zur Geisterstunde: Vokal, mit Orff-, Körper-, Umweltinstrumenten
- Versuche mit der Stimme auf Tonband
- Bewegungsspiele, Geisterwettlauf
- Papierbatik
- Puzzle
- Trickfilm

2.10.1 Märchentext

Die Geschichte von dem Jungen, der keine Geschichte kannte

In einem Dorf lebte ein junger Bursche, den sah niemand gern unter seinem Dach, wenn er abends zu Besuch kam. Ebensogut hätte man nämlich einen Berg Torf in eine Ecke karren können – der Bursche bekam einfach den Mund nicht auf. Mochten sich die anderen unterhalten, wie sie wollten, er kannte weder eine Geschichte noch ein Lied. Nicht einmal ein Rätsel fiel ihm ein.
Dieser junge Bursche reiste häufig in die Grafschaft Limerick. Hier und dort am Weg blieb er über Nacht. Aber es brauchte nicht lange, bis er einsah, daß er nirgends willkommen war; denn die Leute in dieser Gegend sind zwar gastfreundlich, aber sie erwarten auch, daß der Fremde, den sie aufnehmen, ihnen die letzten Neuigkeiten erzählt und den Abend mit einem Lied oder

einer Geschichte zu verkürzen weiß. Aber diese Fähigkeiten gingen dem guten Paddy, so hieß der junge Bursche, ganz und gar ab. Nun, eines Nachts kam er wieder einmal in einer einsamen Gegend auf der Straße daher, als er nicht allzuweit entfernt ein Licht sah und ein Haus in den Feldern. Er ging auf das Haus zu, klopfte an, und es öffnete ihm ein seltsamer, düster dreinblickender Mann, der sprach:
„Willkommen, Paddy Ahern. Komm herein, und setz dich ans Feuer."
Paddy begriff nicht recht, woher der Mann seinen Namen kannte, aber er getraute sich auch nicht, danach zu fragen, denn alles hier, die Hütte und der Mann, wirkte auf ihn etwas unheimlich.
Sie aßen. Danach zeigte der Mann Paddy seinen Schlafplatz, und der junge Bursche streckte seine Beine aus, müde von dem langen Weg, den er an diesem Tag zurückgelegt hatte.
Aber lange währte die Ruhe nicht. Er war kaum eingeschlafen, als die Tür aufflog und drei Männer hereinkamen, die einen Sarg hinter sich herzogen. Paddy richtete sich auf und sah sich hilfesuchend nach seinem Gastgeber um, aber der war verschwunden.
„Wer wird uns helfen, den Sarg zu tragen?" fragte der eine der drei Männer.
„Wer wohl? Frag nicht so dumm", antworteten die beiden anderen. „Da kommt doch nur Paddy Ahern in Frage."
Zitternd vor Angst und Schrecken mußte der arme Paddy aufstehen und seine Kleider anziehen. Dann zwangen sie ihn, dem Mann, der den Sarg am Fußende trug, zu helfen, während die beiden anderen Männer am Kopfende anfaßten. Hinaus ging's über offenes Feld.
Es dauerte nicht lange, da war der arme Paddy schmutzig von Kopf bis Fuß, in so viele Gräben war er getreten und durch so viele Hecken war er gezerrt worden. Jedesmal, wenn er stehenbleiben wollte, beschimpften ihn die Männer und zerrten ihn weiter.
Endlich kamen sie zum Friedhof, einem einsamen, schrecklich aussehenden Gelände, das von einer hohen Mauer umgeben war.
„Wer hebt den Sarg über die Mauer?" fragte der eine Mann.
„Wer wohl? Frag nicht so dumm", antworteten die anderen. „Da kommt doch nur Paddy in Frage."
Der arme Paddy mußte den Sarg über die Mauer heben, obwohl er sich fast dabei Arme und Beine ausrenkte.
Er war völlig erschöpft. Aber die Männer ließen ihn auch nicht einen Augenblick ausruhen.
„Wer schaufelt das Grab?" fragte der erste Mann.
„Wer wohl? Frag nicht so dumm", antworteten die anderen. „Da kommt doch nur Paddy Ahern in Frage."
Sie gaben ihm einen Spaten und eine Schaufel, und dann zwangen sie ihn, zu graben.

Als die Grube ausgeschachtet war, fragte der erste Mann: „Wer öffnet jetzt den Sarg?"
„Wer wohl? Frag doch nicht so dumm", antworteten die anderen. „Da kommt doch nur Paddy Ahern in Frage." Paddy meinte, gleich werde er in Ohnmacht fallen vor Angst. Aber was half's? Er mußte sich hinknien, die Schrauben herausdrehen und den Sargdeckel abnehmen.
Und wißt ihr was? Der Sarg war leer, obwohl er doch so schwer zu schleppen gewesen war.
„Wer legt sich in den Sarg?" fragte der erste Mann.
„Wer wohl? Frag nicht so dumm", antworteten die beiden anderen. „Da kommt doch nur Paddy Ahern in Frage."
Sie wollten Paddy ergreifen, aber der hatte schon seine Beine in die Hand genommen und war davongerannt. Mit einem Sprung war er über der Mauer und rannte weiter übers offene Feld.
Die drei Männer aber blieben ihm auf den Fersen, mit „hussa" und „holla", wie bei einer Fuchsjagd.
Jedesmal, wenn sie ihn fast eingeholt hatten, nahm er noch einmal all seine Kraft zusammen, rannte noch etwas schneller und vergrößerte so den Vorsprung wieder.
Dann sah er vor sich ein Licht in einem Fenster. Er schrie, so laut er konnte, um die Leute, die dort wohl wohnten, vor die Tür zu locken.
Aber niemand kam heraus.
Endlich stand er keuchend auf der Schwelle und klopfte hastig an.
Und was meint ihr wohl, wer ihm da öffnete? Niemand anders als sein düsterer, unheimlicher Gastgeber vom Abend zuvor.
Das war zuviel für den armen Paddy. Ohnmächtig sank er in der Küche zu Boden.
Als er wieder zu sich kam, war um ihn helles Tageslicht. Der unheimliche Mann war schon auf den Beinen und machte sich in der Küche zu schaffen.
„Hast du gut geschlafen?" fragte er Paddy ganz selbstverständlich.
„Wollt Ihr Euch über mich lustig machen", rief der arme Paddy. „Noch nie habe ich eine so furchtbare Nacht erlebt. Ich bin noch jetzt ganz zerschlagen von all der Anstrengung. Ich war die ganze Nacht auf den Beinen! Und nicht eine einzige Minute bleibe ich länger in diesem Haus hier!"
Er stand auf und zog sich seine Kleider an. Aber war es zu glauben? An den Kleidern war keine Spur von dem zu sehen, was er in dieser Nacht erlebt hatte. Es waren alte Arbeitskleider, freilich, aber sie waren sauber und trocken. Er wußte nun noch weniger, was er von all dem halten sollte.
„Jetzt hör mir einmal zu, Paddy Ahern", sprach der düstere Mann. „Es hat mir immer leid getan, wenn ich dich so auf der Straße daherkommen sah. Ein junger Bursche, kräftig, gesund ... aber er weiß auch nicht eine Geschichte, kennt auch nicht ein einziges Lied. Jetzt sag mir nur dies: Hast du nach der

letzten Nacht eine rechte Abenteuergeschichte, die du abends an den Torffeuern erzählen kannst oder nicht?"
Der arme Paddy gab keine Antwort. Hastig griff er nach seinem Stab und dem Bündel, und schon war er zur Tür hinaus. Aber als er dann den kleinen Flußlauf überquert und schon die große Straße unter seinen Füßen hatte, wandte er sich noch einmal um. Von dem Haus, aus dem er doch gerade erst fortgegangen war, konnte er weder einen Stein noch einen Balken erblicken. Hinter ihm lagen nur offene Felder, auf denen einige Kühe grasten.

2.10.2 Interpretation

Viele Märchen sind so aufgebaut, daß der Held sich durch Mut und Furchtlosigkeit sein Glück erkämpfen muß. Für ihn ist es wichtig, die Abenteuer zu bestehen, ohne sich zu fürchten.
Ein seltener vertretenes Märchenmotiv ist das, daß im Leben erst eine Befriedigung eintritt, wenn man die Fähigkeit, sich zu fürchten, wiedererlangt hat. In diesem Sinne wurde besonders das Märchen „Von einem, der auszog, das Fürchten zu lernen" (Gebr. Grimm) bekannt, in dem es der Märchenheld als Zeugnis innerer Reife und des Erwachsenwerdens empfindet, wenn er sich endlich gruseln kann; endlich Furcht empfindet. Das wird besonders am Anfang des Märchens deutlich, wo er dem Vater auf dessen Aufforderung, auch etwas Ordentliches zu lernen, antwortet: „Ei, Vater, ich will gern etwas lernen! Ja, wenn's anginge, möchte ich lernen, daß mir's gruselte; davon verstehe ich doch gar nichts." Und am Ende reagiert er recht vorsichtig, als der König ihm die Tochter als Gemahlin zuspricht: „Das ist alles recht gut, aber ich weiß immer noch nicht, was Gruseln ist." Erst im Bett lehrt ihn seine königliche Gemahlin mit kaltem Wasser und zappelnden Gründlingen jenes Gruseln – und nun fühlt er sich endlich „vollwertig" und ganz lebenstüchtig. (Die weitere Symbolik soll hier nicht erörtert werden.)
Gemeinsam mit Paddy aus dem Irischen Märchen ist die Grunderkenntnis, daß das Angsthaben ein sehr menschlicher Zug ist; daß es also „unmenschlich" ist, keine Angst zu haben; daß man dann anders ist als „normale" Menschen.
Paddy ist ein phantasieloser Bursche – strohtrocken. Er hat offenbar einfach nicht die Fähigkeit, mit vollen Sinnen seine Umwelt aufzunehmen und so fehlt ihm neben der Phantasie auch ein bewußt erworbenes Grundrepertoire, aus dem er erzählend schöpfen könnte. Wie wichtig es aber für einen Iren ist, beim geselligen Zusammensitzen Geschichten oder Rätsel erzählen, unterhaltsam plaudern oder singen zu können, erhellt sich aus der Tatsache, daß Irland ein zum Teil sehr karges, menschenarmes Land ist, in dem die Menschen weit auseinander wohnen. Dünne Besiedlung und Einsamkeit prägen den Menschen in allen Ländern dieser Erde; sie fördern Gastfreundschaft, Phantasie und Mitteilsamkeit. In der Einsamkeit haben

sie Zeit zum Grübeln und Phantasieren, und wenn dann ein Gast vorbeikommt, so wird das zum Ereignis, bei dem man die vielen Tage der Stille und Einsamkeit mit Erzählen verbringen und die langen Abende kurzweiliger gestalten kann. Im Laufe der Jahrhunderte entstand dadurch in Irland ein großer Erzähl- und Märchenschatz. Wenn nun ein junger Bursche wie Paddy so gar nichts zu erzählen weiß, muß er zwangsläufig mit der Zeit ein ungern gesehener Gast werden und in einen sozialen Konflikt geraten, denn er wird bei aller Gastfreundschaft der anderen ein langweiliger Außenseiter. Paddy selbst kann sich daraus nicht befreien. Es heißt: „Aber es brauchte nicht lange, bis er einsah, daß er nirgends willkommen war; ...". Psychologisch gesehen hat man das Bild eines verarmten Unterbewußten vor Augen; das Bild seelischer Tiefen und eines „Es", aus dem keinerlei Einfälle, Vorstellungen, Intuitionen, Phantasien hochsprudeln. Aus diesem Mangel heraus gerät er in Konflikt mit seiner Umwelt, denn solange er nicht eigene Beiträge liefert und „Sensationellem" und Erzählenswertem nachempfinden kann, ist er eben nicht reif für die Gesellschaft.

So hat die harmlose kleine Geistergeschichte doch einen ernsten Hintergrund. Um das Ende vorweg zu nehmen: Paddys Phantasie ist wohl nicht leer, sondern „nur" eingetrocknet – sie liegt ungeweckt da und kann nur durch einen Schock wieder lebendig gemacht werden. Das Irreale im Märchen beginnt mit dem düsteren, seltsamen Mann, der aber Paddy recht freundlich einlädt. Es setzt sich fort mit den drei Sargträgern und all den nächtlichen Schreckerlebnissen, denen der arme Held ausgesetzt wird. Gerne beteiligen sich im übrigen die Kinder, denen man vorliest, an dieser Erzählpartie, da sie das sich fünfmal wiederholende Frage- und Antwortspiel der Geistermänner schnell erfassen: „Wer wird uns helfen, den Sarg zu tragen?" „Wer wohl? Frag nicht so dumm, da kommt doch nur Paddy Ahern in Frage!" – „Wer hebt den Sarg über die Mauer?" „Wer wohl? Frag nicht so dumm, da kommt doch nur Paddy Ahern in Frage!" usw. Der Schock kommt, als er in den Sarg geworfen werden soll. Und nun wird unser Held aktiv: Er rennt um sein Leben; wird gejagt wie bei der Fuchsjagd, wie ein Tier, und rafft immer wieder seine letzten Kräfte zusammen; vergrößert den Vorsprung und schreit endlich laut um Hilfe. Diese ganze ausgestandene Angst, die ist so menschlich; und sie macht Paddy schließlich auch zum „Menschen". Ohnmächtig bricht er in der Küche zusammen, nachdem der unheimliche Mann ihm die Tür geöffnet hat – bei dessen Anblick war für Paddy das Maß des Erträglichen einfach voll. Aber: Das Grauen hat ihn nicht – wie es in einer Sage geschähe – überwältigt. Dem düsteren Gastgeber, der ihm nachts „rettend" die Tür geöffnet hat und ihn nun wie selbstverständlich am andern Morgen befragt, ob er gut geschlafen habe, ihm schleudert der arme Paddy in einem empörten Wortschwall all seine Aufregung entgegen. Seine Zunge ist gelöst – verursacht durch Todesangst und Wut.

Die gräßlichen Figuren in „Von einem, der auszog, das Fürchten zu lernen" sind Mittel, um für den Helden ein Schloß zu erlösen, damit er „sein Königreich" und „seine Prinzessin" bekomme. Ebenso haben die nächtlichen Schreckerlebnisse in Paddy unbekannte Räume in seinem Inneren geöffnet und seine dürre Phantasie belebt: Er hat einen Zugang zu seinem Inneren gefunden, hat ein erstes Erlebnis, das

er speichern und wiedererzählen kann. Und mit dieser Fähigkeit wird er ein freundlich aufgenommenes Glied der Gesellschaft werden: Einer, der mitfühlen, sich mitteilen, erzählen, Angst und Freude verstehen kann.
Aus psychologischer Sicht heraus definiert möchte man auch sagen: Paddy mußte zur Erreichung voller „Menschlichkeit“ notwendigerweise Verdrängungen aufheben. So erst wird er sozial, gebend und lebenstüchtig. Die Ursache der Verdrängungen erfahren wir nicht im Märchen. Was hat ihn wohl vor langer Zeit so phantasielos, leer und „seelenlos“ werden lassen?
Wie im echten Märchen bleibt keine Spur des nächtlichen Grauens; des Einbruchs aus einer rätselhaften Jenseitswelt zurück: Seine Kleider sind sauber und trocken, und plötzlich ist auch das Haus des düster dreinblickenden Mannes (der sich doch als wohlwollender Helfer entpuppt hat) verschwunden. Sie haben ihre Funktion erfüllt wie die magischen Gegenstände und Helfer in den Märchen. Zurück bleibt das klare, erdhafte, fast gemütliche Bild eines offenen Feldes mit grasenden Kühen.

2.10.3 Abbildung 10: *Eine Geistergeschichte wird gespielt:* (Drittkläßler einer Grundschule)

Paddy bittet um Einlaß.

Im Orchester amüsiert man sich offensichtlich über das Spiel der Geistermänner mit Paddy, den sie querfeldein schleppen.

Die Sargträger sind am Ziel angelangt.

Der düstere Mann hilft beim Orchester mit. Er „gräbt" dumpfe Töne aus der Trommel heraus. Andere streichen plätschernd über Klangplatten, rasseln und scheppern geisterhaft und stoßen mit scharfen Triangelschlägen dazwischen."

Dialog zwischen Paddy und seinem Gastgeber: Er beklagt sich wortreich über sein nächtliches Erlebnis – kaum, daß der düstere Mann ihn befragt hat.

2.10.4 Spiel- und Gestaltungsvorschläge

✻ Viele der Vorschläge, die in den vorigen Märchen vorgestellt wurden, sind geeignet. Dazu lädt das irische Märchen förmlich zum Fabulieren und Drumherumphantasieren ein: Z. B.:

✻ **Verkleidungsspiele:** Alle verkleiden sich als Geister, z. B. mit Lumpen, Leintüchern, Fasnachtsartikeln. Die Gesichter werden versteckt: Unter Masken aus Tüten, geformten Kartons, hinter gehöhlten Rüben und Kürbissen...

a) Spiel im (abgedunkelten) Zimmer
b) Spiel im Freien unter Einbezug eines vereinbarten Raumes: Im Garten, Park, Wald, in der Ortschaft...

✻ **Spiel im Dunkeln: In allen Ecken lauern Geister:**

Die Geister verstecken sich. Ein Kind als Paddy ist der Sucher. Ein Geist gilt als gefangen, wenn ihn der Strahl einer Taschenlampe, die Paddy hält, getroffen hat.

✻ **Geisterstunde:** Ein bestimmtes Gelände (im Freien) wird vereinbart. Die Geister gehen voraus und haben etwa eine halbe Stunde Zeit, um ihre Vorbereitungen zu treffen, deren Wirkungen die nachfolgenden „Spaziergänger" erschrecken sollen: Lagerfeuer mit zusammengekauerten Gestalten, Geistertänze, Kettenrasseln, angezogene Strohmänner oder Besen, die an Bäumen über dem Weg hängen, Überraschungseffekte mit „Fallen", plötzlichen Geräuschen, Erscheinungen usw.

✻ **Fabulieren:**

a) Die Geister setzen sich zusammen und beraten, wie sie Paddy erschrecken können. An skurillen Phantasieausbrüchen fehlt es hier nicht!
b) Paddy überlegt laut, wie er das nächste Mal den Spieß umdrehen kann, um seinerseits die Geister zu erschrecken, sie reinzulegen oder ihnen zu entgehen.

   Das spielerische Umfunktionieren und Ausphantasieren hat seine Funktion wieder weniger unter literarischem als unter psychologischem Aspekt. Die Kinder identifizieren sich mit Einzelfiguren und deren meist aggressiven Handlungen (Wunschhandeln), die sie verbal abreagieren.

✻ **Offenes Rollenspiel:**
Die Geschichte wird gespielt:

a) Wie im Buch
b) *Aus einer offenen Situation heraus durch Umfunktionierung:* Der Anfang bleibt gleich, aber mit dem Auftritt der Sargträger kann jeder spontan umfunktionieren.

Bedingung: Die Spieler stellen sich jeweils auf die neue Situation ein und agieren von dort aus in ihrem Sinne weiter.

Diese Spielform kann oft durchgeführt werden; sie macht Zuschauern und Spielern Spaß, auch wenn man bisweilen verhindern muß, daß das Spiel ausufert und grob wird. Im Rollentausch kommt mal die eine, mal die andere Gruppe dran. Jede variiert gegenüber dem vorangegangenen Spiel.

Die Kinder gehen auf die Ideen der Partner ein und führen angefangene Gedanken fort, wobei sie sich unbewußt fremde Gedanken zu eigen machen. Sie werden unprogrammiert mit „kritischen" oder „bedrohlichen" Situationen konfrontiert, die gelöst sein wollen. Kinder werden in ihrer Spontaneität sehr schöpferisch. Da sie laufend auf die Einfälle ihrer Spielpartner eingehen, vollziehen sich nebenbei wertvolle soziale Interaktionen.

*** Spiel mit „musikalischer" Begleitung: (s. Abb.)**

Durchführung, wie sie sich z.B. in einer 3. Grundschulklasse ergab:

1. Das Märchen wird *vorgelesen* und dann darüber gesprochen.
2. *Diskussion und Versuche:* Wie kann man mit den vorhandenen Orff- (oder anderen verfügbaren) Instrumenten das Sprechen des düsteren Mannes, des langweiligen und später zornigen Paddy darstellen? Wie das Gespräch der Geister; ihr Laufen, Graben...? (ähnlich s.v.)
   a) *Versuche;* wer eine Idee hat, spielt sie vor.
   b) *Die verschiedenen Dialoge* werden während des lauten Sprechens rhythmisch mit Trommel und Tamburin begleitet.
   Versuch für spätere Spiele: (reine Vertonung): Die Sprecher denken sich ihren Text nur – hörbar ist noch der je nach Stimmung und Aussage akzentuierte Rhythmus auf den Instrumenten = *Instrumentendialog* (s. Abb.).
   c) *Ein Orchester* mit verschiedenen passenden Instrumenten begleitet die Handlungen an entsprechenden Stellen: Nach vorheriger Vereinbarung und nach Handzeichen (s.v.).
3. *Notation als Gedächtnisstütze:* In der Abbildung sind die Symbole teilweise zu sehen, mit denen der Ablauf dargestellt werden kann; auch die Bedeutung der Zeichen wurde kurz notiert. Nach dem ersten Rollenwechsel brauchten die Kinder die Zeichen aber fast gar nicht mehr: Das Spiel prägt sich rasch ein.
4. *Spiel.*

*** Wunschkonzert zur Geisterstunde:**

Gemeinsame Versuche: Wie kann man Angst hörbar machen?

a) *Nachspielen von Körperrhythmen:* Puls, Herzschlag, Atem (s.v.)
   1. Wenn einer Angst hat, 2. Wenn einer Angst machen will.
b) *Durch konventionelle Instrumente,* Orff-Instrumente. Nach vereinbarten Handzeichen werden schrille, geheimnisvolle, laute, leise, schleppende, gehackte,

jagende Töne produziert. Man kann das „Konzert" in eine kleine *Rahmenhandlung* stellen: Schleichendes, säuselndes Auftauchen der Geister, allgemeines Spektakel, wobei sich jeder Geist individuell geben soll, dann stückweiser Abgang...

c) *Konzert mit unkonventionellen Instrumenten:* Jeder besorgt sich selbst etwas: Stöcke, Blechdosen, Töpfe, Deckel, Besteck, Flaschen, Waschbretter, Raffeln, Werkzeug...

d) *Vokal:* Schreie und andere Äußerungen werden ausprobiert: Zischen, stöhnen, gurgeln, gröhlen, pfeifen, schmatzen, schnalzen, kreischen, ... Welche Rufe klingen dabei besonders unheimlich? Z.B. Wörter mit den betonten Vokalen u, o... Was aggressiv? Besonders Wörter mit spitzem i, e...

Gekoppelt mit den Möglichkeiten von a), b) und c) ergibt das ein beeindruckendes Konzert!

Rahmenhandlung etwa wie bei b): Zur Geisterstunde wandern die Geister zum Treffpunkt. Jeder „redet" dabei in seiner Art. Die Einzelstimmen sammeln sich und erzählen in ihrer „Sprache" – einzeln und in wechselnden Gruppierungen – von ihren neuesten Taten. Dann löst sich die Versammlung nach und nach auf.

*** Versuche mit der Stimme und Hörerziehung zur Vertiefung:**

1. *Tierkonzert:* Typische Tierstimmen werden gewählt (Löwen, Schlangen, Pferde, Kühe, Schweine, Affen ... je nach Alter)
   1. Tonbandaufnahme: Jeder stellt seine Stimme vor. Dann *abhören und bestimmen:* Welches Tier ist gemeint?
   2. Aufnahme: In wechselnden Gruppierungen mit je 2 bis 3 Kindern wird gezischt, gebrüllt usw. *Abhören:* Welche Tiere schreien gerade?
2. *Handzeichen werden vereinbart:* Z.B. für laut, leise, ängstlich, fröhlich, zornig...
   3. Aufnahme: Die Tiere tragen in wechselnden Einsätzen je nach Handzeichen ihre Stimmen als Stimmungskonzert vor.
   Abhören der Aufnahme: Die Stimmungen im Konzert werden bestimmt.
3. *Übertragung: Geisterkonzert:* (für Ältere) Die Kinder suchen passende Klänge für Berg- und Wassergeister, Kräuter- und Waldhexen, Sumpf- und Irrlichterwesen, Keller- und Höhlengespenster... Die typischen Geräusche und Klänge werden mit Stimmungen wie bei 2. und der 3. Aufnahme verbunden.

Die Kinder lernen in den verschiedenen Klangspielen und vokalen Einlagen, mit ihrer Stimme bewußt und erfinderisch umzugehen. Sie setzen Stimmungen instrumental um. Dann unterscheiden und benennen sie Geräusche und Töne auf dem Tonband. Sie hören Einzelgeräusche (imitierte Tier- und Geisterstimmen) aus dem Konzert heraus, in welchem die verschiedenen Stimmen gebündelt oder einzeln auftreten. Die Kinder lernen, ihren Stimmen eine Färbung beizugeben, aus der man Stimmungen und Gefühle erkennt. Sie können diese nach Anweisung (Handzeichen) ändern.

✻ Bewegungsspiel:

1. *Erfindungen:* Wie bewegen sich Geister fort? Z. B. Hinken, trampeln, schleichen, hüpfen, wedeln, fliegen, kriechen, schwimmen, zappeln, zucken, ... *vormachen, nachmachen* und evtl. *codiert weiterführen:* Auf bestimmte Signale bewegen sich alle in bestimmter Form (s. v., auf Ton-, Farb-, Bewegungs- oder noch andere Signale).
2. *Geisterwettlauf:* 2 bis 3 Kinder halten sich so zusammen, daß sie eine originelle Geisterfigur als Gruppe bilden. Je zwei solcher Gruppen veranstalten einen Wettlauf. Sieger ist der (Gruppen-)Geist, der zuerst am Ziel anschlägt, ohne daß sich die Figur aufgelöst hat (an den verschlungenen Armen und Beinen usw.). Das sieht oft lustig aus und trägt zur Heiterkeit und Spannung gleichermaßen bei.

   Wie bei vielen Bewegungsspielen, stellen sich die Kinder selbst dar und teilen sich durch ihren Körper mit. Das Kind erkennt, wie im mimisch-gestischen Spiel auch, daß sein Körper ausdrucksfähig ist. Im Körperkontakt mit anderen Kindern baut es nach und nach etwa vorhandene Berührungsängste ab. Positive Einstellung zum eigenen Körper und Spielfreude lassen den Berührungskontakt mit „fremden" Körpern selbstverständlich werden.

✻ Bildhaftes Gestalten:

1. *Papierbatik:* Geister und/oder geheimnisvolle Zeichen werden mit weißen und anderen hellen Wachsfarben gemalt. Danach geht man mit dickem Pinsel und fülliger dunkler Wasserfarbe über das ganze Bild. Die dunkle Wasserfarbe perlt über den Wachsflächen ab, während sie auf dem freien Hintergrund haftet. So heben sich geisterhafte Figuren vom dunklen Grund ab.
2. *Ein großes Bild* wird voller drolliger, seltsamer oder bösartig aussehender Geisterwesen gemalt. Dieses Bild kann zu einem
3. *Puzzle* weitergearbeitet werden: Es wird auf festen Karton aufgezogen und in Puzzleteile zerschnitten. Die Motive sind selbstverständlich aus jedem Märchen möglich und die Teilchen kann man in Größe und Form dem Alter des Kindes anpassen.

✻ Trickfilm: *Ähnlich wie bei der „Wundersamen Schildkröte".* (Für Ältere zusammen mit Erwachsenen)

Änderung: Auf dem Boden werden große ausgeschnittene Kulissen auf einem neutralen oder auch bemalten, nicht veränderbaren Untergrund gelegt. Darüber wird die Kamera befestigt (nach unten gerichtet, auf Stativ).

Weiteres Verfahren: Ein Geist soll z. B. aus einem Schornstein heraussteigen: Der Geist wird so hinter den Schornstein geschoben, daß nur der Kopf sichtbar ist. Einstellung der Kamera für den Bruchteil einer Sekunde. Der Geist wird etwas höhergeschoben – kurze Aufnahme – weiter hochschieben – Aufnahme usw. Gleichzeitig können sich auch andere Figuren bewegen. Der Trickfilm zeigt diese Bewegungen in ruckartigem Ablauf.

Unbewegliche Figuren, die sich nur farblich oder mimisch verändern sollen, kann man in mehrfacher Ausfertigung malen, wobei jeder Teil sich vom andern leicht unterscheidet. Z.B.: Sonne, die sich von gelb nach rot verändert und in Lachen übergeht: Gelbe, orange und immer deutlicher rote Sonnen werden gemalt und vom ernsten Gesicht in der gelben bis zum heiteren Gesicht im letzten roten Teil variiert. Diese deckungsgleichen Sonnen werden übereinandergelegt, mit dem gelben ernsten Gesicht zuoberst und dem roten lachenden zuunterst. Mit jeder Einstellung der Kamera wird einfach ein Blatt abgezogen.
Bemerkung: Für Filme dieser Art braucht man Geduld. Die Ausgestaltung sollte sorgfältig vor sich gehen, um zu überzeugen; ebenso sind für die vielen Verschiebungen und Filmeinstellungen Ausdauer und Liebe zum Detail nötig. Das Ergebnis lohnt es.

2.11 Spiele mit einem größeren Märchenangebot:

Schwerpunkte:

- Märchenquartett
- Märchenfiguren backen
- Märchencomics
- Marottentheater
- Ratespiel mit Wörterpuzzle
- Pantomimisches Märchenrätsel
- Tonbandrätsel
- Geräuschrätsel
- Märchenbildbetrachtung
- Dichten und Reimen

❊ **Märchenquartett:** Aus allen bekannten Märchenmotiven läßt sich ein Quartett herstellen: Z.B. je 4 Motive aus einem Märchen und in die Ecke Nummern oder Symbole einsetzen. Ältere schreiben unter das Bild noch hinter 4 untereinanderstehenden Nummern die Szenen, die abgebildet sind, z.B.:

2.

1. Johannes mit Hirsedieb
2. **Hirsedieb am Glasberg**
3. Johannes mit Prinzessin
4. Zauberer verschwindet

oder

3.

1. Buschhexe
2. Friedrich als Schakal
3. **Friedrich verletzt**
4. Friedrich mit Johanna

Es ist günstig, die Karten und Puzzle mit Lack zu überziehen, um sie schmutzunempfindlich und griffest zu machen.

❊ **Märchenfiguren backen:** (s. Abb.)
Das ist etwas für Große und Kleine und besonders zuhause, bei Geburtstagseinladungen usw., durchführbar:
Das Hexenhäuschen ist aus *Lebkuchen* zusammengesetzt und mit Zuckerguß in seinen Teilen verklebt. Es gibt auch vorgefertigte Teile hierfür, bes. zur Weihnachtszeit.
Der große Geist ist aus *Blätterteig.* Er wurde im Bauch mit Rosinen und Nüssen gefüllt und ansonsten mit Schokoguß und Nüssen verziert.
Das Rumpelstilzchen (Moormännlein, Zwerg) wurde mit dem Messer aus ausgewelltem *Hefeteig* ausgeschnitten und mit braunem Zuckerguß und Eigelb bemalt.
Die Hexe ist ebenfalls aus *Hefeteig* und mit allerlei Süßzeug dekoriert.
Herzchen, Blume und Schweinchen bei der Hexe sind aus einem *Salzteig* hergestellt *(Modellierteig):* Rezept: Man mische $1^1/_2$ Tassen Mehl und 1 Tasse Salz und gebe $^1/_2$ Tasse Wasser dazu. Daraus knete man einen glatten Klumpen Teig. – Dieser wird ausgewellt und Formen werden mit Weihnachtsbackförmchen oder frei mit dem Messer ausgestochen. Auch etwas dickere Gebilde wie Perlen, kleinen Schalen oder aus mehreren Scheiben geschichtete Kerzenhalter u.ä. lassen sich so herstellen. Diese Formen läßt man im warmen Herd etwa $^1/_4$ Std. oder im warmen Zimmer einige Tage trocknen (dickere Figuren länger). Das Endprodukt wird hart wie Holz, kann durch das Salz nicht schimmeln und läßt sich bunt bemalen. So lassen sich z. B. auch (Märchen-)Figuren als Spielzeug, Baumschmuck, Geschenkanhänger usw. gestalten.

Gebackene Märchenfiguren:
Hexenhaus, Hexe mit Begleitfiguren, Geist und Zwerg (Rumpelstilzchen, Moormännlein).

✻ **Märchencomics:** Schulkinder zeichnen Comics mit Vergnügen – nicht umsonst erfreuen sich Comic-Hefte solcher Beliebtheit. In den ersten beiden Grundschuljahren schreiben sie gerne in vorgezeichnete Bilder einfache Rufe, Bemerkungen und Kurztexte ein. Größere zeichnen und beschriften ihre Comics selber – besonders in den Texten zeigt sich häufig Phantasie und Individualität. Noch Ältere können ihre Werke künstlerisch variieren oder die Texte in Fremdsprachen einsetzen.
Größere können Kleineren an Stelle eines Märchenbilderbuches auch ein Märchen-Comic-Heft malen und schreiben.

✻ **Marottentheater:** Es besteht aus Obst und Gemüse. Marotten sind Puppen ohne Arme und Beine; ihr Kopf steckt auf einem Stab. Die mehrzinkigen Gabeln halten besonders fest. Äpfel, Birnen, Kartoffeln, Melonen, Artischocken, Zierkürbis, Paprika, besonders geformte Wurzeln, dicke Karotten und Rettiche eignen sich gut. Knöpfe, Perlen, Mandelkerne, Gewürznelken, Stecknadeln mit Köpfen u.a.m. werden für Augen, Nase und Mund eingesetzt. Haare, Hüte und Kleider macht man aus Stoffen, Seiden- oder Kreppapier, Wellpappe oder alten Socken. Sie werden automatisch durch die Gabel oder den Stab am Kopf festgehalten. Da die Figuren komisch wirken, sind sie gerade für das irische Geistermärchen besonders geeignet.

✻ **Pantomimisches Märchenrätsel**

Wenn mehrere Märchen bekannt sind, kann man Rätsel aufführen (nett bei Einladungen, als Beitrag zur Unterhaltung in Kindergesellschaften):

a) *Ein Märchenrepertoire* (5–10 Stücke, je nach Alter) wird vereinbart.
b) *Einer führt pantomimisch* bestimmte Bewegungen vor, die „typisch" sind. Wer hat zuerst erraten, um wen es sich handelt? Der Sieger führt seinerseits etwas vor oder erhält einen Preis.
   Beispiel: Rotkäppchen pflückt Blumen – Johannes fängt Hirsedieb – der Schakal gräbt nach der kleinen Zwiebel – Hänsel und Gretel brechen Lebkuchen ab...

✻ **Tonbandrätsel:**

Verschiedene Märchenpartien werden kurz auf Band gesprochen. Dabei muß der wesentliche Inhalt getroffen werden.
Beispiel: Der Star spricht mit dem Mädchen im Kräutergärtlein – Die irischen Sargträger unterhalten sich – die Mutter ermahnt Rotkäppchen – Die Prinzessin spricht mit Uraschimataro...

Wer hat zuerst das Märchen erkannt?

✻ **Geräuschrätsel:** (auf Tonband oder unmittelbar vorgeführt. Das geht, wenn Vertonungen bekannt sind.)
Beispiel: Schwimmgeräusche der Schildkröte – sich entfernendes Wegtappen von Xandis Ungeheuer – Zipfelpeter schneidet Schilf – Die Buschhexe lacht höhnisch...

✻ Märchenbildbetrachtung:

Es werden Märchenillustrationen gezeigt (Bilderbücher, Dias ...):
Für Kleinere bekannte, für Größere unbekannte Märchen. Das ist anregend und lehrreich zugleich und im übrigen eine weitere Methode, in ein neues Märchen einzuführen, denn:

> Die Kinder versuchen hier, Bildinhalte zu „lesen". Sie lernen, genau zu beobachten, indem sie beschreiben und formulieren. Durch gezielte Fragen des Erziehers nach Figuren, Farben und Handlungen werden sie zu vertiefender Beobachtung gelenkt. Sie müssen sich sprachlich zu Dingen und Vorgängen äußern: „Sie suchen nach den Steinen" ... „Die Hexe prüft Hänsels Finger" ... „Die Männer steigen über eine Mauer" ... „das Ungeheuer ist wütend, weil–" ... „Er taucht hinunter, um ...". Weiter erkennen die Kinder aus bildlichen Motiven Teil- und Gesamtzusammenhänge eines Märchens. Sie können auch Vorausgegangenes und Nachfolgendes herausdeuten (Fabulieren aus dem Bild heraus) und Konflikte in einzelnen Situationen erkennen.

✻ Ratespiel mit Wörterpuzzle: *Beschreibung einer Märchenfigur über Sinnumfelder,* ohne daß der zu erratende Name selbst genannt wird:
Probespiele etwa wie folgt: Es ist groß – viereckig – man kann darin wohnen – es hat ein Tor – viele Türme...: Schloß.
Es ist lebendig – kann nicht laufen – ist grün – hat einen Stamm – viele Äste ...: Baum.
Dann: Es ist jung – pflückt Blumen – trägt einen Korb – hat ein rotes Käppchen auf...: Rotkäppchen.
Es ist viereckig – riecht gut – hat ganz besondere Fenster und Türen – ist mit Lebkuchen gedeckt...: Das Hexenhäuschen.
Es ist kalt – schön – unter dem Wasser – bläulich schimmernd – ganz aus Kristall – Irrlichter führen dorthin...: Das Moorschloß.
Wer hat die Figur nach den wenigsten Angaben erraten?

> Das Fragekind sucht treffende Worte. Die anderen kombinieren, indem sie aus dem Beschreibungsangebot, das in Puzzleform einen Begriff ergibt, den richtigen Namen finden (je nach Schwierigkeitsgrad und Erfahrungsschatz ab Vorschulalter möglich).

✻ Dichten und Reimen:

Mit Älteren kann man auch kleine Gedichte verfassen, die in ihrer Wortwahl, auch durch motivtypische Vokale, zu Märchen und Geschichten passen. Die irische Geistergeschichte würde also ein Gedicht mit mehr o-, u-, au-Vokalen, freundlichere Wesen werden durch häufigeres e, a, i, ei usw. geschildert (Lustig, heiter allemal – ist Xandi, aber ratet mal: – Vor einem fürchtet er sich sehr: – Das ist der Berg, so hoch und schwer. – Dort steigt doch eines Tages aus – ein Ungeheuer, welch ein Graus! – Doch Xandi, wer hätt' das gedacht... usw.).

Die Gedichte werden im allgemeinen Gemeinschaftsprodukte, denn jeder kann nach einer Zeile weitermachen, Vorschläge unterbreiten, korrigieren. Hier z. B. ein Gedicht, das Drittkläßler einer Grundschule zur irischen Geistergeschichte verfaßt haben:

Schaurig ist es im Moor,
da kommen schreckliche Sachen vor.
Geisterwesen suhlen
in grauenhaften Schulen.
Hexen reiten im Rauch:
Gräßlich ist ihr giftiger Hauch!
Ein Kobold wälzt sich im Schlamm,
da wird einem ja ganz bang!
Irrlichter funkeln,
das sieht gespenstisch aus im Dunkeln.

Solche Gedichte können graphisch in ihrem Rhythmus verdeutlicht und dann mit ausdrucksvollem Klatschen (auch ohne Sprechen) und durch Übertragung auf Instrumente (bes. Trommeln) dargelegt werden. Kleineren kann man beim Dichten die Zeilen ansetzen, Größere dichten auch gerne ganz allein.

Literaturverzeichnis

Axline, V. M.: Kinderspieltherapie im nicht-direktiven Verfahren. München/Basel 1972.

Bächtold-Stäubli, H.: Hrsg., Handwörterbuch des deutschen Aberglaubens. 10 Bde., Berlin 1927–42.

Bäuerle, W.: Theorie der Elternbildung. Weinheim, 1971.

Beit, Hedwig von: Symbolik des Märchens (2. verb. Auflage). Bd. I. Bern 1960 (jetzt 5. Aufl.), Bd. II: Gegensatz und Erneuerung im Märchen, 4. Aufl. 1977.

Beit, Hedwig von: Das Märchen, sein Ort in der geistigen Entwicklung. Bern und München 1965.

Bettelheim, B.: Kinder brauchen Märchen, dt. Ausg. 1977, Stuttgart.

Bolte, Joh. und Polivka, G.: Anmerkungen zu den Kinder- und Hausmärchen der Brüder Grimm, 5 Bde., Hildesh. 1963.

Bürger, Chr.: In „Projekt Deutschunterricht“ 1, Kritisches Lesen – Märchen, Sage, Fabel, Volksbuch-Herausgeg. von Heinz Ide, Stuttgart 1971.

Burkhart, V. und Zapotoczky, H. G.: Konfliktlösung im Spiel. Soziodrama, Psychodrama, Kommunikationsdrama. Wien-München 1974.

Cassirer, E.: Philosophie der symbolischen Formen, Sprache und Mythos, Bd. I–III. Darmstadt, 4. Aufl. 1964.

Château, J.: Das Spiel des Kindes. Natur und Disziplin des Spielens nach dem 3. Lj., Paderborn 1969.

Daublesky, B.: Spielen in der Schule (Vorschläge und Begründungen für ein Spielcurriculum), Stuttgart 1973.

Dieckmann, H.: Märchen und Symbole – Tiefenpsychologische Deutung orientalischer Märchen, „psychologisch gesehen“ 31. Stuttgart 1977.

Dieckmann, H.: Märchen und Träume als Helfer des Menschen. Stuttgart 1966.

Eggert, D. (Hrsg.): Psychomotorisches Training. Weinheim 1975.

Flitner, A.: Spielen-Lernen. Praxis und Deutung des Kinderspiels. München 1972.

Flitner, A.: Das Kinderspiel (Texte). München 1973.

Freud, A.: Das Ich und die Abwehrmechanismen. München 1975.

Freud, S.: Die Traumdeutung. Fischer Bücherei Frankfurt 1961.

Freud, S.: Der Dichter und das Phantasieren. 1908, Studienausgabe Bd. X, Frankfurt 1969.

Freudenreich, D. / Gräßer, H. / Köberling, J.: Rollenspiel. (Rollenspiellernen für Kinder und Erzieher; mit vielen Spielvorlagen). Hannover 1976.

Fromm, E.: Märchen, Mythen und Träume. Zürich 1956.

Gebauer, K.: Spielprojekte. Praxishandbuch. Hannover 1976.

Gööck, R.: Das große Buch der Spiele. Gütersloh 1974.

Goffmann, E.: Wir alle spielen Theater. München 1970.

Gold, V. u.a.: Kinder spielen Konflikte. Neuwied und Berlin 1973.

Gording, E.: Dramatisches Spiel. Velber 1971.

Heckhausen, H.: Entwurf einer Psychologie des Spielens. In: Flitner A.: Das Kinderspiel.
Herder Lexikon: Symbole. Freiburg/Basel/Wien 1978.
Hetzer, H.: Spiel im Familienleben. Zürich 1973.
Jung, C. G.: Die Beziehungen zwischen dem Ich und dem Unbewußten. Ges. Werke, 7. Bd., Rascher Verlag, Zürich-Stuttgart 1946.
Jung, C. G. und Kerényi, K.: Die Einführung in das Wesen der Mythologie. Rhein-Verlag, Zürich 1951.
Kelber, M.: Schwalbacher Spielkartei. 10. Aufl., Wiesbaden 1972 (Arbeitsstätte für Gruppenpädagogik).
Keetmann, G.: Elementaria, erster Umgang mit dem Orffschulwerk. Stuttgart 1970.
Kienle, G.: „Das Märchen in der Psychotherapie", Zeitschrift für Psychotherapie und medizinische Psychologie, 1959.
Klewitz, M. und Nickel, W.: Der Unterricht in der Grundschule; Kindertheater und Interaktionspädagogik. Stuttgart 1972.
Kochan, B.: Rollenspiel als Methode sprachlichen und sozialen Lernens. Kronberg/Ts. 1974.
Laiblin, W.: Märchenforschung und Tiefenpsychologie. Darmstadt 1969.
Leber, G.: „Über tiefenpsychologische Aspekte von Märchenmotiven", Praxis der Kinderpsychologie und Kinderpsychiatrie, Bd. 4 (1955).
Lüthi, M.: Das europäische Volksmärchen (Form und Wesen). München, 6. Aufl. 1978.
Lüthi, M.: Es war einmal (vom Wesen des Volksmärchens...). Göttingen, 5. Aufl. 1977.
Lüthi, M.: Märchen (Realien zur Literatur), Metzler Band 16, Stuttgart 1976. 6. Aufl.
Leyen, von der, Fr.: Die Welt des Märchens. 2 Bde., Düsseldorf 1953.
Meves, Chr.: Erziehen und Erzählen (über Kinder und Märchen). Stuttgart/Berlin, 5. Aufl. 1976.
Millar, S.: Psychologie des Spiels. Ravensburg 1972.
Mendelsohn, J.: „Das Tiermärchen und seine Bedeutung als Ausdruck seelischer Entwicklungsstruktur", Praxis der Kinderpsychologie und Kinderpsychiatrie, Bd. 10, 1961 und „Die Bedeutung des Volksmärchens für das seelische Wachstum des Kindes", Bd. 7, 1958.
Neumann, E.: „Amor und Psyche", Pantheon. New York 1956 (Märchenanalyse aus Jung'scher Sicht).
Nickel, H. W.: Das Rollenspielbuch. Hilfen für Spielleiter, Heft 9, Recklinghausen 1972; und: Bemerkungen zum Phänomen Rollenspiel. In: Die Grundschule, 10/74.
Ott, E. und Leitzunger, H.: Ihr kreatives Kind (Spielbuch für 4--8jährige). Stuttgart 1972.
Obenauer,K. J.: Das Märchen, Dichtung und Deutung. Frankfurt 1959.
Peller, L.: Modelle des Kinderspiels. In: Flitner, A.: Das Kinderspiel.
Petzold, L.: Historische Sagen, 1. Bd. Fahrten, Abenteuer und merkwürdige Begebenheiten. München 1976.
Piaget, J.: Das moralische Urteil beim Kinde, Suhrkamp 1954, Nachahmung. Spiel und Traum, Stuttgart 1969. Entwicklung der Symbolfunktion beim Kinde. Der Aufbau der Wirklichkeit beim Kind, Stuttgart 1975.
Piaget, J.: La représentation du monde chez l'enfant; Alcan, Paris 1956 (über die verschiedenen Stadien des animistischen Denkens beim Kind).
Rank, O.: Psychoanalytische Beiträge zur Mythenforschung. Wien 1919.
Rambert, M.: Das Puppenspiel in der Kinderpsychotherapie. München/Basel 1969.
Röhrich, L.: Märchen und Wirklichkeit. Wiesbaden 1974.
Shaw, A.: Curriculumelement Rollenspiel, erprobte Beispiele. In: betrifft: erziehung, 3. Jg., 1970, Heft 11.

Smilansky, S.: Anleitung zum sozialen Rollenspiel. In: Flitner, A.: Das Kinderspiel, ebenso: Wirkungen des sozialen Rollenspiels auf benachteiligte Vorschulkinder.
Tausch, A., Tausch, R.: Erziehungspsychologie. Göttingen 1970.
Tetzlaff, I.: Romanische Kapitelle – Löwe, Schlange, Sirene und Engel. Köln 1976.
Zitzlsperger, H.: Musik in Linien und Farben (rhythmisch-musikalische Erziehung mit dynamischen Notenbildern). Weinheim/Basel 1976.
Zulliger, H.: Die Angst unserer Kinder. Fischer Bücherei, Frankfurt 1971 (3. Aufl.)
Zullinger, H.: Heilende Kräfte im kindlichen Spiel. Fischer Bücherei, Frankfurt
Zeitschrift für Eltern und Kinder: Spielen und Lernen. Velber Verlag.
Zeitschrift für Erziehung im Vorschulalter: Kindergarten heute. Herder Verlag Freiburg.